기독교문서선교회 (Christian Literature Center: 약칭 CLC)는 1941년 영국 콜체스터에서 켄 아담스에 의해 시작되었으며 국제 본부는 미국 필라델피아에 있습니다.
국제 CLC는 59개 나라에서 180개의 본부를 두고, 약 650여 명의 선교사들이 이동 도서차량 40대를 이용하여 문서 보급에 힘쓰고 있으며 이메일 주문을 통해 130여 국으로 책을 공급하고 있습니다. 한국 CLC는 청교도적 복음주의 신학과 신앙 서적을 출판하는 문서선교기관으로서, 한 영혼이라도 구원되길 소망하면서 주님이 오시는 그날까지 최선을 다할 것입니다.

추천사

박 해 정 박사
감리교신학대학교 예배학 교수

기독교는 그 시작부터 예배가 중심에 있었다. 그 예배 모임은 예수 그리스도의 사건을 기념하기 위한 목적으로 시작되었다. 시대의 흐름 속에서 예배 형식의 변화는 지속적으로 이루어졌다. 하지만, 기본적으로 정형의 틀, 즉 에클레시아로서의 예배의 공간은 물리적 공간으로 '두세 사람이 주님의 이름으로 모일 수 있는' 교회의 근간이 되어 왔으며, 그중에 주님도 계셨다.

하지만, 20세기 후반부터 교회 공간에 대한 이해는 과학의 발전으로 인하여 큰 변화를 경험하게 되었다. 이는 사이버 공간의 출현이었다. 동시에 서구 사회에서는 사이버 교회가 출현하였으며, 사이버 공간과 오프라인교회의 공동체성이 갖는 이질성과 동질성에 대한 다양한 논의가 있었다. 교회의 공동체성과 사이버 공간을 통한 모임에서 교회 공동체와 같은 공동체성의 경험이 이루어질 수 있는가에 대한 논의였다.

이와 같은 상황에서 테레사 베르거(Teresa Berger)의 『예배, 디지털 세상을 만나다』(@Worship: Liturgical Practices in Digital Worlds)는 사이버 공간에서 드려지는 예배에 대한 새로운 신학적 지평을 열어 주고 있다. 가톨릭신학자에게 예전(Liturgy)이 갖는 의미를 생각할 때, 사이버 공간을 통한 예전적 접근은 저자에게 큰 의미와 도전을 주었을 것이다.

이 책은 예배를 통한 '체현, 참석, 그리고 능동적 참여'에 대해서도 구체적으로 언급함으로써 사이버상의 예배 공동체성에 대한 신학적 근간을 세우고 있다.

'사이버 공간에서 기도는 어떤 역할을 감당하겠는가?'
'고해성사를 디지털 공간에서 어떻게 실천에 옮길 수 있겠는가?'
'세례와 성찬을 디지털 공간에서 어떻게 행하며, 이를 통한 공동체적 성격을 어떻게 특정화 할 수 있겠는가?'

저자는 신학적 해석과 현재 실행되고 있는 사이버 예배 공간들의 실례를 통해서 새로운 예배학적 도전을 용기 있게 수행하고 있다. 특별히 성례전에 대한 저자의 제언은 매우 특별하다. 디지털 세상에서도 하나님이 존재한다는 명제를 통해서 성례의 가능성을 단언함으로써, 세례와 성찬에 대한 신학적, 그리고 실천적 방안에 대해서도 체계적으로 기술하고 있다.

급변하는 한국 사회, 특별히 디지털 사회로의 전이를 가장 선두적으로 행하고 있는 우리 사회에서 아직은 사이버교회, 사이버 예배 공동체가 눈에 띠는 현상은 아니지만, 다양한 예배 공동체의 출현이 이루어지고 있는 우리 사회에서도 새로운 대안으로 나타날 수 있다. 이에 테레사 베르거의 『예배, 디지털 세상을 만나다』는 미래 한국교회 예배에 새로운 지도를 제공할 수 있다. 그뿐만 아니라 이화여자대학교에서 예배학을 가르치고 있는 안선희 교수의 한국적 상황을 고려한 섬세한 번역이 이 책의 가치를 더욱 빛나게 하고 있다.

김운용 박사
장로회신학대학교 예배/설교학 교수, 신학대학원장

세상이 빠르게 변하고 있다. 1960대 이후 진행되고 있던 커뮤니케이션의 획기적인 변혁을 보며 "매체가 메시지"라고 이야기한 마샬 맥루한(Herbert Marshall McLuhan)조차 가히 상상 못했을 일들이 오늘 우리 시대에서 일어나고 있다. 가히 '혁명'이라는 말도 부족해 보인다.

진행되고 있는 제4차 산업 혁명 시대는 우리가 상상하는 것보다 더 큰 변화를 예고한다. 인공 지능과 기술로 대표되는 이 흐름은 단순히 산업과 사회 체계뿐만 아니라 사람들의 삶과 의식에 이르기까지 말이다. 지금까지도 컸지만 앞으로 일어날 변화는 더 거세질 것으로 예측된다.

이런 변화의 시대에 어떻게 대처할 것인가는 신학의 여러 영역에서 논의가 이루어졌다. 예배학 진영에서도 20세기 후반에 일어났던 '예배 전쟁'(worship wars) 논쟁이 그런 맥락을 포함한다.

오랫동안 고수해 온 예배 전통과 유산을 따라 예배할 것인가?

아니면, 현대 문화와 흐름에 걸맞은 예배를 드릴 것인가?

그 핵심에는 수백 년 이어왔던 예배 전통과 유산을 지키며 그것을 따라 예배할 것인가, 아니면 변화하는 문화적 기재와 방식을 따라 예배할 것인가의 논쟁이 있어왔다. 쉽게 단정할 수 없는 논쟁 끝에 통합적(blended) 경향도 나왔고, 전통과 현대를 고려한 '고대-미래'(ancient-future) 모델도 나왔다. 이것은 '본질'과 '현상'을 어떻게 예배 현장에서 풀어낼 것인가의 고민이었고, 논의였다.

이 책은 디지털 시대에서 어떻게 예배할 것인가와 관련하여 바로 이런 실질적인 고민 가운데서 나온 책이다. '본질'을 놓치지 않으면서 '현상'을 어떻게 고려하여 예배할 수 있을 것인가에 대한 한 예배학자의 고민과 통찰력을 담아내고 있는 책이다.

미국 예일신학대학에서 예배학을 가르치고 있는 이 책의 저자는, 디지털 시대에 일어나는 변화를 따라 디지털 세상을 이해하고, 그러한 변화와 특성을 어떻게 예배에 담아내고 변화를 만들어갈 수 있을 것인가에 대해 많은 통찰을 제시한다.

저자는 자신의 학문적 성찰에 대해 '혁명적' 참신성을 찾으려고 시도한 것이 아니고, '디지털'이라는 특정한 상황에서 예배 전통을 따라 '하나님과 만남에 대한 성찰'이 주된 관심사라고 밝히지만, 그가 제시한 주장은 '혁명적'인 것임에는 틀림이 없다. 로마 가톨릭교회 전통에서 예배학을 연구하는 학자인 점을 고려하면 더 파격적으로 느껴지기도 한다

그러나 그가 제시하는 통찰을 깊이 숙고해 보면, 예배 전통과 유산을 따라 변화하는 시대에서의 '예배 실행'에 대한 깊은 고민 가운데서 나온 것임을 알 수 있다. 우리는 이미 과거 우리 선배들이 상상조차 하지 못했던 매체들을 예배 가운데서 사용하고 있고, 그런 상황을 이미 살고 있다. 물론, 지금 우리가 살고 있는 상황도 과거에 비하면 획기적인 것이지만 앞으로의 상황은 더 획기적인 변화의 바람을 예고한다.

그런 점에서 보면, "디지털로 매개되는 기도와 예배의 실행에 관여"하고자 하는 의도로 집필된 본서는 변화하는 상황 가운데서 어떻게 우리의 예배의 유산과 전통을 간직하면서도 이런 시대적 상황을 고려하여 예배 실행을 할 것인가와 깊이 관련이 있고, 이에 대한 새로운 사고를 하도록 도와준다는 점에서 고무적이다.

다만, 같은 로마 가톨릭 전통에 서 있던 헨리 나우웬(Henri J. M. Nouwen)은 그의 책, 『로마의 어릿광대』(Clowning in Rome)에서, 거대하고 분주하며 수많은 관광객으로 붐비는 로마의 도심에 있는 예배당은 실없는 행위를 반복하고 있는 어릿광대처럼 우스꽝스럽게 보일 수도 있다는 점을 지적하지만, 현대인들에게 마음의 고향처럼 느껴지는 그런 곳이 필요하다고 주장했던 점을 함께 기억하고 싶다.

'디지털 노마드'(digital nomads) 시대에 '디지털 공간'(digital space)에서 거니는 사람들과 어떻게 예배 실행을 할 수 있을 것인지에 대해 제시하는 저자의 중요한 관점을 읽다 보면, 일면 고개가 끄덕여지면서도, 한편으론 어릿광대처럼 보이지는 않을까 염려가 되는 것도 사실이다. 이러한 변화 상황을 '포로기'(exile)로 묘사하면서 '포로기 설교학'을 제시한 본인의 스승이신 월터 브루그만(Walter Brueggemann)의 주장에 더 고개가 끄덕여지는 이유이다.

'타당성의 구조'(plausibility structure)가 무너지는 때 마치 '이방' 땅에 서 있는 것 같은 상황에서 우리가 어떻게 우리의 노래를 부르고, 우리의 예배를 계속할 수 있을 것인지에 대한 고민을 더 깊게 할 수 있게 한다는 점에서 이 책을 적극 추천한다.

조 기 연 박사
서울신학대학교 예배학 교수/신학대학원장 겸 부총장

안선희 교수로부터 추천사를 부탁받았을 당시 이 책에 대한 정보가 없었던 필자는, 후에 책을 받아들고 적지 않게 당황하였다. 안선희 교수가 번역한 이 책, 테레사 베르거(Teresa Berger)의 『예배, 디지털 세상을 만나다』(@Worship: Liturgical Practices in Digital Worlds)는 그 제목이 말해 주듯이 "디지털로 매개되는 예배"에 대한 인식의 전환을 주장한 책인데, 필자는 이미 지금으로부터 15년 전에 출판한 저서 『한국교회와 예배 갱신』에서 사이버 예배에 관해 한 꼭지를 다루면서 사이버 예배의 예배로서의 부적절성에 대해 논술한 바 있기 때문이다.

이러한 이유 때문에라도 필자는 서평을 위해 이 책 『예배, 디지털 세상을 만나다』를 꼼꼼히 읽지 않을 수 없었다.

필자가 책을 쓰던 당시에는 소위 '사이버교회'(Cyber Church)가 막 생겨나기 시작하던 시기였지만, 15년이나 지난 지금 디지털은 예배의 한복판에 들어와 있다고 해도 과언이 아니다. 기도나 설교, 그리고 찬양을 위한 스마트폰 애플리케이션이 수도 없이 많고 애플리케이션상에서 할 수 있는 '신앙의 행위' 또한 많다. 저자의 책에 소개된 디지털 매개 방식의 예배와 기도 사례가 이렇게 많은 것을 보고 필자는 많이 놀랐으며 시대의 변화를 심도 있게 느끼게 되었다. 특히, 가톨릭교회가 미사 애플리케이션, 웹으로 드리는 미사, 온라인 성체조배, 가상 공간에서의 기도 공동체, 페이스북 예배 등, 예배와 기도를 위해 이렇게 인터넷을 많이 활용하는 것도 이번에 알게 되었다. 이에는 교황청도 예외가 아니다.

가톨릭교도인 저자는 가톨릭교회의 입장에서 사이버 예배를 적극적으로 수용할 것을 주장한다. 실제로 가톨릭교회의 몇몇 교리는 사이버 예배와 잘 어울리는 부분이 있다. 그중 대표적인 것이 가톨릭교회의 '성도의 교통'(Communion of Saints) 개념이다. 이는 시대와 장소를 뛰어넘어 모든 시대 모든 장소에 있는 성도들이 함께 교제한다는 개념으로서 인터넷상의 가상 공간과 절묘하게 맞아떨어진다고 할 수 있다.

또한, 고해성사 같은 경우 직접 사제를 대면하고(물론, 차단벽을 사이에 두고는 있지만) 자신의 죄를 고백하는 것보다는 가상 공간에서 하는 것이 고해자의 입장에서 훨씬 더 심적 부담이 덜 할 것이다. 물론, 오프라인에서 직접 사제를 대면하여 고해를 하는 것만큼 진지함이 담보될지에 대해서는 이견이 있을 수 있을 것이다.

저자는 순교자 유스티누스의 『제1변증서』(First Apology of Justin Martyrs)에 기록된 예배 부분, 특히 '모두가 성찬에 참여한 후에 부제가 결석자들에게 성찬의 빵을 가져다 주었다'라는 부분을 여러 번 언급함으로써 원격 예배의 강력한 역사적 근거로 활용한다. 다시 말해, 예배에 참석이냐 결석이냐의 이분법이 아닌 새로운 공간적 개념을 만들어 냄으로써 공간적 근접성이라는 기준을 뛰어넘으려 하는 것이다.

　세례와 성찬 부분에 있어서는 저자의 목소리가 약간 작아지는 느낌이 있다. 저자가 제시한 사이버 세례식은 사실 가상 공간에서 이루어지는 것이 아니라 한 공간에서 집례자가 집례하고 다른 공간에서 수세자가 물에 잠기며, 이를 인터넷으로 생중계하는 일종의 원격 세례에 해당된다. 또한, 성찬 부분에서 빵과 포도주가 실제로 수찬자에게 어떻게 전달되는지에 관해서는 언급하지 않는다. 이 부분에 있어서 기독교 신앙은 성육신적이기에 필연적으로 물질성이 담보되어야 한다는 반대자들의 주장은 여전히 과제로 남는 듯 보인다.

　이 책이 사이버 예배에 관한 필자의 기존 생각을 많이 움직이게 만든 것은 사실이다. 사이버 예배는 앞으로 활발하게 논의될 예배학의 주제가 될 것임에 틀림이 없다. 예배에 관심이 있는 사람이라면 틀림없이 흥미를 가지고 읽어 볼 만한 가치가 있는 책이므로 적극 추천한다.

예배, 디지털 세상을 만나다

@Worship: Liturgical Practices in Digital Worlds
Written by Teresa Berger
Translated by Sunhee Ahn

Copyright ⓒ 2018 by Teresa Berger
Originally published in English under the title
@Worship: Liturgical Practices in Digital Worlds
by Teresa Berger
a division of Taylor & Francis Group
2,3&4 Park Square, Milton Park, Abingdon, OX14 4RN
Authorised translation from the English language edition published by Routledge, a member of the Taylor&Francis Group
All rights reserved.

Translated and printed by permission of Taylor & Francis Group.
Korean Edition Copyright © 2020 by Christian Literature Center, Seoul, Republic of Korea.

예배, 디지털 세상을 만나다

2020년 1월 31일 초판 발행

| 지은이 | 테레사 베르거 |
| 옮긴이 | 안선희 |

편집	구부회
디자인	한우식
펴낸곳	(사)기독교문서선교회
등록	제16-25호(1980.1.18.)
주소	서울특별시 서초구 방배로 68
전화	02-586-8761~3(본사) 031-942-8761(영업부)
팩스	02-523-0131(본사) 031-942-8763(영업부)
이메일	clckor@gmail.com
홈페이지	www.clcbook.com
송금계좌	기업은행 073-000308-04-020 (사)기독교문서선교회

ISBN 978-89-341-2073-5(93230)

이 도서의 국립중앙도서관 출판예정도서목록(CIP)은
서지정보유통지원시스템 홈페이지(http://seoji.nl.go.kr)와
국가자료공동목록시스템(http://www.nl.go.kr/kolisnet)에서 이용하실 수 있습니다.
(CIP제어번호: CIP 2019051673)

이 한국어판 저작권은 Taylor & Francis Group과 독점 계약한 (사)기독교문서선교회가 소유합니다.
신저작권법에 의하여 한국 내에서 보호를 받는 저작물이므로 무단 전재와 무단 복제를 금합니다.

CLC 예배학 시리즈 27

예배, @Worship
디지털 세상을 만나다
Liturgical Practices in Digital Worlds

테레사 베르거 지음
안선희 옮김

CLC

목차

추천사　　　　　　　　　　　　　　　　　　　　　　　1
박 해 정 박사 | 감리교신학대학교 예배학 교수
김 운 용 박사 | 장로회신학대학교 예배/설교학 교수, 신학대학원장
조 기 연 박사 | 서울신학대학교 예배학 교수, 신학대학원장 겸 부총장

저자 서문　　　　　　　　　　　　　　　　　　　　　12
역자 서문　　　　　　　　　　　　　　　　　　　　　26

제1장　디지털 세상과 예배 연구 왜, 어떻게, 무엇을 연구할 것인가?　29
　1. 왜 연구해야 하는가?　　　　　　　　　　　　　　31
　2. 어떻게 연구할 것인가?　　　　　　　　　　　　　43
　3. 무엇을 연구할 것인가?　　　　　　　　　　　　　59

제2장　가상의 몸, 디지털 프레전스, 온라인 참여　　63
　1. 가상의 몸들이 온라인 예배에 참여할 수 있는가?　64
　2. 디지털 공간으로의 능동적 참여　　　　　　　　　77
　3. 예배의 과거 돌아보기　　　　　　　　　　　　　84
　4. 디지털의 위험성 대면하기　　　　　　　　　　　92

제3장　온라인 예배 공동체　　　　　　　　　　　101
　1. 실재하는 가상의 기도 공동체　　　　　　　　　105
　2. 온라인 공동체와 사회성의 확장　　　　　　　　109
　3. 사이버 공간 예배: 공간적 근접성 없는 동시성　112
　4. 시각적 증거: 공간적 근접성을 넘어서는 영적 교감　121
　5. 무엇이 교회를 만드는가?　　　　　　　　　　　130
　6. 사이버 공간에서의 권위　　　　　　　　　　　133

제4장	가상의 물질: 물질성-시각성-사운드 스케이프	145
	1. 예배의 물질 문화	147
	2. 화상(pixels)의 세상에서 예배 기호들 재(再)매개하기	152

제5장	성례전의 비트와 바이트	196
	1. 질문 탐구	197
	2. 이야기 말하기	201
	3. 미디어, 매개, 성례전	206
	4. 디지털로 매개되는 성찬 예배	213
	5. 디지털로 매개되는 세례식?	240

제6장	디지털 현재와 예배의 미래	254
	1. 온라인 예배의 핵심적 특징	255
	2. 디지털 시대에 예배의 주체성 형성	271
	3. 예배 실행들과 예배학 연구의 실행	278
	4. 화상 속에서 하나님 찾기	286
	5. 과거를 통해 미래를 보기	298

참고 문헌	303
디지털 자료와 출처	324

저자 서문

테레사 베르거 박사
미국 예일신학대학 예배학 교수

　이 책 『예배, 디지털 세상을 만나다』(@Worship: Liturgical Practices in Digital Worlds)는 디지털로 매개되는 예배 실행들, 공간적 은유로 말하자면 "사이버 공간"[1]으로 이주해 간 예배 실행을 탐구한 연구서다.
　이러한 실행들에 대한 나의 관심은 예배를 잃어버렸던 고통스러운 나의 개인적 경험에서 비롯되었다고 믿고 싶다. 나는 5년 전 어느 컨퍼런스에 참석하기 위해 비행기를 타고 이동하던 중, 너무나 아끼던 나의 기도서를 비행기에 두고 내렸다. 그 작은 책 한 권을 찾으려고 온갖 노력을 다했지만 허사였다.
　그 책에는 나의 모국어로 된 '시간 전례'(時間 典禮, 매일 정해진 시간에 하나님을 찬미하는 교회의 공적 공동 기도를 말한다, 역주)가 수록되어 있을 뿐만 아니라 이 책은 30여 년에 걸친 나의 신앙 생활의 보고(寶庫)가 되어 있었

---

[1] 이 책에서는 "cyberspace," "digital space," 그리고 "digital worlds" 등의 용어를 혼용하였는데, 이는 "스크린 인터페이스를 통해 사용자가 소프트웨어에 개입하는 디지털 기술의 모든 형식"을 약칭한 것이다. 이에 대해서는 Rachel Wagner가 간결하게 설명하고 있는데, 그의 글 *Godwired: Religion, Ritual and Virtual Reality, Media, Religion and Culture* (New York, NY: Routledge, 2012), 1을 보라.

기에 그 상실감은 너무도 컸다. 또한, 그 책에는 '상본'(像本, holy cards, 그리스도나 성모 마리아, 혹은 이 밖의 다른 성인들의 화상이나 성스러운 문구를 담은 카드, 역주), 시(詩), 사진, 말린 꽃, 심지어 여러 공항의 면세점에서 나누어 주었던, 향수를 적신 작은 종이까지 들어있었다. 어떤 페이지에는 나의 메모와 느낌표들, 밑줄들, 그리고 대개는 시편이었던 내 삶 속에서 깊이 울려 퍼졌던 특별한 기도를 드렸던 날짜 등이 적혀 있었다.

이렇게 아끼던 기도서를 잃어버린 공허감 속에서 나는 디지털로 매개되는 예배 실행의 세계 속으로 우연히 들어서게 되었다. 이러한 예배 실행들에 대해 나의 관심이 높아지게 된 것은 지난 몇 년 동안 디지털로 넘쳐나는 일상이 점점 더 확산된 사회적 현상과 그 시기가 맞아떨어진다.

지금의 나는 팟캐스트 "당신이 가 있는 곳에서 기도하라"(Pray-as-You-go)[2]나 애플리케이션(application software, 혹은 application program의 준말) "성무일도"(Divine Office) 등을 따라 기도하는 일을 상당히 좋아하게 되었다. 전자는 음악, 성구 낭독, 명상 인도 등과 함께 매일기도를 인도해 주고 후자는 "멈추지 않는 시간 전례"(Liturgy of the Hours on the Go)[3]가 가능하게 해 준다.

나는 코네티컷주 뉴헤이븐(New Haven)에 있는 나의 오프라인 공동체를 여전히 소중하게 여기지만, 이제는 온라인의 '성 보니파티우스(St. Bonifatius)독일어인터넷교회'[4]도 정기적으로 방문한다. 대축일에는 때때로 포프앱(Pope App)[5]을 통해 실시간으로 중계되는 프란치스코 교황 집례 미사에

---

[2] http://pray-as-you-go.org/about/
[3] http://divineoffice.org
[4] www.st-bontifatius-funcity.de/wir-uber-uns/
[5] 이 애플리케이션에 관한 더 많은 정보 및 또 다른 가톨릭 애플리케이션들을 다음의 웹사이트에서 찾아볼 수 있다. Catholic APPtitute, http://catholicapptitute.org/apps-following-pope-francis/

참여하기도 한다.

때로는 온라인으로 '성체조배'(Eucharistic Adoration, 하나님의 큰 선물인 성체의 외형 안에 현존하는 예수에 대해 마음을 모아 감사와 찬미를 드리는 예배, 역주)에 참여하기도 하고 신앙적인 뮤직비디오를 감상하기도 한다. 이 밖에도 디지털로 매개되는 예배 실행들의 리스트는 더 많이 열거할 수 있다.

디지털로 매개되는 이런 예배 실행들은 모두가 다 디지털이 넘쳐나는 생활의 확장이라는 더욱 넓은 문화적 변화의 한 부분으로서 나타난 것들이다. 아침을 깨우는 알람 설정에서부터 뉴스와 날씨의 검색, 이메일 답하기, 음악 듣기, 길 찾기나 요리법 찾기, 영화 보기, 가족이나 친지들과 채팅하기 등 일상 생활의 많은 부분이 디지털로 매개되고 있다.

오늘날의 이런 디지털의 편재[6]는 오프라인과 온라인 사이에 존재하는 경계들을 전제하긴 하지만 최근까지도 명백했던 이 경계들은 점점 눈에 띄게 흐려지고 있다. 처음에 나는 나의 인쇄된 기도서를 잃어버린 까닭에 디지털로 매개되는 기도 방식을 우연히 발견하게 되었다.

이러한 '디지털의 편재'가 예배 실행들에 어떤 의미가 있을까?

이에 대해 흥미를 느끼게 되었다. 그러나 오래지 않아 새롭게 출현하는 실행들이 예배학 연구 분야에서 기존에 확립된 몇몇 원칙들에 도전이 된다는 사실을 깨닫게 되었다.

'온라인 예배'라는 것은 오래된 진실을 다루는 새로운 방식들을 요구하는 듯 보였다. 이러한 전제와 함께 이 책은 예배학 연구 분야, 신학적 탐

---

[6] David Golumbia, "Characteristics of Digital Media," in *The Johns Hopkins Guide to Digital Media*, ed. Marie-Laure Ryan, Lori Emerson, and Benjamin J. Robertson (Baltimore, MD: Johns Hopkins University Press, 2014), 54-59, 특히 p.54를 보라.

구, 그리고 디지털 미디어 이론들 사이의 삼자 대화를 통해 나타나는 것들 속에서 그 형태를 갖추기 시작하였다. 이렇게 해서 열린 세상은 대단히 넓었고, 매력적일 때가 많았으며, 때로는 거칠었고, 때로는 골치 아팠다.

또한, 이 세계는 극도로 다루기 힘들었는데, 그것은 급속한 기술의 진보로 인하여 계속해서 확장되었기 때문이다. 그러나 이 책을 쓰는 내내 한 가지만은 변함없이 남아 있었다. 나의 연구를 이끌어 준 관심은 이런 디지털로 매개되는 예배 실행들에 관해 열변을 토하자는 것이 아니라 이러한 실행들에 관해 성찰할 수 있는 적절한 방식들을 그려 보고 형성해 보자는 것이었다.

나는 이러한 실행들이 이미 수많은 신자의 신앙 생활을 형성하고 있다고 확신한다. 또한, 나는 이러한 예배 실행들이 계속될 것이라고도 확신한다. 따라서 이러한 실행들을 그저 무시하는 것은 더는 우리가 선택할 수 있는 옵션이 아니다.

이 책의 연구와 성찰을 지속하는 동안 온라인 예배에서 이루어지는 거룩하신 존재와 인간 존재 사이의 만남에 있어서 하나님 쪽에 대해서는 근심하지 않을 것임을 미리 밝혀 두는 것이 좋겠다. 이 책에는 디지털 매개에서 '하나님'에 대한 별도의 장(章)이 없다.

이렇게 하나님 쪽에 대해 근심하지 않는 주요 이유는 적어도 내 생각에는 기독교 예배 안에서 만나는 하나님이란 주제는 디지털 세상 속에서 그리고 디지털 세상에 핵심적인 문제가 아니기 때문이다.

하나님은 디지털 공간에서도 오프라인 성소들을 포함하여 이 세상의 다른 어떤 곳에서와 마찬가지로 똑같이 쉽게, 똑같이 어렵게 스스로 움직이시고 스스로를 드러내시는 분이기 때문이다. 디지털 공간에서 하나님을 만나는 일과 관련된 핵심적인 문제들은 이 만남에 참여하는 '인간 쪽과 물질 쪽'에 관한 것이어야만 한다.

이런 확신을 전제로 나는 이 책이 하나님이 자신을 드러내는 방식에서 어떤 혁명적 참신함을 찾으려고 노력한 것이 아니라 특정한 물질성과 특정한 조건들 아래에서 이루어지는 하나님과 만남에 대해 성찰해 온 긴 전통의 일부라고 이해한다.

예를 들면, 그것은 스테인드글라스 창문 같은 것들과는 구분되는 것으로서 텍스트적인 것일 수도 있고, 또는 확연히 드러나는 공동체들이나, 혹은 특정한 장소들을 가리킬 수 있다. 여기서 공동체들이란 성 베드로광장에서 거행되는 교황 집례 미사에 참여한 공동체보다는 난민촌에 모여 있는 난민 공동체를 가리킬 수 있고, 특정한 장소들이란 예를 들면 로마네스크 양식의 수도원의 교회당보다는 디지털 공간을 의미할 수 있다.

기도 속에서 그리고 예배의 기호들 아래에서 이루어지는 하나님과 만남은 다양하다. 그 만남은 결코 추상적이거나, 보편적이거나, 일반적인 것이 아니다. 따라서 통칭하는 예배란 없으며, 기도에서 인식 가능한 개인들의 특정한 문맥에서의 특정한 순간들에 드려지는 예배가 있을 뿐이다. 디지털로 매개되는 예배 실행들이란 바로 이러한 더 큰 궤적 속에 있는 것이다.

이 책을 쓰는 동안 나는 디지털 매개에 관해 탐구하는 일을 그만두고, 역사적으로 접근하는 연구로 되돌아가고 싶다고 생각한 적이 있었음을 솔직하게 인정한다. 그러나 궁극적으로 모든 역사적인 연구는 동시에 현재에 관한 연구이기도 하다.

동시대와 그 시대의 예배 기호들을 이루고 있는 것이 무엇인지를 이론화하려는 시도는 나름의 중요성을 지닌다. 비록, 현재라는 것이 바로 다음 순간 곧 '역사'가 된다 하더라도 그러하다. 특별히 디지털 세상에서는 빠르게 진보하는 기술 때문에 '현재'를 이루고 있는 것들의 생명이 매우 짧을 수 있다. 그렇다고 해서 동시대의 흐름을 그저 무시해도 좋다고 인정하면 안 된다.

비록, 이 책에서 이론화한 것들이 독자들의 손에 들어가기도 전에 이미 '과거'가 된다 하더라도 나는 디지털로 매개되는 예배 실행들을 어떻게 다루어야 할지에 관한 하나의 모델을 제시하는 것이 대단히 중요한 과제라고 생각한다. 이는 기술과 관련된 세부 항목들이 곧 대체된다 하더라도 그러하다. 이런 모델을 제시하는 일이야말로 다음에 나올 장(章)들의 주요 목표다.

이런 목표를 가진 이 책은 다음과 같이 그 첫 장(章)을 열 것이다.

제1장에서는 당면한 주제의 중요성을 확립하고 사용하는 해석 방법들을 기술하며, 디지털로 매개되는 수많은 예배 실행 가운데서 어떤 실행들에 초점을 맞출 것인지 그 개요를 설명할 것이다. 이러한 예배 실행들의 스펙트럼은 주로 로마 가톨릭 콘텍스트에 한정한다 해도 대단히 광범위하다. 따라서 그 지도를 그려내고 어떻게 연구하느냐에 대한 전략을 제공하는 것이 첫 장의 핵심 과제이다.

제2장에서는 예배 실행들에 관한 그 어떤 신학적 성찰에서든 그 성찰에서 핵심적 부분인 일련의 의례-인류학적 기초들을 자세히 살펴볼 것이다. 이때 디지털 세상에 대해 우려를 일으켜 온 이러한 기초들에 대해, 특히 예배 참여자들의 체현(embodiment), 참석(presence), 능동적 참여(active participation) 등에 대해 초점을 맞출 것이다.

이러한 의례-인류학적 기초들과 디지털로 매개되는 환경 속에서 그것들과 관련된 우려들을 탐색함으로써 기존의 예배학적 범주들을 전통적인 배치 그대로 디지털 공간의 특이성 안에 단순히 적용하는 일은 매우 부적절하다는 사실을 밝혀낼 것이다.

디지털로 매개되는 실행들이 기존의 예배 개념에 도전이 된다 해도 이 실행들은 급진적인 혁명을 뜻하기보다는 오히려 기존 실행들의 재(再)배치를 뜻한다고 나는 확신한다. 이 확신에 따라 나는 대안적 접근 방법들을 탐색할 것이다.

제3장에서는 디지털 공간에서의 교회 공동체와 예배 공동체의 형성을 다루어 볼 것이다. 인터넷에 기초한 공동체들과 실험은 가상 공동체에 대한 상당량의 문건을 수반하기에 나는 이 두 가지를 함께 묶어서 생각해 볼 것이다. 즉, 나는 신학적 확신과 동시대 미디어 이론에서 본 성찰의 관점에서 디지털로 매개되는 교회 공동체의 형태에 관해 숙고해 볼 것이다.

특히, 나는 인터넷 기반 교회 공동체들이 어떻게 자신들의 예배 실행을 표현하고 살아내며 가능케 하고 또한 제안하는지에 특별한 관심을 둘 것이다.

첫째, 기도로 엮인 가상 공동체들이 어떻게 모이는지에 대해 질문할 것이며, 그러한 온라인 모임들이 일어나는 문화적 맥락을 자세히 살펴볼 것이다.

둘째, 디지털로 매개되는 기도 공동체들을 해석하는 데 도움이 되는 신학적 자원들에 대해서 숙고해 볼 것이다.

셋째, 온라인 공동체의 상호 연관된 두 가지 문제를 다루는 것으로 이 장(章)의 결론을 내릴 것인데, 그 하나는 권위에 대한 생각이 확장되는 것에 관한 것이요, 다른 하나는 예배 실행에 있어서 젠더와 관련된 사고의 전환에 관한 것이다.

제4장에서는 오프라인의 물질성과 온라인의 물질성 사이의 복잡한 상호 작용을 탐구해 볼 것이다. 이 상호 작용이 디지털 시대의 예배와 신심 행위(devotional action)를 형성하기 때문이다.

첫째, 교회 물질성의 더욱더 큰 역사적 문맥을 개괄해 보는 것으로 시작할 것인데, 이것은 예배 실행과 관련된 동시대의 '디지털 물질'에 대한 질문을 다룸에 있어서 대단히 중요하기 때문이다.
둘째, 디지털로 매개되는 실행들이 갖는 특정한 성격들을 살펴볼 것인데, 이때 그들의 전통적인 시각성(visuality)에 특별히 주목할 것이다.
셋째, 두 가지 사례 연구를 살펴볼 것인데 하나는 디지털 시대의 고해성사이고 다른 하나는 종교 음악 비디오들의 사운드 스케이프(soundscape)다.

제5장에서는 디지털 매개에서 성례전 수행이라는 어려운 문제로 넘어갈 것이다. 디지털로 매개되는 성례전 수행과 관련하여 제기되는 문제들에 대해 '단번에 모든 것을 다 해결해 주는'(one-stop) 대답을 찾아내려고 하기보다는 더욱 겸손한 자세로 주어진 임무를 감당할 것인데 이는 주어진 주제에 대한 적절한 질문들을 찾아내고 제시하는 것이다. 이를 위해 다섯 가지 단계로 진행할 것이다.

첫째, 디지털로 매개되는 성례전 거행에 대한 명백한 이해를 제공하는 일련의 이야기들로 시작할 것이다.

서로 다른 이 이야기들은 모두 '온라인 성례전'(online sacrament)이라는 용어 아래에서 매우 다른 특징들을 보여 주는 데, 이 이야기들이 '단번에 모든 것을 다 해결해 주는' 대답에 대한 갈망을 잠재워주기를 바란다.

둘째, 미디어, 매개, 그리고 성례전에 관해 어떻게 생각해야 할지, 말아야 할지에 대한 신학적 기본 규칙들을 확립하고자 한다.

이 기본 규칙들에 근거하여 두 가지 핵심 성례전을 다룰 것인데, 성찬식 거행과 세례식 거행이 그것이다.

셋째, 나는 디지털 매개가 이 두 가지 성례전의 거행에 대해 각각 어떤 특정한 도전들을 제기하는가에 대해 질문을 던질 뿐만 아니라 특정 성례전의 디지털 매개에 대해 고찰하면서 예배 전통은 어떤 자원들을 제공하는가에 대해서도 물을 것이다.

이런 질문에 근거하여 나는 신앙 공동체들이 "성례전"이라는 단어가 언급될 때, 아날로그적으로 멈춰 서지 않는 그런 디지털 문화를 항해하면서 숙고해야 하는 결정적인 질문들이 무엇인지를 밝혀 볼 것이다.

제6장은 이 책의 결론에 해당하는데, 세 가지 과제를 포함한다.

첫째, 이전의 장(章)들에서 이루어진 작업을 디지털로 매개되는 예배 실행들에 있어서 핵심적인 특징들에 대한 매우 중요한 설명으로까지 확장하는 것이다.

둘째, 예배 실행에서 이 새로운 세계가 지금 이 디지털 시대 속에서 예배학 연구 작업에 던지는 도전들을 강조하는 것이다.

셋째. 화상(pixels) 속에서 하나님을 찾는다는 것이 무슨 의미인지에 대한 사고들을 제공하는 것이다.

이 책의 목표가 아닌 것에 대해서는 한 마디 말이면 충분하다. 이 책 『예배, 디지털 세상을 만나다』는 적용 가능성의 문제, 즉 기도와 예배의 실행들을 위해, 그리고 기도와 예배의 실행 속에서 디지털 매체(digital media)를 '어떻게 사용할 것인지'의 문제를 해결하기 위해 쓴 것이 아니다. 그렇다고 해서 그런 관심사에 대한 성찰을 이 책에서 발견할 수 없다는 뜻은 아니다.

그러나 이 책은 디지털 매체에 관해 도구적 관점에서 출발하고 있지 않다는 점을 밝혀둔다. 그런 관점에서 출발한 다른 많은 출판물은 쉽게 구할 수 있다. 오히려 나는 디지털로 매개되는 기도와 예배의 실행들에 관여하고자 한다. 이때 나는 이 실행들이 디지털 시대에 나타나는 대중적 경건함으로 여겨질 수 있는지와, 또한 그렇다면 어떤 상황에서 그런 경건함으로 보일 수 있는지에 대해 질문할 것이다.

본문에 들어가기에 앞서 감사한 마음을 전하게 되어 기쁘다. 저작과 편집의 사회적 성격에 대해 이론가들이 늘 주장해 왔듯이, 그리고 디지털 미디어가 텍스트 생산을 위한 협업에 대해 강조하기 훨씬 그 이전부터 언급됐듯이 단일 작가의 텍스트들은 그 작가 한 사람만의 작업으로 완성되는 경우가 거의 없다. 따라서 나는 여기서 그분들이 없었다면 이 책이 출판될 수 없었을 여러 사람의 노고에 대해 감사를 표하고자 한다.

먼저 내 생각들을 발표할 수 있도록 나를 초대해 준 대학들과 연구소들에 깊이 감사한다. 그중에서도 특히, 내가 일하고 있는 예일신학대학(Yale Divinity School)과 '예일종교음악연구소'(Yale Institute of Sacred Music: ISM)에 감사한다. 전자의 경우 가을 피정에서 이 책에 대한 최초의 생각들을 발표할 기회를 주었고, 후자의 경우 여러 차례에 걸쳐 해당 주제를 발표할 기회를 주었는데 2014년의 프로젝트, 2016 가을학기 콜로키움(colloquium)과 수많은 점심시간의 대화가 특별히 도움이 되었다. 또한, 이 저서의 연구와 관련된 발표들에 대해 피드백을 해 준 이들에게도 감사한다.

특히, 2013년, 글라스고우대학교(the University of Glasgow)에서 열렸던 '로버슨세미나'(Robertson Seminar), 같은 해에 뷔르츠부르크에서 열린 예배학회(Congress of Societas Liturgica), 2016년 캘리포니아주 산디마스에서 열린 '오순절파연구학회'(Society for Pentecostal Studies)의 연례 모임, 그리고 2016년 로마의 성 안셀모대학교에서 열린 '루터교회-로마 가톨릭교회 세계회의'(Lutheran-Roman Catholic International Conference) 등에서 피드백을 해 준 이들에게 감사한다.

이 책에 제시된 자료들에 대해 가장 오래 지속되었던 토론은 2016년 가을학기 예일신학대학(Yale Divinity School)에서 내가 팀티칭으로 가르쳤던 '디지털 미디어, 예배, 그리고 신학'(digital media, liturgy, and theology)에 관한 한 학기 강좌에서 이루어졌다. 나는 이 강좌에서 나와 함께 가르쳤던 나의 친구이자 동료인 캐트린 테너(Kathryn Tanner)에게 깊이 감사한다. 그녀는 이 책 『예배, 디지털 세상을 만나다』가 세상에 나오기까지 힘찬 격려로 늘 "바보 같은 소리 하지 마"라고 말해주면서 나와 동행해 주었다.

이 강의의 수강생들 또한 나의 감사를 받을 자격이 있는데 그들은 "아직 진행 중"인 프로젝트에 기꺼이 함께해 주면서 피드백을 해 주었다. 메간 다우닝(Meagan P. Dowing), 리사 엘렉(Lisa M. Eleck), 빅토르 간(C.H. Victor Gan), 로렌 그리피스(Lauren Griffith), 에밀리 주드(Emily Judd), 아라 크리포프(Ala Krivov), 앤더스 에릭 로딘(Anders Erik Laudin), 제인 메디츠(Jane Meditz), 마이클 나자로(Michael Nazzaro), 다니엘 라이드(Daniel L. Reid), 기나 로빈슨(Gina A.S. Robinson), 한스-제이콥 슈미츠(Hans-Jacob Schmidt), 빈센트 윌리암스(Vincent Williams), 그리고 에밀리 윙(Emily Wing)이 그들이다.

그가 없었다면 이 책이 완성되지 못했을 한 사람 캐롤린 보딘(Carolyn Beaudin)에게 감사한다. 그녀는 이 책을 편집하는 일에 있어 나의 오른팔이었다. 캐롤린은 꼭 필요한 전문적인 편집 작업을 해 주었을 뿐만 아니라 깊은 우정으로 함께 해 주었고 '빵과 초콜릿'(Bread & Chocolate) 카페에서 점심을 먹는 동안 멋진 대화의 상대가 되어 주었는데 이 모든 것들이 이 책을 저술하는 여러 달 동안 나를 지탱해 준 힘이 되었다.

고마워요(Danke) 캐롤린!

또한, 나의 연구조교인 시드니 토마스(Sydney Thomas)의 헌신적인 노력에도 감사한다. 그는 2016년 예일신학대학를 졸업한 이후까지도 나를 도와주었다. 로나 콜린리지(Lorna Collingridge)는 음악에 대한 조예와 통찰력으로 제4장에서 종교 음악 사운드 스케이프에 관한 나의 성찰을 더욱 깊게 하는 데 도움을 주었다.

연구와 저술을 하는 동안 이루어진 수많은 대화는 나의 성찰에 있어 여러 측면을 갈고 닦는 데 특히 유익하였으며 나는 나의 여러 대화 파트너들, 특히 스테판 뵌테르트(Stefan Böntert), 하랄드 부칭거(Harald Buchinger),

잉그리드 피셔(Ingrid Fischer), 모니크 잉갈스(Monique Ingalls), 제퍼스 엥엘하르트(Jeffers Engelhardt), 줄리엣 데이(Juliette Day), 예수회의 매트 말론(Matt Malone), 그리고 에드 폴리(Ed Foley)에게 감사한다.

디지털 원주민(digital natives)인 페터 루드비히 베르거(Peter Ludwig Berger)는 나의 존재 자체는 물론이고, 디지털 미디어에 대한 나의 작업을 풍성하게 해 주었다. 그는 디지털 이민자(digital immigrants)인 엄마에게 기술에 관한 지식을 전해 주는 정보 제공자였다.

『예배, 디지털 세상을 만나다』는 내가 예일신학대학의 토마스 골든 교수직(Thomas E. Golden Jr. Professor of Catholic Theology)에 임용된 후 저술한 첫 번째 책이다. 토마스 골든(Tom Golden)은 이 책이 시작되는 것도, 그리고 완성되는 것도 보지 못하고 작고하셨지만, 나는 그분이 이 책이 동시대의 교회와 미래의 교회에 초점을 맞춘 점에 대해 기뻐하셨을 것이라고 믿는다. 물론, 예일신학대학의 '골든' 여성이 된다는 특권에 대해서도 소중하게 생각한다.

이 책의 출판 과정에서 나는 루트리지 출판사의 종교담당 편집자인 조슈아 웰스(Joshua Wells), 출판사의 스태프, 그리고 『예전, 예배, 그리고 사회』(Liturgy, Worship and Society) 시리즈의 편집위원회 동료들과 함께 일하는 기쁨을 누렸다.

끝으로, 그러나 그 누구보다도 중요한 두 분의 성인에게 감사한다. 두 성인은 이 책을 저술하는 내내 특별한 방식으로 나와 동행해 주었다. 인터넷의 수호성인인 세비아의 성 이시도르(Isidore of Seville, 560 ~ 636)와 항상 영감을 주고 있는 텔레비전의 수호성인인 아시시의 성 클레어(Clare of Assisi, 1194-1253)가 그분들이다.

성녀 클레어는 1958년 교황 비오 12세가 텔레비전의 수호성인으로 축성하였는데 그 사연은 다음과 같다. 클레어는 어느 성탄절 밤에 너무 아파 방 밖으로 나갈 수 없었는데, 미사 장면을 환상을 통해 보게 되었다. 그 경험은 너무나도 생생하여 클레어는 후에 그 미사에 출석했던 개인들의 이름을 말할 수 있을 정도였다.

그 미사는 아시시에 있는 '성 프란치스코대성당'에서 봉헌된 것이었다. 클레어가 이 미사에 가상으로 참석한 경험이 나에게 디지털로 매개되는 예배에 대해 너무 빨리 그리고 감정적으로 무시해 버리는 지금의 현실 그 너머를 보게 해 주었다. 이 책 『예배, 디지털 세상을 만나다』를 집필하는 내내 이시도르 성인의 이미지가 내 컴퓨터의 첫 화면을 장식하고 있었다. 그 성인은 앞으로도 계속 거기 계실 것이다.

나는 이 책을 지난 10년 동안 나의 연구의 진정한 보금자리가 되어 주었던 연구소와 이 '예일종교음악연구소'(Yale Institute of Sacred Music)를 그렇게도 멋진 곳으로 만들어 주었던 특별한 두 분에게 헌정하고자 한다. 연구소의 마틴 진(Martin D. Jean) 소장님, 그리고 예배학 연구에 있어서 나의 선배이자 동료인 브라이언 스핑크스(Bryan D. Spinks)가 그들이다.

갑자기 크게 노래를 부르거나, 혹은 신나는 춤이라도 추어야 이 두 분과 함께 일할 수 있었던 기쁨을 조금이나마 표현할 수 있을까?

인터넷의 수호성인 세비아의 성 이시도르를 기리며
코네티컷주, 뉴헤이븐 2017년 4월 4일

역자 서문

안 선 희 박사
이화여자대학교 기독교학과 교수

테레사 베르거의 이 책은 국내에는 처음으로 소개되는 온라인 예배를 연구한 전문서이다. 국내외를 막론하고 학계는 여전히 온라인에서 실행되는 예배 행위들을 참여의 진정성과 내용의 권위 차원에서 진정한 종교 의례로 평가하기에는 미흡하다고 여기고 있다. 그러나 우리의 생활 세계는 더 이상 온라인과 오프라인을 구분할 수 없을 뿐 아니라 오히려 온라인 신앙 생활이 점차 오프라인의 종교 문화를 변화시킬 태세이다.

청년 세대의 '가나안' 신앙인들에게 그나마 온라인을 통한 신앙 생활의 자료들이 제공되는 것이 얼마나 다행인지 모른다. 현실은 이러한데 온라인을 통한 신앙 생활의 지속에 대해 온전한 신학적 평가가 채 이루어지기도 전에 그 영향력은 증대되고 있다. 그만큼 연구가 시급한 주제임에도 불구하고 연구는 더딘 편이다. 이 점에서 이 책은 주제의 희소성만으로도 가치가 있다.

테레사 베르거는 독일과 영국에서 수학하고 미국에서 가르치는 독일인으로 이 책에서는 기독교 예배 역사에 대한 방대한 독일어 및 라틴어 자료를 섭렵하고 있다. 디지털 세상에서 제기되는 전통과 정통성에 관한 질문들이 단지 오늘날의 문제만이 아니라 과거 역사에서도 새로운 매체가 출현할 때마다 제기되었던 문제임을 저자는 밝히고 있다.

이를 근거로 디지털 매체를 신앙 행위의 매체로서 수용하는데 두려움과 위기의식을 가질 필요가 없음을 조심스럽게 제시하고 있다. 다시 말하면, 디지털 시대의 온라인 예배 실행들의 위험으로 지적되는 것은 디지털 시대만의 것이 아니며 더 넓은 의미에서 예배 실행 전반에 걸친 문제들이라는 것이다.

월터 옹(W. Ong)의 말대로 매체는 사용자의 의식을 재구조화한다. 새로운 매체의 발달과 지배로 원하든, 원하지 않든, 기독교는 점차 그 사고방식이 지금까지와는 다른 세대를 만나게 될 것이다. 문자와 TV 정도에 익숙한 세대는 감히 생각하지도 못할 사고의 유희를 즐기는 세대 말이다.

가상과 현실의 명확한 구분이 무의미하고 물리적 현실과 환상 세계의 구별이 불필요하다고 느끼게 될 세대, 그런데 그런 저들과 더불어 성령의 인도하심에 따라 예배할 희망 가운데 선 사람에게 분명 온라인 매체는 기회일 것이다. 다만, 공동체성의 해체와 전인성의 박탈을 위험 요소로 지적하며, 온라인 예배 실행에 대해 반대 의견을 표명하는 편에는 '기회의 최대화와 위험의 최소화' 원칙을 강변해야 할 것 같다. 이 원칙에 따라 디지털 세상을 적극적으로 만나자고….

이 만남은 전통적인 방식의 예배 연구를 다시 생각하게 할 것 같다. 예배학의 기본 개념, '공(公) 예배'와 '개인 경건,' '참여'와 같은 현재 예배학의 이론적 틀을 형성하는 뼈대와도 같은 개념들을 다시 점검해 보도록 이끌 것이다.

이 책에서 테레사 베르거는 온라인 예배를 연구할 때 "방법론적으로 이상적인 혹은 이상화된 오프라인 예배 생활을, 디지털로 매개되는 가장 나쁜 예배 실행들과 비교하지 않는 것이 필수적"이라고 조언한다. 예컨대, 예배에의 능동적인 참여는 오프라인에서도 잘 이루어지지 않고 있음에도 불구하고 온라인 예배는 적극적인 참여가 결여된 예배라고 비판하는 것은 문제가 된다는 지적이다.

동시대와 시대의 변화에 대해 계속해서 신앙적 질문을 던지는 것은 신학자의 임무이다. 더욱이 사회가 빠른 속도로 변화해 갈 때 신학자는 더욱 예민하게 그 변화를 주시해야 한다. 익숙한 눈은 시대의 징표를 읽어내기 어렵다.

온라인 예배 실행에 관한 차별화된 관점을 갖기 원하는 독자들에게 일독을 권한다. 기술은 늘 낯설고, 매체의 변화 앞에선 대체로 러다이트(Luddite)적 입장을 고수했던 역자에게 큰 가르침을 사사한 책이기 때문이다.

2019년 10월

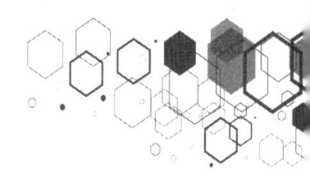

제1장

디지털 세상과 예배 연구
왜, 어떻게, 무엇을 연구할 것인가?

2015년 필라델피아에서 거행되었고 동시에 전 세계로 생중계된 교황 집례 미사를 들여다보는 일은 이번 장(章)의 주제를 소개하기에 적합할 것이다.

2015년 9월, 어느 아름다운 날 늦은 오후에, 프란치스코 교황은 필라델피아 미술관 앞에서 미사를 집례하였다. 엄청난 인파가 모였다. 수백만 명의 사람이 텔레비전으로 생중계되는 미사를 보거나 컴퓨터나 태블릿 혹은 스마트폰으로 그 미사를 팔로우했다―당시 "포프 앱"(Pope App)의 수요가 엄청났다―그렇다면 이 예전에 참여한 사람은 모두 몇 명이란 말이냐고 누군가는 물을 수 있을 것이다.

이 미사에 모여든 신도는 정확하게 누구인가?

필라델피아 대교구는 사전에 이런 질문들에 대비하여 그 답을 준비하였다. 대교구의 "교황 집례 미사의 원격 중계를 위한 지침"(Guidelines for Streaming the Papal Mass to Remote Locations)에 따르면 다른 곳에서 "원격으로"(remote)

중계되는 교황 집례 미사를 팔로우하면서 "영적 교감"을 나누도록 권고하고 있었다.

하지만, 이것이 가톨릭 신자로서 주일 미사에 참여해야 하는 의무를 대신해 주는 것은 아니라고 밝히고 있다.[1] 이 지침은 디지털 시대에 "원격"(remoteness)이란 정확하게 무엇인지에 대해서는 말하고 있지 않다. 예를 들면, 그날 오후에 벤자민 프랭클린 파크웨이 대로를 가득 채웠으나 설교단과 제단으로부터는 상당히 "멀리 떨어진 곳"에 있었던 수많은 사람들은 파크웨이 대로와 도심을 따라 설치된 대형 스크린들을 통해 실시간으로 중계되고 있던 미사의 세세한 장면까지 잘 볼 수 있었다. 동시에 파크웨이 지역에 있던 신자들은 물론, 전 세계의 신자들은 그들 손에 들린 포프 앱을 통해 그 미사를 팔로우하고 있었다.

이런 예배 상황에서 교황과 미사 참여자들 사이를 "원격"(remote)이라고 말할 수 있는 정확한 거리는 얼마인가?

같은 날 오후, 나 자신이 미사에 참여했던 경험을 들여다보면 오프라인 예배에 참여하면서 동시에 온라인 예배에 참여한다는 일이 얼마나 복잡한 것인지를 알게 될 것이다. 그날 나는 성가대원으로 봉사하고 있는 본당 미사에 참여했다. 어떤 성가대원들은 본당의 성가대석에 앉아서 스마트폰으로 필라델피아에서 수행되는 교황의 미사를 팔로우하고 있었다. 그들은

---

[1] 필라델피아 대교구의 선교국이 운영하는 웹사이트에는 지침들이 포스팅되어 있다. (www.phillyevang.org/wp-content/uploads/2014/07/Guidelines-for-Streaming-Papal-Mass.pdf). 그러나 웹에서는 실제로 사라지는 것이 거의 없음에도 불구하고, 나는 원문을 내려받았으나 이 지침들은 더는 찾아볼 수 없었다. 콘텐츠는 인터넷 아카이브 http://web.archive.org/에서 계속 찾아볼 수 있다.

이와 같은 두 예배에의 동시 참석(multi-presenting)에 대한 합당한 이유가 있었다.

우리 교회의 전속 작곡가는 교황 집례 미사에서 부른 영성체 송의 작곡가였다. 또한, 성가대원들은 그 특별한 순간을 공유하고 싶었다. 어떻게 보면 그날 오후 우리는 동시에 두 곳에서 미사를 봉헌했던 듯하다. 그러다가 우리의 사제가 성찬기도를 드리던 중, 오늘의 성찬식은 "우리의 교황 프란치스코와 함께" 봉헌된다고 선언했을 때 모든 것이 '온전한 하나의 순간'으로 녹아들었다.[2]

그 기도는 디지털로 매개되는 "영적 교감"의 경험을 위한 기도가 되었는데, 그 기도의 텍스트를 만든 사람들은 이를 상상조차 못했을 것이다. 그 신학적 표현은 수세기나 오래된 것이었다. 그것은 동시에 늘 새로운 것이기도 하다. 그리고 디지털 문화라는 조건에서의 새로움은 이 책이 성찰해 보려는 주제다.

1. 왜 연구해야 하는가?

교황 집례 미사들을 둘러싼 질문들이 반드시 일상적인 예배 생활에 관한 질문들은 아니다. 그러나 앞에서 언급한 사례에서 그 질문들이 디지털 매개와 참석에 관한 문제들일 경우에는 일상의 중요한 부분이 된다. 왜냐

---

2   Eucharistic Prayer for Reconciliation II. 현대 미사 텍스트에 대한 영어로 된 언급들은 제3판을 번역한 *Roman Missal*의 영어판에서 가지고 왔다(Collegeville, MN: Liturgical Press, 2011), 여기서는 p.770을 보라.

하면, 우리는 이제 "디지털 시대"에서 살고 움직이고 존재하기 때문에 그러하다. 이런 현실이 이 책을 저술하게 된 기초적인 동기다.

다음과 같은 의구심을 품는 사람도 있을지 모르겠다.

첫째, 왜 예배학자가 자신의 연구 분야의 해석적 도구들을 가지고 이러한 실행들에 초점을 맞추는가?

둘째, 디지털로 매개되는 예배 실행들에 주의를 기울이는 일이 오늘날 왜 중요한가?

셋째, 디지털로 매개되는 예배 실행들을 무시하는 것은 왜 옵션이 될 수 없는가?

이런 질문들에 대한 답은 서로 다른 자료와 방향에서부터 주어진다. 이 책에서는 그 대답들 가운데 세 가지를 제시할 것이다.

1) 디지털 "시대의 표징"

무엇보다도 "시대의 표징"(the signs of the times)에 주목해야 하는 단순하고도 긴급한 필요가 있다. 이러한 교회의 과제는 제2차 바티칸공의회의 "현대 세계의 교회에 관한 사목 헌장"에 명시되어 있다. 그 유명한 구절은 다음과 같이 선언한다.

모든 시대를 망라하고, 교회는 시대의 표징들을 읽어내고 이를 복음의 관점에서 해석할 책임을 진다.³

이때 "시대의 표징들"이라는 표현은 예전적으로 공의회 이후의 "다양한 성찬기도문"에 다시 등장한다. 이 기도문에서는 하나님께 "교회의 모든 신자가 신앙의 관점에서 시대의 표징들을 바라보며" '복음을 섬기게 하소서'라고 간구하고 있다.⁴ 디지털 기술과 디지털 미디어의 관점에서 볼 때 시대의 표징들은 해독하기에 어렵지는 않다.

우리는 디지털 시대에 들어섰으며 디지털로 넘쳐나는 일상은 계속될 것이다.⁵ 자칭 러다이트, 즉 신기술 반대자들이 다양한 전략을 가지고 저항하고는 있지만, 그 전략조차도 디지털로 매개되는 것들이 있으니 그들조차도 이 디지털 시대를 살아갈 수밖에 없다. 더욱이 지속해서 확장되어 가는 디지털 기술의 세계를 생각해 볼 때 디지털이 넘쳐나는 일상의 범위는 다가올 수년 동안 오직 점점 더 확장되어만 갈 것이다.

우리 대부분은 우리가 디지털 시대에 살고 있다는 사실을 확신하기 위해 누군가의 설명을 들을 필요조차 없을 것이다. 우리의 일상은 디지털로 넘쳐날 뿐만 아니라 디지털로 매개되는 기술에 의해 형성되고 있기 때문

---

3   Pastoral Constitution on the Church in the Modern World, *Gaudium et Spes*, #4, in *Vatican Council II: The Basic Sixteen Documents. A Completely Revised Translation in Inclusive Language* (Collegeville, MN: Liturgical Press, 2014), 여기서는 p.165를 보라.
4   Eucharistic Prayer for Use in Masses for Various Needs III: "Jesus, the Way to the Father," in *Roman Missa*, 790f.
5   나는 북대서양 주변 세계라는 콘텍스트에서 글을 쓰고 있는데, 이 지역에서는 이런 설명이 유효하다. 또한, 우리는 "디지털 격차"(digital divide)라고 표시되는 시대에 살고 있다는 점도 사실이다. 인류의 약 50% 정도는 오프라인 상태에 남아 있다.

이다. 이런 상황을 정확하게 파악하기 위해서는 통계 수치가 유익할 것이다. 이 수치가 우리 자신의 경험에 관한 구체적인 수를 제시해 줄 것이기 때문이다.

2015년 현재, 전 세계적으로 32억 명이 인터넷을 사용하고 있었다. 이 숫자는 점차 늘어나고 있다. 5년 전에는 불과 4억 명에 불과했다.[6] 매일 10억 명 이상의 사람들이 페이스북을 적극적으로 사용하고 있다. 월 단위로 보자면 15억 명 이상의 사람들이 사용하고 있다.[7] 유튜브는 매일 60억 뷰를 기록하고 있고, 매분 이 사이트로 400시간 이상 분량의 새로운 비디오물들이 올라오고 있다.[8] 디지털 원주민인 자녀를 둔 사람들은 그 자녀들의 일상의 삶이 디지털 이민자인 부모들의 삶과 얼마나 다른지를 잘 알고 있다. 최근 보도에 따르면 미국의 십대들의 약 4분의 3 정도가 휴대 전화를 사용하고 있다.[9]

또한, 대부분의 문화적 추세가 그러하듯 인종, 젠더, 그리고 계급 등의 차이를 드러내 주는 표식들이 문제가 된다. 그러나 그것들이 항상 예상하는 방식으로 문제가 되는 것은 아니다. 예를 들어, 미국의 경우 지난 십 년

---

[6] 이 통계 수치는 UN의 정보 통신 기술 관련 단체인 ITU로부터 나온 것이다. 32억 명의 인터넷 사용자 가운데 20억 명이 소위 개발도상 국가에 살고 있었다. 이에 대해서는 www.itu.int/en/ITU-D/Statistics/Pages/facts/default.aspx.을 보라.
[7] 이 수치들은 2015년 9월의 평균치이고, 페이스북 웹사이트로부터 가져온 것이다. http://newsroom.fb.com/company-info/.
[8] 이 수치들은 유튜브 자체로부터 가지고 온 것으로, 이에 대해서는 다음을 보라. https://youtube.googleblog.com/2013/05/yt-brandcast-2013. html, https://youtube.googleblog.com/2013/05/heres-to-eight-great-years.html, 그리고 2017년 4월 3일 자, 뉴욕 타임스 보도, p.B2.
[9] www.pewinternet.org/2015/04/09/teens-social-media-technology-2015/에 포스팅된, 2015년도 Pew Research Center의 보고.

동안 사용 가능한 모바일 기술의 도래 덕분에 사회-경제적 지위와 인종에 뿌리를 둔 디지털 관련 격차(digital divide)에 상당한 변화가 있었다. 두어 가지 예를 들면 다음과 같다.

오늘날 아프리카계 미국인 십대들이 스마트폰을 가장 많이 사용하는 경향이 있고 트위터 사용자의 거의 4분의 1이 아프리카계 미국인들이다. 아프리카계 미국인 십대들의 85%가 스마트폰을 사용하는데 이는 백인과 히스패닉 십대들의 통계 수치가 71%인 것과 비교가 된다.

미국 내 전(全) 십대의 90% 이상이 매일 온라인에 접속하고 있다. 또한, 이들의 대략 4분의 1 정도가 거의 지속해서 온라인에 접속된 상태로 있다. 샤워 중일 때가 유일한 예외라고 한다!.[10]

이런 통계 수치가 아무리 당황스럽다고 하여도 디지털 원주민들은 미래다. 디지털 이민자인 우리는 이미 쇠퇴기에 있다. 시대의 표징들은 따라서 대단히 명백하다. 디지털 시대와 디지털로 넘쳐나는 일상이 여기에 있다. 따라서 예배의 실행과 기도만이 디지털 시대에 감염되지 않고 또한 디지털에 의해 전혀 건드려지지 않은 상태로 남아 있는 단 하나의 영역이라고 상정하는 것은 넌센스일 뿐이다.

2) 디지털 세상에서의 신앙 생활

예배학자들이 시대의 디지털 표징들에 주의를 기울여야 하는 두 번째 이유는 디지털 문화 안에서 신앙과 영성이 행하는 의미 있는 역할에 그 뿌리를 두고 있다. 예를 들어, 그레이엄 워드(Graham Ward)가 표현한 바 "세

---

[10] 이 통계 수치는 9번 각주에서 인용한 보고서에서 가지고 온 것임.

속의 붕괴"(implosion of the secular)와 종교의 재기(resurgence)로 특징지어지는 시기에 출현하는 온라인 종교 사이트들은 사이버 공간에서 가장 빠르게 성장하는 사이트들 가운데 하나로 심지어 성(性) 관련 사이트들의 수를 능가하고 있다.[11]

디지털로 매개되는 무료 성서 애플리케이션인 'The Bible app You Version'은 디지털 공간에서의 종교 생활이 갖는 힘을 보여 주는 한 본보기다. 2016년 현재 이 애플리케이션은 2억 2천 8백만 회 이상의 다운로드를 기록했는데, 이는 사용자의 숫자 면에서는 페이스북, 트위터, 인스타그램과 동등한 것이다.[12]

이런 숫자들은 기도와 예배를 포함하는 종교 생활에 관심을 가진 그 누구라도 디지털 세계를 자세히 살펴보아야만 하고 또한 디지털 세계에서의 종교 생활에 대해서도 자세히 살펴보아야 한다는 점을 말해 준다.

매우 오래된 예배 실행들과 전혀 새로운 예배 실행들, 두 가지 모두가 온라인상에서 번창하고 있음은 명백하다. 이 실행들은 인터넷을 통한 예배 중계, 가상의 제단들, 온라인 예배당들, 사이버 묵주기도들, 실시간 중계 영상 및 이미지 갤러리가 포함된 기도 애플리케이션들, 추모 사이트들, 온라인 순례들, 디지털로 매개되는 성체조배와 9일 기도(novena)[13]로부터

---

[11] 적어도 Christopher Helland에 따르면 그러하다. *Religion Online: Finding Faith on the Internet*, ed. Lorne L. Dawson and Douglas E. Cowan (New York, NY: Routledge, 2004), 23-35, 여기서는 p.26을 보라.

[12] Besty Shirley, "Word Files: The Bible in the Digital Age," *America* (October 17, 2016), 22-25; Jefferey S. Siker, "Digital Turns and Liquid Scriptures," *Yale Divinity School Reflections* 102.2 (2015), 53-56, 여기서는 특히, p.53을 보라. 또한, 다음의 자료도 참조하라. Eric Larson, "What Would Jesus Text? Smartphone Are Changing How We Worship," http://mashale.com/2013/08/20/religion-yechnology/#sxCdKogz1kq8.

[13] 미국가톨릭주교협의회에서 발표한 2017년도 9일 기도(Novena)는 다음의 앱에서 영어

'툼플릿'(twomplet, 트위터상의 일과를 끝내는 끝기도), 대림절과 사순절의 디지털 교회력, 그리고 애플리케이션 '연옥 묵상'(Catholic Meditations on Purgatory) 등과 같은 새로운 자원들에 이르기까지 널리 퍼져 있다.

온라인에만 존재하는 신앙 공동체들도 있는데 '세컨드 라이프'(second life)와 같은 웹에 기초한 쌍방향 가상 현실 환경들에 존재하는 공동체가 그 보기이다. 디지털로 매개되는 예배 생활은 분명 풍요롭고 다면적이며 활기가 넘친다. 이는 또한 끝없이 팽창하고 있다.

기도와 예배 실행들의 디지털 세계로의 이주에 대해서는 신앙 생활의 방식이 전환된다는 보다 큰 맥락에서 바라보아야 한다. 새로운 기술의 결과로서 사회적 의사소통의 수단이 기하학적으로 팽창하는 동안 적어도 북대서양 세계에서는 예배 참석이 극적으로 감소했다. 어느 명쾌한 머리기사는 말하기를 밀레니엄 세대에게 "페이스북은 예스, 조직된 종교는 노"(Yes to Facebook and No to Organized Religion)다.[14]

만일, "종교"가 제도화되고 조직되고 권위가 부여된 오프라인의 종교만을 가리킨다고 전제한다면, 통계 수치가 이 말을 증명해 줄 것이다. 이런 경향을 보여 주는 한 수치를 인용해 보자면 미국의 청년 가톨릭 신자의 72%가 SNS를 사용하고 있다. 반면, 매주 미사에 출석하는 청년의 비율은 15%에 불과하다.[15]

와 스페인어로 찾아볼 수 있는데, 이 앱에서 주교협의회는 전국의 수많은 가톨릭 신자들에게 "낙태 근절을 위한 기도 모임에 디지털로 함께 하겠다고 약속하였다(https://catholicapptitude.org/2017/01/08/9-days-for-life-app/).

[14] Kathy Stewart는 버지니아 주에서 밀레니엄 세대에 대해 보고하고 있다. 이에 대해서는 (http://wtop.com/virginia/2016/01/yes-facebook-no-organized-religion-politics-look-va-s-millennials/)를 보라.

[15] Brandon Vogt, *The Church and New Media: Blogging Converts, Online Activists, and Bishop*

오프라인교회 예배에의 참석이 급격하게 줄어든 반면, 가톨릭 신자들이 그들의 일상 속에서 기도하는 빈도수는 1980년대 초반 이래로 사실상 거의 변하지 않은 채로 남아 있다.¹⁶ 이 점은 온라인으로 기도하는 것과 관련하여 특히 중요하다. 과거 수십 년 동안 미국 가톨릭교회 신자들이 오프라인교회 예배에 참석하는 비율은 훨씬 떨어졌다. 그렇다고 그들이 날마다 일상에서 기도를 덜 하는 것 같지는 않다. 그리고 이런 일상의 기도는 이제 디지털로 매개되곤 한다.

최근 몇 년 동안 실제로 기도와 명상을 촉진해 주는 애플리케이션의 붐이 일어왔다. 한 저널리스트가 말했듯이 "기도와 스마트폰 습관들이 서로 잘 어울린다."¹⁷

이 점을 달리 말해보자면 한편에서는 공(公) 예배에의 참석률 저하, 다른 한편에서는 디지털 의사소통 기술의 진보라는 두 가지 변화가 일어났는데, 겉으로 볼 때는 전혀 이질적인 이 두 가지 실재들을 하나로 결합해 주는 세계를 또한 낳았다고 말할 수 있다.

예배 실행들과 디지털 의사소통의 수단들이 반세기 전까지만 해도 상상조차 할 수 없었던 방식으로 사이버 공간에서 수렴되었다. 예를 들면, 제2차 바티칸공의회가 처음 두 가지 문서인 전례헌장과 사회 매체에 관한 교령 '놀라운 기술'(*Inter Mirifica*)을 선포했을 때 이 텍스트들은 그 출판 날짜 이외에는 공유점이 거의 없었다.

Who Tweet (Huntington, IN: Our Sunday Visitor, 2011), 60.

16 *America* (May 4, 2015), 6 참조.

17 Laura Turner는 "Inside the Christian App Boom"이라는 제목의 글을 보도하였는데, www.theverge.com/2015/12/20/10320476/inside-the-growing-of-christian-apps 를 보라.

두 문서 사이에는 주제 면에서 사소하게 겹치는 부분만이 존재했다. 전례헌장 '거룩한 공의회'(*Sacrosanctum Concilium*)는 라디오와 텔레비전을 통한 예배 방송에 있어서 "미묘함과 품위"(delicacy and dignity)를 고집하면서 사회적 의사소통의 수단에 대해 간략하게 언급했을 뿐이다.[18]

'놀라운 기술'은 예배 생활에 대해 언급하지 않았다. 공의회 이후 두 문서는 각자 서로 다른 길을 갔다. 전례헌장은 곧바로 많이 연구된 텍스트가 되었던 반면, 사회 매체에 관한 교령은 주변부로 밀려나 있었다. 오늘날 이 두 개의 주제들은 이제는 예배와 사회적 의사소통의 수단이 서로 겹치는 사이트들에 대해 지속적인 주의를 기울이지 않고서는 다루어질 수 없을 것이다.

또한, 미국 내에서는 백인 복음주의자들과 아프리카계 미국 개신교인들이 다른 어떤 기독교인들보다도 온라인 종교 활동에 더욱더 많이 참여하고 있는 것이 사실이지만, 로마 가톨릭교회는 분명 디지털로 매개되는 의사소통의 스펙트럼에 있어서 우위를 점하고 있다.

특히, 세계 전역에 걸쳐 뻗어있다는 점에서 그러하다. 교황청은 주요 예배들을 실시간으로 팔로우할 수 있도록 해 주는 유튜브 채널인 "포프 앱"(Pope App), 아홉 개의 언어로 번역되며 2천 7백만 명 이상의 팔로워를 보유하고 있는 교황 트위터 계정, 그리고 가장 최근에는 교황의 인스타그램 계정 등을 통해, 디지털로 매개되는 예배 참여를 적극적으로 확장해 왔다.

프란치스코 교황은 디지털 의사소통 기술을 활용하여 기도 및 예배의 실행들을 강조하곤 한다. 예를 들어, 교황 인스타그램 계정은 무릎 꿇고

---

[18] Constitution on the Sacred Liturgy, *Sacrosanctum Concilium*, #20, in *Vatican Council II: The Basic Sixteen Documents*, 126을 보라.

기도하는 교황의 사진으로 열린다. 자막에는 "나를 위해 기도해 주십시오"[19]라고 적혀 있다. 2013년 교황으로 선출된 후 그는 성 프란치스코의 무덤에 가서 기도하는 모습을 웹 카메라를 통해 전송하였고, 또한 성자에게 드리는 기도를 태블릿을 통해 포스팅하였다.[20]

같은 해, 토리노의 수의(*Shroud of Turin*)가 이탈리아의 텔레비전에서 특집으로 방송될 때 다음과 같은 비디오 메시지를 송출하였다.

> 나는 거룩한 수의 앞에 모인 여러분 모두와 함께합니다. 나는 현대 기술을 통해 우리에게 이런 가능성을 열어 주신 주님께 감사드립니다. 우리는 이런 방식으로 함께 하고 있지만 단순히 '보기'만 하는 것이 아니라 기도하는 시선으로 경배하는 것입니다.[21]

교황은 디지털 소통 기법을 통해 가능해진 새로운 형태의 예배 모임 또한 허용하였는데 2013년 세계 최초로 전(全) 세계가 함께 했던 성체조배의 거행이 그 보기이다. 또한, 2016년 초 이후에는 교황 기도 지향(papal prayer intentions)을 매월 트위터 페이스북, 그리고 인스타그램 등의 소셜 미디어 플랫폼을 통해 송출하고 있다.

---

[19] www.instagram.com/franciscus/?hl=en.을 보라.

[20] "Pope Francis Prays via Webcam at Tomb of St. Francis," www.news.va/en/news/pope-francis-prays-via-webcam-at-tomb-of-st-franci. 이 웹캠은 Basilica of St. Francis의 홍보 담당 부서를 통해 접속할 수 있다. http://sanfrancesco.org/webcam_tomb_saint_francis.php

[21] "Turin Shroud: Full Text of Pope Francis' Comments," *Telegraph* (March 30, 2013)을 다음의 웹 주소에서 찾아보도록 할 것. www.telegraph.co.uk/news/religion/the-pope/9962636/Turin-Shroud-full-text-of-Pope-Francis-comments.html(수의를 보여 주는 영상이 삽입되어 있음).

나는 여기서 그들의 신앙 생활에 있어서 디지털로 매개되는 사회적 공간을 이용하는 사람들이 단지 기독교인들만은 아니라는 사실을 간단히 언급하고자 한다. 사이버 공간에서의 의례 생활은 매우 다양하고 다종교적 (multi-religious)이다.

현재 디지털로 매개되는 사회적 공간 안에 존재하고 있는 몇 가지 전통들을 열거해 보자면 유대교, 이슬람교, 힌두교, 그리고 불교의 사이트들이 활발하게 활동 중이다.[22] 그뿐만 아니라 디지털로 매개되는 의례 실행을 제공하는 산만한 종교 사이트들과 모호해 보이는 영적인 사이트들 등도 대단히 많다. 또한, 명상을 안내하는 Calm, Head space, Mindfulness Daily, Buddhify와 같은 수많은 애플리케이션도 있다.

3) 온라인 예배의 새로운 질문과 도전

예배학자들이 디지털로 매개되는 기도 및 예배의 실행들에 주의를 기울여야 하는 세 번째 이유는 이 실행들로부터 제기되는 질문 및 도전들과 관련이 있다. 이 가운데는 예배신학자라면 그 누구라도 가슴에 찔림을 느낄 수밖에 없는 질문과 도전들이 있다.

첫째, 디지털로 매개되는 기도 가운데 하나님과 만남은 어떻게 일어나는 것일까?

---

[22] 이런 멀티 종교적 현상에 대해서는 Online: *Heidelberg Journal of Religions on the Internet*, ed. Kerstin Radde-Antweiler, 02.1 (2006), http://online.uni-hd.de.에 실린 "Rituals on the Internet" 특별 호를 보라.

둘째, 사이버 공간에서 에클레시아 오란스(ecclesia orans), 즉 기도하는 교회에 속하는 사람은 누구인가?

셋째, 온라인으로 참여한다는 것은 무엇을 말하는가?

넷째, '디지털 거룩한 공간'에 능동적으로 참여한다는 것의 표식은 무엇인가?

다섯째, 디지털 미디어 안에서 그리고 디지털 미디어를 통해 매개되는 은혜를 어떻게 느끼는가?

이러한 질문들은 예배학자들이 응답해 주기를 끈기 있게 기다리면서 수평선 저 어딘가에서 그저 아른거리고 있는 그런 질문들이 아니라는 사실을 깨닫는 것이 중요하다. 이 질문들은 오히려 바로 지금 여기 디지털 세계 속에서 능동적으로 다루어지고 있으며 실제로 한동안 다루어져 온 것들이다.

예배학자들 편에서 온라인 예배 실행들에 대해 개방적으로 다루는 일은 다음과 같은 인식을 뜻하는 것이어야 한다. 예배학 연구에 있어서 중요한 개념적 범주들, 즉 그 공간, 참석(presence), 참여, 그리고 공동체 등의 범주들은 엄청난 문화적 변화를 겪는 중이다. 이 변화는 특히 사이버 공간에서 눈에 띄게 진행되고 있다. 예배학자들은 이러한 심대한 전환 곧 오늘날의 세상에서 존재하는 방식의 전환, 그리고 오늘날 예배하는 방식의 전환을 무시해서는 안 될 것이다.

비록, 온라인으로 예배하는 대부분 사람이 예배학자들의 생각에 대해 숨죽여 주의를 기울이지는 않는다고 해도, 나는 예배학 연구가 '디지털로 매개되는 기도와 예배 실행들의 세상'에 이바지할 수 있는 중요한 질문들과 통찰들은 제공해 줄 수 있다고 확신한다. 동시에 예배학자들이 바로 이 세계로부터 배울 것도 많을 것이라고 확신한다.

앞으로 전개될 장(章)들에서 나의 이러한 확신을 설명할 것이다. 하지만, 지금은 이 책 안에서 그리고 이 책을 위해 결정한 방법론들에 대해 몇 마디 언급하겠다.

2. 어떻게 연구할 것인가?

1) 디지털 전환

온라인 예배는 예배학 연구에 있어서 '디지털 전환'(The digital turn)이라고 특징지어질 수 있는 그 무엇을 보여 준다. 이 디지털 전환은 지난 세기에 걸쳐 예배학 연구 및 다른 학문 분야에서 빠른 속도로 진행되어 온 일련의 학문적 전환들 가운데 가장 최근의 것에 불과하다. 이 학문적 전환들 가운데 어떤 것들은 후에 참고 사항으로 첨부할 것인데, 그것들이 어떤 식으로든 디지털로의 전환과 나란히 이루어지고 있기 때문이다.

항상 변화하는 학문적 탐구의 지형 속에서 또 하나의 전환에 불과한 것으로 여겨지는 후자는 그 자체로는 그리 주목할 만한 것은 아니다. 주목할 만한 점은 디지털 전환이 종교에 관한 연구를 포함하여 어떻게 학문 분야를 변화시키는가 하는 것이다.[23]

---

[23] www.ssrc.org/publications/view/religion-media-and-the-digital-turn/.에 포스팅된 Social Science Research Council의 2015년도 보고서 "Religion, Media, and the Digital Turn"을 보라.

이 변화의 핵심적인 요인은 디지털 소통 기법에 따라 생성되는 새로운 소재들과 사이트들의 출현이다. 과거에 텍스트를 연구했던 학자들이 이제는 텍스트, 이미지, 오디오, 비디오, 그리고 그 밖의 비(非)텍스트적 포맷 등을 융합하는 디지털 소재들을 대면하고 있다. 또한, 이런 소재들은 오프라인 도서관이나 아카이브에 보관된 것이 아니라 디지털로 매개되는 저장소인 사이버 공간에 있다.

디지털 미디어 연구라는 새로운 초(超)학문 분야, 보다 구체적으로는 "디지털 인문학" 분야가 이런 전환에 대한 응답으로 출현하였다. 여러 분야로부터 온 학자들이 이제는 이 새로운 미디어 세계에 뛰어들고 있다. 최근 예배학 연구가 의지해 왔던 이 분야들은 그중 몇 가지만 열거하더라도 역사학, 문학 비평, 인류학에서부터, 사회학, 젠더 연구들, 그리고 의례 연구들에 이르기까지 매우 다양하다.

프린스턴대학교 '디지털인문학센터'(Center for Digital Humanities at Princeton)는 이 새로운 분야를 이전의 학문 연구 분야와 대비하여 다음과 같이 잘 묘사하고 있다.

> 이 분야는 우주를 탐험하는 일련의 디지털 융합 실행들(an array of convergent practices)에 관한 것으로 이 우주에서는 더는 인쇄 매체가 지식을 생성하고 전파하는 주된 매체가 아니다.[24]

---

[24] https://digitalhumanities.princeton.edu/new/. 디지털 미디어 연구 분야에 대한 개괄은 예를 들어, *The Johns Hopkins Guide to Digital Media*, ed. Marie-Laure Ryan et al. (Baltimore, MD: Johns Hopkins University Press, 2014)를 보라.

나의 일차적 관심은 나의 연구를 위해 디지털 도구를 활용하는 것이기보다는 디지털 영역에서의 내 연구 대상에 관한 것이지만, 이 책에서의 나의 연구는 이 '디지털 융합 실행들'과 나란히 이루어질 것이다.

디지털 인문학이라는 복잡하고도 다면적인 분야 안에서 하나의 하위 분야가 이 책에서의 내 연구와 관련하여 특별한 관심의 대상이다. 디지털 문화들과 종교적 전통들 사이의 교차점에 있는 이 분야는 종교와 새로운 미디어, 종교와 가상 현실, 혹은 그저 '디지털 종교' 등으로 다양하게 묘사된다. 하이디 캠벨(Heidi Campbell)은 2013년 『디지털 종교-뉴미디어 세계에서의 종교 실행』(Digital Religion: Understanding Religious Practice in New Media Worlds)이라는 제목으로 이 분야와 관련된 논문 모음집을 출간했다.[25] 이는 대부분 거의 비슷한 시기에 출현한 이 주제에 관한 수많은 출판물 중 하나다.[26] 다수의 온라인 저널과 네트워크가, 또한 디지털 종교 분야에서 연구하는 학자들 사이의 대화를 촉진하고 있다.[27]

---

[25] *Digital Religion: Understanding Religious Practice in New Media Worlds*, ed. Heidi A. Campbell (New York, NY: Routledge, 2013).

[26] *Digital Religion, Social Media and Culture*, ed. Pauline Hope Cheong et al. Digital Formations 78 (New York, NY: Peter Lang, 2012)가 1년 전에 출판되었다. 1년 후에는 같은 주제에 대한 기획 논문집이 *Media, Religion and Culture: An Introduction*, ed. Jefferey H. Mahan (New York, NY: Routledge, 2014) 제목으로 출판되었다. 이보다 훨씬 먼저 같은 주제로 출판된 저서들이 있었는데, Jeffrey K. Harden과 Douglas E. Cowan이 편집한 저서 *Religion on the Internet: Research Prospects and Promises*, Religion and the Social Order 8 (New York, NY: JAI, 2000)이 좋은 예(例)이다.

[27] 다음의 저널들이 특별히 중요하다: Journal of Religion, Media and Digital Culture (since 2012); *Online: Heidelberg Journal of Religions on the Internet (since 2005); and Journal of Media and Religion* (since 2002). The Network for New Media, Religion and Digital Culture Studies (http://digital-religion.tamu.edu/), 이는 온라인상에서 학문 분야를 넘나들며 이루어지는 협동과 자료 공유의 한 본보기이다.

이 분야 안에서 나오는 목소리들, 특히 디지털로 매개되는 의례 실행들에 대해 말하고 있는 목소리들은 디지털 세상으로 이주해 간 예배 및 기도의 실행들을 연구하는 예배학자인 내게 중요한 대화 상대들이다.[28]

예배학 연구에서 디지털 전환은 새로운 것으로 보일지 모르나 예배학 연구와 디지털 문화 사이의 대화를 시작한 것은 내가 처음이 아니다. 그 대화는 십여 년 전 스테판 뵌테르트(Stefan Böntert)의 획기적인 저서 『인터넷 예배: 둘 사이의 대화 관점에서』(Gottesdienste im Internet: Perspektiven eines Dialogs zwischen Internet und Liturgie)로부터 시작되었다.[29]

그러나 그 연구는 웹 2.0이 출현하기 전에 완성되었다. 그 이후 디지털 문화에 대한 예배학자들의 관심은 다소 들쭉날쭉했다.

---

[28] 여기서 이미 언급하거나 인용한 것 이외의 문헌 자료들은 다음과 같다. Ronald L. Grimes, "Ritual and the Media," in *Practicing Religion in the Age of the Media: Explorations in Media, Religion, and Culture*, ed. Stewart M. Hoover and Lynn Schofield (New York, NY: Columbia University Press, 2002), 219-234; Gregor Goethals, "Myth and Ritual in Cyberspace," in *Mediating Religion: Conversations in Media, Religion and Culture*, ed. Jolyon Mitchell and Sophia Marriage (New York, NY: T&T Clark, 2003), 257-269; Cheryl Casey, "Virtual Ritual, Real Faith: The Revirtualization of Religious Ritual in Cyberspace," *Online: Heidelberg Journal of Religions on the Internet*, ed. Kerstin Radde-Antweiler, 02.1 (2006), at http://online.uni-hd.de; Rachel Wagner, *Godwired: Religion, Ritual and Virtual Reality*, Media, Religion and Culture (New York, NY: Routledge, 2012); *Digital Religion: Understanding Religious Practice in New Media Worlds*, ed. Heidi A. Campbell (New York, NY: Routledge, 2013), 25-40에 실린 Christopher Helland의 "Ritual"에 관한 논문, 그리고 같은 책의 "Ritual" 부분에 수록된 다른 논문들 (121-135); Paul Post and Suzanne van der Beek, *Doing Ritual Criticism in a Network Society: Offline and Online Explorations into Pilgrimage and Sacred Place*, Liturgia Condenda 29 (Walpole, MA: Peeters, 2016).

[29] Stefan Böntert, *Gottesdienste im Internet: Perspektiven eines Dialogs zwischen Internet und Liturgie* (Stuttgart: Kohlhammer, 2005). 저자의 연구에 대한 보다 최근의 영어로 된 소개에 대해서는 다음을 보라. "Liturgical Migrations into Cyberspace: Theological Reflections," in *Liturgy in Migration: From the Upper Room to Cyberspace*, ed. Teresa Berger (Collegeville, MN: Liturgical Press, 2012), 279-295.

그러나 현재에 이르러서는 그 관심이 심화하는 징후들이 보인다. 이 주제에 대한 여러 논문이 짧은 시간 안에 계속하여 발표되었고 2015년에는 북미 저널인 「예전」(*Liturgy*)과 오스트리아의 저널인 「거룩한 직무」(*Heiliger Dienst*)가 각각 「디지털 시대의 예배」(*Liturgy in the Digital Age*)와 「인터넷 예배」(*liturgie@internet*)라는 제목으로 이와 관련된 글들에 전(全) 지면을 할애하였다.[30]

---

[30] Nathan D. Mitchell, "Ritual and New Media," in *Cyberspace – Cyberethics – Cybertheology*, ed. Erik Borgman et al., Concilium (London: SCM Press, 2005), 90-98; Stefan Böntert, "E-Prayer und Andacht per Mausklick: Christliche Gottesdienste im Internet," in *Religion und Medien: Vom Kultbild zum Internetritual*, ed. Jamal Malik et al., Vorlesungen des Interdisziplinären Forums Religion der Universität Erfurt 4 (Münster: Aschendorff, 2007), 165-179; Birgit Jeggle-Merz, "Gottesdienst und mediale Übertragung," in *Gottesdienst der Kirche: Handbuch der Liturgiewissenschaft, 2:2: Theologie des Gottesdienstes*, ed. Martin Klöckener et al. (Regensburg: Pustet, 2008), 455-490; and "Gottesdienst und Internet: Ein Forschungsfeld im Zeitalter des Web 2.0," in *Zwischen Tradition und Postmoderne: Die Liturgiewissenschaft vor neuen Herausforderungen*, ed. Michael Durst and Hans Münk, Theologische Berichte 33 (Fribourg: Paulusverlag, 2010), 139-192; Veronika Feiner, "Gottesdienste per Mausklick: Perspektiven für die Feier von Liturgie im Internet," in *Religion und Mediengesellschaft: Beiträge zu einem Paradoxon*, ed. Christian Wessely and Alexander D. Ornella, Theologie im kulturellen Dialog 20 (Innsbruck: Tyrolia, 2010), 257-275; Cláudio Carvalhaes, "And the Word Became Connection: Liturgical Theologies in the Real/Virtual World," *Liturgy* 30 no. 2 (2015), 26-35; Andrea Catellani, "Pastorale et prière en ligne: Le cas du site *Notre Dame du Web*," in *Le Religieux sur Internet*, ed. Fabienne Duteil-Ogata et al., Collection Religions en questions (Paris: L'Harmattan, 2015), 203-216; Paul Post, "*Cyberspace als Ritual Space*," in *Der sakrale Ort im Wandel*, Studien des Bonner Zentrums für Religion und Gesellschaft 12, ed. Albert Gerhards and Kim de Wildt (Würzburg: Ergon Verlag, 2015), 269-282; Daniella ZsupanJerome, "Virtual Presence as Real Presence? Sacramental Theology and Digital Culture in Dialogue," *Worship* 89 (2015), 526-542. See also the special issues of Liturgy no. 2: "*Liturgy in the Digital Age*," 30 (2015), and of *Heiliger Dienst* 69 (2015), no. 2: "liturgie@internet." Two earlier essays of mine on the subject appeared in 2013: "Worship: Exploring Liturgical Practices in Cyberspace," *Questions Liturgiques/Studies in Liturgy* 94.3-4 (2013), 266-286; and "*Participatio actuosa* in Cyberspace? Vatican II's Liturgical Vision in a Digital World," *Worship* 87 (2013), 533-547.

그러나 이 주제에 관한 단행본 길이의 주요 연구서는 아직 출판되지 않았다. 나의 이 책은 이러한 결핍에 응답하기 위해 저술된 것이다. 여전히 지속적인 학문적 관심을 요구하는 보물 같은 소재들이 많이 쌓여 있다. 또한, 지난 몇 년 동안 새로운 디지털 기술이 끊임없이 출현하고 있을 뿐만 아니라 그것들에 관심을 기울이는 학문적 연구 즉 디지털로 매개되는 실행들을 이론화하는 학문적 작업도 상당히 변화해 왔다.

또한, 끊임없이 변화하고 확장되어 가는 온라인기도와 예배 실행들 자체를 더 깊이 다룰 필요도 있다. 마지막으로 예배학자들은 종교, 의례, 그리고 디지털 문화에 관한 연구가 중요한 만큼이나 디지털로 매개되는 기도 및 예배의 실행들에 관한 신학적 성찰이 미디어화(mediatization)의 역량에 관한 세련된 이론들 이상의 무엇으로서 필요하다고 주장하고 싶을 것이다.

이 책 『예배, 디지털 세상을 만나다』(@Worship: Liturgical Practices in Digital Worlds)는 이 모든 필요한 것의 교차점에서 비롯되었다. 예배학 연구에서 디지털 전환은 시간을 가로지르는 학문적 대화라는 더욱더 큰 맥락이며 따라서 이런 더 큰 맥락을 인정하고 개괄해 보는 일이 중요하다.

2) 더 큰 콘텍스트: 예배-문화-미디어 기술

디지털 소통 기법이 새롭기는 하지만, 그들과 기도 및 예배 실행들의 관계에 대한 질문은 훨씬 오래된 대화에 속한다. 이 대화들은 넓은 의미로 보자면 끊임없이 진화하는 미디어 기술들과 수세기나 묵은 예배 실행들 사이의 관계에 대한 것이다. 디지털 기술은 그 시초부터 기독교 예배에 속했던 역사적인 미디어 형식들의 긴 연장 선상에 있다. 피터 호스필드(Peter

Horsfield)가 주장했듯 기독교는 "단순히 미디어를 사용하는 제도나 종교가 아니라, 미디어로 매개되는 현상 그 자체"이다.[31]

기독교 신앙의 역사적인 미디어 형식들에는 몇 가지만 열거하더라도 기도 중에 손을 들어올리기, 무릎 꿇기 등과 같은 몸 기교, 영창(詠唱) 등 음성을 통한 의사소통, 두루마리, 기름 램프 등이 포함된다. 예전복을 입은 몸들로부터 시작하여 높여진 강단들, 그리고 인쇄된 책 등 또 다른 미디어들이 그 뒤를 따르고 또다시 그 뒤를 이어 보다 비형식적인 적절한 몸짓들, 음향 조작, 그리고 주변 조명 등이 따르게 된다.[32]

여기서 내가 강조하고자 하는 점은 기독교 예배는 본래적으로 매개가 없었거나 혹은 매개 이전 상태이었다가, 인위적인 미디어 기술들이 도래하여 보태진 그런 세계로 이해되어서는 안 된다는 것이다.[33] 오히려 기독교 예배는 항상 매개를 통한 실행들 안에 존재해 왔고 이 실행들은 본질에 있어서 근본적으로 물질적이며 감각적이었다.

예배의 역사에서 예배가 미디어 형식들로부터 동떨어져 서 있었던 본래적으로 순수한 순간이란 없었다. "예배와 미디어"라는 단순한 이분법 뒤에는 비록, 널리 퍼져 있는 것이라 하더라도 미디어와 매개는 거룩한 존재와의 만남이 갖는 직접성에 비하면 부차적인 것이라는 다분히 문제가 있는 개념이 감추어져 있다.

---

[31] Peter Horsfield, *From Jesus to the Internet: A History of Christianity and Media* (Malden, MA:Wiley Blackwell, 2015), 7.

[32] Horsfield는 그의 글, From Jesus to the Internet에서 이 전개과정을 잘 그려준다.

[33] 여기에서 내 생각은 Birgit Meye의 연구에 크게 의존하고 있음을 밝혀 둔다. 이 점에 대해서는 특히, 그녀의 다음 글을 보라. "Material Mediations and Religious Practices of World-Making," in *Religion across Media: From Early Antiquity to Late Modernity,* ed. Knut Lundby (New York, NY: Peter Lang, 2013), 1-19.

이와는 대조적으로 이 책 『예배, 디지털 세상을 만나다』는 디지털 미디어 기술은 그것 없이는 거룩한 존재와의 만남이 갖는 직접성(im/media/cy)도 있을 수 없는 예배를 위한 매개의 긴 연장 선상에 서 있다는 확신에 근거하고 있다. 따라서 나는 디지털로 매개되는 예배 실행들을 매우 오랫동안 매개된 예배 실행들이라는 더 큰 궤적 안에서 해석할 것이다. 나는 또한 이 실행들을 그것들이 그 일부를 이루는 더 큰 동시대의 문화적 변화로 이해할 것이다.

이 실행들에 대한 나의 관심은 그것이 적대적 방식이든 생산적 방식이든지, 혹은 덜 분명하고 유동적인 방식이든지 간에 예배 생활이란 항상 동시대에 일어나는 문화적 발전 때문에 형성되고 함께 구성되는 것이라는 확신에 그 뿌리를 두고 있다.

우리 시대의 핵심적인 발전은 더욱 세련되고 강력한 디지털 소통 기법의 성장이다. 2005년 교황 요한 바오로 2세는 이 발전을 "새로운 문화"의 출현이라고 묘사한 적이 있다.[34] 이 특별한 "새로운 문화"와 예배 실행 사이의 상호 작용에 주의를 기울이는 일은 더 큰 학문적 책임으로서 달리 말하자면, 그것들이 그 일부를 이루고 있는 더 넓은 문화적 문맥 안에서 예배 실행을 진지하게 숙고하는 일이다.

예배학 연구에 대한 이런 접근 방식은 지난 50년 동안 이루어진 예배학 연구 분야의 발전에 힘입은 것이다. 그 이전까지는 예배학 연구를 권위가 부여된 예배 텍스트들에 대한 학문적 숙고와 그 텍스트들을 해석하는 남

---

[34] Pope John Paul II, Apostolic Letter "The Rapid Development," #2, at https://w2.vatican.va/content/john-paul-ii/en/apost_letters/2005/documents/hf_jp-ii_apl_20050124_ilrapido-sviluppo.html.

성 엘리트의 학문적 숙고라고 스스로 규정해 왔었다. 따라서 이 분야는 역사적이고 철학적인 해석 방법에 과도하게 집중하고 있었다.

20세기 후반에 와서는 예배의 콘텍스트(context)가, 다시 말해 지속되어 온 삶의 물질적 현실 속에 처한 상황이란 것이 인류학적 전환이나 언어학적 전환과 같은 지식 생산에서의 광범위한 전환들과 함께 점차 전면으로 드러나게 되었다.

이는 예배학 연구에 있어서 분석을 위한 학문적 도구가 중대하게 확장되었음을 의미했다. 특히, 사회과학으로부터 나온 분야들과 하위 분야들, 예를 들면 문화인류학과 사회학 등이 출현하여 예배학 분야가 의존하였던 보다 전통적인 분야들을 보완해 주었다. 이런 확장의 결과 중 하나가 그 안에서 항상 예배가 실행되는 보다 넓은 문화적 현실에 대해 점점 더 초점을 맞추게 되었다는 점이다.

보다 최근에는 젠더 이론과 비판적 인종 이론, 퍼포먼스 연구들, 그리고 트라우마 이론 등과 같은 학제적 연구 분야가 예배학 연구의 대화 상대가 되고 있다. 나 자신을 포함하여 일부의 신학자들과 예배학자들은 물질적 현실, 권력, 그리고 의미의 생성 등에 초점을 맞추는 문화 이론들이 매우 유익하다고 생각하고 있다.[35] 디지털로 매개되는 예배와 기도의 실행들에 관해 연구한 이 책은 이렇게 넓어지고 있는 학문 분야를 명백하게 확장해 놓은 것이라고 말할 수 있다.

---

[35] 여기서 나는 Kathryn Tanner의 연구, 특히 그녀의 저서 *Theories of Culture: A New Agenda for Theology*, Guides to Theological Inquiry Series (Minneapolis, MN: Fortress Press, 1997)에 크게 영향받았음을 기쁘게 밝혀 둔다.

3) 생활 종교로의 전환

일상의 삶은 계속 증가하는 동시대의 디지털화를 포함하여 매개 없이 혹은 이론화되지 않은 채로 우리와 만나지 않는다. 우리가 현실이라고 인식하는 것, 그리고 사실들이라고 인식하는 것은 우리가 어떻게 아느냐에 따라 형성된다. 이는 학문적 탐구를 포함한 우리 삶의 모든 부문에서 그러하다. 이는 또한 예배학 연구 분야에도 해당한다.

높은 수준의 교육을 받고 사회적인 특권을 누리는 전문가로서 예배학자들이 학문적 탐구를 형성해 온 하나의 분야는 공적인 기도와 신심 행위의 지속된 실행들과 관련된 분야다. 이 분야의 역사를 살펴보면 그 학문적 초점은 공인된, 공적인, 그리고 기록된 자료들에 맞추어져 있었다. 대중적인 신앙 실행들의 영역은 관심 밖의 문제로 치부되었는데 경건한 개인주의, 가짜 예배(liturgical kitsch), 혹은 묵주를 돌리며 기도하는 왜소한 노파 등으로 다양하게 코드화되었다.

오늘날 이 영역은 더욱 정확하게는 '생활 종교'(lived religion)의 일상 실행들이라고 서술되고 있다. 지난 30년 동안, 이런 생활 종교에 대한 괄목할 만한 전환이 있었다. 구성주의 신학(constructive theology)조차도 더욱 대중적인 신앙 사이트들과 "보통 사람들의 신학들"을 다루기 시작하였다.[36] 이런 접근은 특권을 누리는 공식 텍스트들과 교리들보다는 오히려 대중적인 신앙 실행들에 초점을 맞춘다.

---

[36] Kathryn Tanner, "Theology and Popular Culture," in *Changing Conversations: Religious Reflection & Cultural Analysis*, ed. Dwight N. Hopkins and Sheila Greeve Davaney. (New York, NY: Routledge, 1996), 101-120을 보라.

예배학 연구는 그 초기에, 이러한 더욱 넓은 학문적 전환에 대해 움직이지 않는 채로 남아 있었다. 아마도 "예배"(liturgy)를 구성하고 있는 것이 무엇인가에 대한 자체의 뿌리 깊은 그리고 현저하게 강요된 이해 때문이었을 것이다. 그러나 최근 예배학 연구의 초점 역시 넓어져 왔다. 대중적인 신앙 행위들과 기도 생활들이 정말로 중요하다고 여기게 되었다. 즉, 예배학을 더는 공적인, 공인된, 그리고 기록된 예배를 따라가는 그림자로 여기지 않게 된 것이다.[37]

오히려 이 실행들은 더 큰 전체의 부분으로 이해될 수 있다. 즉, 예배학은 기독교인들이 교회와 채플에서, 가정에서, 거리에서, 사이버 공간에서, 야외에서, 그리고 디지털 세상에서 그들의 신앙을 점점 더, 그리고 어떻게 의례적으로 실행하는가를 연구하는 것까지로 이해될 수 있다.

하지만, 한편으로는 교회의 예배, 다른 한편으로는 경건한 개인주의라는 두 개의 별도 영역이 있다는 이전의 개념이 여전히 힘을 잃지 않고 있다는 점에 대해서 이쯤에서 경고가 필요하다.

이 책이 처음엔 '보통 사람들'의 예배 실행들로의 전환처럼 보일 수 있을지 모르나 디지털 공간이란 "공인된 엘리트"와 "보통 사람" 사이의 안이한 구분이 흐려지는 곳이다.

교황청, 주교단 회의, 본당 사제들, 신학자들, 그리고 종교 공동체들로부터 온갖 형식과 형태의 평신도들에 이르기까지 디지털 세상들은 복잡하고 잡다하다. 특히, 명백하고 경계가 분명한 정체성의 유지라는 면에서 더

---

[37] Ricky Manalo의 저서 *The Liturgy of Life: The Interrelationship of Sunday Eucharist and Everyday Worship Practices* (Collegeville, MN: Liturgical Press, 2014)가 이러한 경향의 가장 탁월한 보기이다.

욱 그러하다.

예를 들면, 한 가톨릭 신자가 교구의 신실한 신자로서 동시에 온라인 예배에 출석할 수 있다. 그는 동시에 신분을 숨긴 채 포르노그래피를 열성적으로 소비하는 사람일 수도 있다. 또한, 잘 알려진 신학자가 전문적인 웹사이트를 운영하면서 예배 관련 블로그에 기고할 수도 있다. 동시에 그는 다른 젠더, 다른 인종, 다른 사회적 신분을 가진 아바타가 되어 가상 현실에 거주할 수도 있다.

이런 복잡한 디지털 현실을 해석하는 방법은 디지털 문화의 구체적인 상황에 적절한 것이어야만 한다. 이를 위해 이미 언급된 것들을 넘어서는 새로운 해석 방법들에 대한 인정이 여기서 필요할 것이다.

4) 해석 방법

나는 어떻게 시작하지 않아야 하는가에 대해 한마디를 하는 것으로 시작하려고 한다. 디지털로 매개되는 기도 및 예배 실행들에 관한 탐구는 성급하고 야심찬 부정적 주장들에 의존해서는 안 된다. 디지털로 매개되는 이러한 실행들은 "성례전 참여에 있어서 육체에서 분리되고, 공동체가 없으며, 비(非)역사적인 인식(sense)을 조장한다"[38]라는 주장이 바로 그 한 예(例)다.

나는 그런 주장들이야말로 전형적으로 두어 가지의 학문적 결함에서 비롯된 결과라고 생각한다.

---

[38] Craig A. Baron, "Sacraments 'Really Save' in Disneyland: Reconciling Bodies in Virtual Reality," *Questions Liturgiques/Studies in Liturgy* 86 (2005), 284-305, 여기서는 p. 305를 보라.

첫째, 전통적인 학문적 방법론들을 비판 없이 고수하는 입장인데, 이런 방법론들은 디지털 세상을 다루는 일에는 준비되어 있지 못하다는 점을 인식하지 못하고 있다.

둘째, 지속적이고 개방적으로 그리고 탐구하는 방식으로 디지털로 매개되는 신앙 실행들로 들어가 이를 연구할 생각이 전혀 없는 입장이다.

이 책에서 나는 이런 두 가지의 상호 연관된 결함을 잘 피했기를 소망한다. 디지털로 매개되는 기도 및 예배 실행들을 연구하는 '작지만 중요한 차이를 놓치지 않는' 접근 방식은 실제 실행들 자체에 주의를 기울이며 씨름하는 것에서부터 시작될 것이다. 그 안으로 들어가 보지도 않은 채 가상 현실에서 일어나는 일에 관해 쓴다는 것은 문제가 된다. 온라인 예배 실행들의 유령이 아닌 그 실제의 실행들에 주의를 기울이며 그것들과 씨름하는 일에 기초를 두어야만 신학적 기초와 관련하여 디지털 세상에서 무슨 일이 일어나는지를 탐구할 수 있을 것이다.[39]

---

39 나는 여기서 Douglas E. Cowan과 견해를 달리하는데, 그는 다양한 웹사이트들에서 만나게 되는 것들을 "단순히 서술"하는 연구자들을 비판하면서 그들을 "인터넷 투어 가이드들 정도의 사람들이라"고 평가하고 있다. 이 점에 대해서는 그의 다음 논문을 보라. "The Internet," in *The Routledge Handbook of Research Methods in the Study of Religion*, ed. Michael Stausberg and Steven Engler (New York, NY: Routledge, 2011), 459-473, 특히 p.461. Cowan의 주장과는 반대로, 투어 가이드들은 단순히 이론화되어 있지 않은 기정사실들을 보여 주기만 하는 사람들은 아니다. 투어 가이드들이 보여 주는 것을 포함하여 "사실들"(facts)이란 이론화되는 형태로 나올 수밖에 없다. 투어 가이드들조차도, 무엇을 강조할 것인지(혹은 무엇을 배제할 것인지), 그리고 어떤 순서로 어떻게 안내할 것인지를 선택하면서 결국, 하나의 지역(terrain)을 "이론화"하는 것으로 끝을 맺을 수밖에 없다.

첫째, 예배하는 사람들은 어떻게 거룩한 존재에게로 나아간다고 생각하는가?

둘째, 서로 서로에게는 또 어떻게 나아간다고 생각하는가?

셋째, 사이버 공간 안에서는 어디서 어떤 매개를 통해, 하나님을 만날 수 있는가?

넷째, 오프라인 예배와 디지털로 매개되는 실행들 사이에 어떤 변화들이 일어나는가?

여기서 이상적인 혹은 이상화된 오프라인 예배 생활 버전을 디지털로 매개되는 가장 나쁜 예배 실행들과 비교하지 않는 것이 방법론적으로는 필수적이다. 예배학자들은 그들 자신의 위상 때문에 그런 비교에 민감할 수 있다.

캐트린 테너(Kathryn Tanner)는 이에 대해 "학문하는 신학자들(academic theologians)이 자신들의 분야에 대한 지적 투자 때문에 쉽게 경도되는 기독교 예배 실행들에 대한 비현실적 추정들"[40]이라고 적확하게 지적하였다.

이런 위험을 피할 수 있는 하나의 방법이 오프라인 예배 생활을 이상화하지 않는 것이다. 예를 들면, 모든 예배하는 자들의 완전하고 의식적이며 능동적인 참여라는 것이 오프라인에서 수행되는 모든 예배의 기본적인 현실은 아니라는 점을 인정하는 것이 중요하다.

---

[40] Kathryn Tanner, "Theological Reflection and Christian Practices," in *Practicing Theology: Beliefs and Practices in Christian Life*, ed. Miroslav Volf and Dorothy C. Bass (Grand Rapids, MI: Eerdmans, 2002), 228-242, 여기서는 p.228 이하를 보라.

하지만, 부정적인 선입견보다는 열린 태도를 견지하며 디지털로 매개되는 예배 실행들을 다루는 일이 가상의 문화에 나타난 일부 담화들에서 발견되는 판타지들을 비판 없이 수용하는 것을 의미한다고 여겨져서는 안 된다.[41] 디지털 세상이 갖는 진짜 위험들은 이 책의 후반부에서 자세히 다루어 볼 것이다.

이런 관찰들을 통해 세 번째 방법론에 관한 논점이 나오게 된다. 신학적 확신들에 비추어 디지털로 매개되는 예배 실행들을 성찰하면서 나는 이러한 실행들이 기존의 예배 범주들, 학문적 도구들, 그리고 해석의 렌즈들 등에 압박을 가하도록 해야만 한다고 본다.

디지털 시대에 우리는 더는 '거룩한 예배'와 '사회적 커뮤니케이션의 수단들' 사이를, 제2차 바티칸공의회가 50년 전에 했던 것처럼 말끔하게 분리할 수는 없다. 두 영역 사이의 혼합은 이미 상당히 진행되었다. 비록 그 관계에 대한 성찰이 때때로, 그리고 여전히 디지털 기기들로 인해 야기되는 예배를 방해하는 문제에서 중단되기도 하지만 여전히 그러하다.

내가 최근에 참석한 미사에서 발생했던 것처럼 말씀이 선포되는 동안 휴대 전화가 울린다고 생각해 보라!

이러한 방해들은 디지털로 매개되는 예배 실행들이 급속하게 성장하는 것에 비하면 아주 미미한 것들이다. 이런 새로운 실행들이 기존의 어떤 예배 개념들에 대해 '응수'(talk back)할 권리를 갖는다는 사실을 부정하는 것은 옳지 않다. 한 가지 기억할 것은 지금까지 통용된 기존의 개념들은 이전에는 대체로 감추어져 있는 추정들이었다가 디지털 문화 속에서 그리고

---

[41] Graham Ward가 그의 글 "Between Virtue and Virtuality," *Theology Today* 59 (2002), 55-70, esp. p.56에서 매우 분명하게 밝혔듯이.

디지털 문화를 통해, 갑자기 눈에 띄게 된 것들이라는 점이다.

이 책 『예배, 디지털 세상을 만나다』는 전체적으로 볼 때 여러 학문 분야에 걸쳐 있으나, 마음속으로는 신학적 접근을 선호한다. 나는 신학적-예배학적 연구 도구들을 가지고 디지털로 매개되는 기도 및 예배 실행들로 나아갔다.

나는 이 일이 삼자 사이의 대화로서 가장 잘 이루어질 수 있다고 생각한다. 말하자면, 예배학의 도구들, 구성주의 신학(constructive theology) 탐구의 도구들, 그리고 디지털 미디어 이론들로부터 나오는 성찰의 도구들 사이의 삼자 대화, 그리고 필요에 따라 끌어오는 또 다른 관련 분야들, 예를 들면 젠더 이론, 사회과학적 분석과 인구 통계학적 분석 등과의 대화다.

결과적으로, 이 책에 실린 데이터들은 디지털로 매개되는 가톨릭 사이트들, 온라인과 오프라인의 연구들, 교회의 저술들, 신학적 성찰들, 예배의 자원들에서부터, 미디어 보도들, 조사들, 사례 연구들, 민족지학적 자료들, 인구 통계학적 자료들, 통계 자료들, 미디어 이론가들에 의한 학문적 저술들, 그리고 이에 못지않게 중요한 것으로 디지털로 매개되는 예배와 기도 실행들에 대한 나의 참여 관찰에 이르기까지 폭넓게 분포하고 있다.

전체적으로 이 책 『예배, 디지털 세상을 만나다』는 디지털 세계에서의 예배 실행에 관한 하나의 신학적 성찰로 읽히는 것이 최선일 것이다. 이를 위해, 나는 예배를 '다양한 질감을 지닌'(multi-textured) 실행, 즉 그 안에는 몸, 목소리, 텍스트들뿐만 아니라, 공간, 이미지, 음향, 그리고 화상(pixels), 인터넷 기기들이 각각의 역할을 담당하는 그런 실행으로 이해하는 일에 전념하였다.

나아가 예배 실행들에 관한 나 자신의 이해는 매우 광범위한 것으로 오프라인 성소에서 수행되는 정규 공(公) 예배뿐만 아니라 개인적인 기도의 시간, 적어도 가톨릭 신자들에게는 교회적으로 공인된 형식들에 따라 실행되는 경우가 많은 개인기도의 시간, 대중적인 신심 행위들, 그리고 디지털로 매개되는 예배 실행들을 모두 포함하는 것이다.

3. 무엇을 연구할 것인가?

예배 실행들에 관한 나의 이해는 디지털 미디어의 복잡성과 폭넓음 때문에 더 멀리까지 펼쳐진다. 디지털로 매개되는 기도 및 예배의 스펙트럼은 대단히 넓으며 이는 가톨릭 콘텍스트에만 한정해 보더라도 그러하다. 가장 기초적인 단계에서 보더라도 교구들과 종교적인 공동체들을 위한, 그리고 전통적인 예배 형식에 디지털적 접근을 제공하는 가톨릭 단체들을 위한 수많은 웹사이트가 있다.

여기에 더하여 일단의 애플리케이션을 포함하여 유사한 접근을 제공하는 서로 다른 미디어 플랫폼들이 대단히 많은데, 이 가운데는 대중적 신심 행위들의 수행에 초점을 맞추는 것들도 있다. 또한, 디지털 세상에서 디지털 세상을 위해 재(再)고안된 동시대 의식들(rites)을 제공하는 사이트들도 있는데, 예를 들면 '거룩한 성소들로 향하는 온라인 미로'와 '온라인 순례의 길' 등이 그것이다.

인터넷은 심지어 그 수호성인까지 가지고 있는데 교황 요한 바오로 2세가 인터넷을 위해 지명한 수호성인은 주교이며 학자인 636년에 사망한 세비아의 이시도르다. 사이버 공간에는 이시도르 성인의 중보를 요청하는 다양한 기도들이 있다. 또한, 잃어버린 웹사이트들을 찾기 위해 파두아의 성 안토니(St. Anthony of Padua)의 도움을 청하는 '밈'(meme, 온라인 상의 각종 이미지나 GIF 들을 통칭하는 말, 역주)도 여기에 해당한다.

또한, "컴퓨터 사용자, 소셜 미디어 전문가, 그리고 괴짜(geek)들과 정보 기술 전문가들을 위해 특별히 선택된" 재치 있고 멋진 책인 『비(非)공동기도서』(Book of Uncommon Prayer)도 있다.[42]

예배 생활에 동반되며 예배 생활을 가능케, 혹은 풍요롭게 해 주는 디지털 소재들의 광대한 세상이 있다. 이 세상은 고해성사를 준비하는 애플리케이션, 손안에 쥐어진 교회력, 그리고 사순절 앱(iStations of Lent)으로부터 스카이프(Skype)를 통해 멀리 있는 사랑하는 사람과 함께 잠자기 전, 하루의 마감기도를 드릴 수 있고, 혹은 최근 몸이 마비된 젊은이를 아이패드를 통해 교회의 회중석에 앉게 할 수 있는 일에 이르기까지 매우 폭넓다.[43]

또한, 온라인과 오프라인 모임을 섞어 놓은 예배도 있다. 예를 들어, 가상 현실 세계와 같이 온라인에만 존재하는 예배 생활도 있다. 끝으로 디지털로 매개되는 신앙 실행들 주변에는 이를 이용한 산업도 상당히 많이 있다. 예를 들면, 신앙적 영감을 주는 화면 보호 장치들(screen savers), 가톨릭 밈, 그리고 교황 이모지(emoji, 그림 문자 및 유니코드의 그림 문자 처리 기술, 역주) 등을 제공하는 산업이 여기에 해당한다.

---

[42] The Book of Uncommon Prayer: A Compendium of Prayers, Rites & Readings Selected Especially for Computer Users, Social Media Mavens, Geeks & Information Technology Professionals, transmitted through Sistertech and forwarded by Pamela Hood (San Jose, CA: American Beguine Community, 2010).

[43] 한 학생이 이 이야기를 나에게 해 주었다.

내가 여기에 열거한 목록은 디지털 세상에서의 그러한 신앙 실행들의 표면을 살짝 긁어본 것에 불과하다. 디지털로 매개되는 실행들의 범위가 매우 넓다 하더라도 이들을 범주화하려는 노력은 일부 이루어져 왔다.

예를 들어, 하나의 개별 프로젝트가 채팅, 필름, 텍스트, 오디오파일, 슬라이드쇼 등과 같은 멀티미디어로 실행 가능한 전(全) 영역을 얼마나 이용하느냐에 따라, 혹은 사용된 기술의 종류에 따라, 다시 말해 시간 전례를 따라 기도하게 하는 것처럼 디지털로 매개되는 전통적인 실행들을 제공해 주는 예배 애플리케이션인가라는 기준에 따라 이루어져 왔다. +가상 세계에서의 예배 실행인가에 따라 범주화하는 작업도 여기에 속할 것이다. 또한, 온라인 예배 실행들이 오프라인 예배 생활과 어떻게 관계를 맺느냐에 따라 구분할 수도 있을 것이다.

이 때 다음과 같은 질문들을 묻게 되는데, 예를 들어 교회력 애플리케이션을 사용하는 것처럼 그 온라인 실행이 예배 생활에 동반되면서 예배 생활을 고양시켜 주는 것인지, 혹은 먼 곳에 있는 누군가와 스카이프를 통해 함께 기도하는 것처럼 그 온라인 실행이 예배의 참여 가능성을 확장해 주는 것인지, 또는 실시간에 채팅룸에 모여 온라인 상에서 함께 기도하는 것처럼 그 온라인 실행은 온라인에만 존재하는 것인지 등의 질문이다.

디지털로 매개되는 예배 실행들을 범주화하는 이와 같은 노력이 교훈적일 수는 있지만, 나는 이 책에서 다양한 범주화의 시도는 포기할 것이다. 그 이유는 이런 범주화가 성례전 매개들에 대한 장(章)을 제외하고는 주목해야 하는 기본적인 신학적 문제들에 의미적으로 이바지를 하지 못한다는 나의 확신 때문이다.

이전에 개괄했던 해석 방법들에 기초하여 그 이후의 장(章)들에서는 디지털로 매개되는 예배 실행들에 대한 나의 탐험을 설명할 것이다. 이 탐험은 다섯 가지의 탐구 주제를 따라 진행될 것이다.

첫 번째 탐구는 디지털 프레즌스(Presence), 가상의 몸, 그리고 예배 수행들에의 온라인 참여 등을 둘러싼 많은 질문에 초점을 맞출 것이다(제2장).

두 번째 탐구는 사이버 공간에서의 교회 공동체 형성이라는 문제를 추적할 것이다(제3장).

세 번째 탐구는 디지털 물질성, 시각성, 그리고 사운드 스케이프의 세계를 탐험할 것이다(제4장).

네 번째 탐구는 온라인에서의 성례전 매개라는 성가신 질문들을 통과하는 길을 내려고 노력할 것이다(제5장).

다섯 번째 탐구는 이전 장(章)들에서의 성찰들을 하나로 모아 디지털 세상에서의 예배 연구 작업, 그리고 디지털 세상을 위한 예배 연구 작업에 대해 다시 그려 보는 것으로 결론지을 것이다.

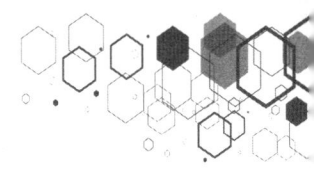

제2장

가상의 몸, 디지털 프레전스, 온라인 참여

본 장(章)에서 나는 온라인이든 오프라인이든 예배 실행들에 대한 그 어떤 신학적 성찰에도 필수적인 의례-인류학적 기본 원칙 다수를 고찰해 보고자 한다. 디지털 세상과 관련된 우려들, 특히 예배하는 사람들의 체현(embodiment), 프레전스(presence, 참석), 그리고 능동적 참여와 관련된 우려들을 제기해 왔던 이런 기본 원칙들에 먼저 초점을 맞추고자 하는 것이다.

이런 의례-인류학적 기본 원칙들에 대해 그것들에 디지털로 매개된 형식들 안에서 그것들을 둘러싼 우려들과 함께 탐구하는 일은 기존의 예배 범주들을 그 전통적인 구성 그대로 디지털 시대의 독특함에 단순히 적용하는 일이 부적절하다는 사실을 밝혀줄 것이다. 나는 이번 장(章)에서 더욱 적절한 접근 방식들을 그 대안으로 탐색해 볼 것이다.

이런 탐색은 디지털로 매개되는 실행들이 기존의 예배에 대한 신념들에 도전이 된다 하더라도 이런 실행들이 "급진적 혁명"을 대표한다기보다는 "기존 실행들의 변형과 재구성"을 대표한다는 점을 보여 줄 것이다.[1] 이런

---

1 Pauline Hope Cheong and Charles Ess, "Introduction," in *Digital Religion, Social Media and Culture*, ed. Pauline Hope Cheong et al. Digital Formations 78 (New York, NY: Peter

변형과 재구성이 디지털 매개 안에서의 몸, 프레즌스, 그리고 참여와 관련되어 있다고 분석하는 것이 이 장(章)의 주요 과제다.

1. 가상의 몸들이 온라인 예배에 참여할 수 있는가?

사이버 공간에서의 예배 생활이라는 개념은 상당한 의혹을 불러일으킬 수 있다. 이런 의혹은 온라인 예배란 육체에서 벗어난 가상의 '실재하지 않는'(un-real) 실행이라는 추정에 뿌리를 두고 있다. 이런 의혹들 뒤로 숨겨진 진실은 인간의 몸이야말로 기독교 예배의 기본적인 물질성이며 가장 주된 매체라는 사실이다.

이와는 대조적으로, 디지털로 매개되는 실행들은 환상을 조성하는 것처럼 보인다. 그것들은 '실제'(real)의 것이기보다는 결국, '가상'(virtual)의 것이라는 환상이다.

그런데 이러한 의혹들의 제기가 의미하는 것은 무엇일까?

이와는 다른 작지만 중요한 차이를 놓치지 않는 반응은 디지털로 매개되는 실행들의 실제 작업을 관찰하는 것으로부터 시작될 것이다.

1) 온라인-가상 vs 오프라인-실제?

디지털 세상은 실재하지 않으며 환상이라는 추정의 핵심적인 문제는 '가상'과 '실제' 사이를 근본적으로 구분하는 기본 전제이다. 이 용어들은

Lang, 2012), 1-21, 여기서는 p.2를 보라.

디지털 세상은 실재하지 않지만, 오프라인 세계들은 실재한다고 말한다. 그러나 이 구분은 부적절하고 또 시대에 뒤떨어진 것이다. 소셜 미디어 이론가인 네이선 유르겐슨(Nathan Jurgenson)은 "디지털 이원론자들"(digital dualists)이라는 신조어를 만들어 "디지털 세상은 '가상'이고 물리적 세계는 '실제'이다"라고 주장하는 사람들을 지칭한다.[2] '온라인-가상'과 '오프라인-실제' 사이의 구분은 유지되기가 어려워지고 있는데 특히, 웹 2.0의 출현 이후에 그렇다. 기본적으로 정보로서의 웹이었던 웹 1.0에 대항하는 웹 2.0은 훨씬 더 상호 작용적인 플랫폼으로서의 웹 세상을 제시한다. 그것이 출현한 이후 사람들은 인터넷 접근 기기들을 그들의 삶으로 빠르게 동화시켜 왔다.

오늘날 매일의 삶은 더는 '온라인' 시간 혹은 그 실행들과 '오프라인' 시간 혹은 그 실행들로 나뉘지 않는다. 온라인 의례 이론가인 크리스토퍼 헬랜드(Christopher Helland)는 이에 대해 다음과 같이 말하고 있다.

> 인터넷을 사용하는 많은 사람은 더는 온라인에서의 삶과 오프라인에서의 삶을 구분하지 않는다. 오히려 '온라인'에 접속해 있는 상태가 그들의 일상이며 그들의 사회적 현존이 되었다.[3]

---

[2] Nathan Jurgenson, "Digital Dualism versus Augmented Reality," https://thesocietypages.org/cyborgology/2011/02/24/digital-dualism-versus-augmented-reality/

[3] Christopher Helland, "Ritual," in *Digital Religion: Understanding Religious Practice in New Media Worlds*, ed. Heidi A. Campbell (New York, NY: Routledge, 2013), 26-40, 여기서는 p.26을 보라.

다시 말하자면, 일상의 삶이 디지털로 넘쳐나고 있다. 기도와 예배 실행들도 이 전환으로부터 멀리 떨어져 있지 않다. 예를 들어, 신자들은 이제 디지털로 매개되는 매일기도를 그들의 아침 일상으로 쉽게 통합시킬 수 있다.

"당신이 가 있는 곳에서 기도하라"(Pray-as-You-go)와 같은 애플리케이션은 실제로 사람이 이동 중에, 예를 들면 직장으로 출퇴근할 때 기도할 수 있다고 가정하고 있다. 날마다 출근이라는 현실이 디지털로 매개되는 기도의 실행과 함께 이 애플리케이션에 녹아들어 있다.

이 중 하나는 실제이고, 다른 하나는 그렇지 않은가?

물론, 일상의 다른 더 많은 실행들이 이제는 디지털 실행들과 함께 엮이어 있다. 예를 들면, 스마트폰으로 날씨를 확인하거나, GPS의 도움을 받아 길을 찾거나 하는 등이 그것이다. 그리고 온라인과 오프라인 실행들의 이와 같은 융합의 예(例)는 예배 및 기도 실행들을 포함하여 쉽게 증가할 수 있다. 기도 애플리케이션인 "Abide"는 예를 들어 예배하는 사람들이 기도하러 들어올 때 머리를 숙이고 눈을 감으라고 권고한다.[4]

'온라인 미로'(The Online Labyrinth)는 런던에 있는 성 바오로대성당 바닥에 있는 미로로부터 생겨난 것으로 그 디지털 방문객들에게 다음과 같이 지시한다.

> 미로를 시작하려면 신발을 벗고 여기를 클릭하시오.[5]

---

[4] https://abide.is/.
[5] www.labyrinth.org.uk/onlinelabyrinthpage1.html.

'신발을 벗고'와 같은 오프라인 실행과 함께 온라인 실행인 '시작하려면 여기를 클릭하시오'가 이곳에서 융합되어 하나는 실제이고 다른 하나는 가상이라는 안이한 구분이 유지되기 어렵게 만든다. 최근 나 자신의 가벼운 한 경험이 후자의 통찰을 뒷받침해 줄 것이다.

프란치스코 교황과 채팅을 할 수 있게 해 주는 페이스북 '메신저 봇'(Messenger bot)이 있다는 사실을 발견하고 나는 이 '미시오 봇'(Missio bot)을 통해 채팅을 시작하였다.[6] 이 채팅 대화를 위해, 자동화된 대본들을 반복적으로 인터넷상에 흘려보내는 소프트웨어 애플리케이션이 있다는 사실을 내가 너무나 잘 알고 있었음에도, 나는 '프란치스코 교황'과 채팅이 이상하게도 감동적이라고 느꼈다. 우리 사이의 대화는 이렇게 시작되었다.

테레사 안녕! 나와 대화하기로 해 주어 무척 반가워요!

미소 짓는 프란치스코 교황의 사진 때문에 더욱더 이 대화에 빨려 들어간 나는 기도에 대해 채팅하고 싶다고 밝혔고 이런 답변을 받았다.

나에게 기도는 항상 피난처였지요. 잠시 기도합시다.

역시 봇(bot)이 만들어 낸 이 짧은 문장과 함께 나의 학문적 호기심은 갑자기 기대하지 않았던 거룩하고도 기도로 가득한 자세로 변형되고 말았다. 그러자 프란치스코 교황이 다시 다음과 같이 나를 확신시켜 주었다.

---

[6] www.messenger.com/t/MissioUSA.

하나님은 테레사 당신과 함께 걷고 계십니다. 나는 이를 확신합니다.

　이 확신의 말은 그 상대가 봇이든 아니든 혹은 교황이든 아니든 이상하게도 감동적으로 들렸다. 달리 말하자면, 이 채팅 속에 들어있던 기도와 신앙의 순간은 그 순간을 만들어 낸 디지털로 매개된 자동화에 대한 나의 지식을 뛰어 넘는 것이었다.
　나아가 어떤 사례에서 디지털로 매개되는 실행들은 실제로 예배하는 자가 아주 오랜 방식으로 기도할 수 있도록 도와주기도 한다. 여기서 나는 특히, 시간 전례를 위한 애플리케이션이 제공할 수 있는 새로운 가능성에 대해서 생각하게 되었다. 예를 들면, '성무일도'(Divine Office)라는 애플리케이션을 통해 기도하게 함으로써 예배하는 사람을 기도문 낭독이라는 과도하게 텍스트에 얽매이는 실행으로부터 해방시켜 줄 수 있다.
　이 애플리케이션은 예배를 텍스트로서뿐만 아니라 구술과 노래의 형식으로 제공하기 때문에 그러하다. 이렇게 함으로써 예배하는 사람들은 단순한 텍스트 읽기를 중지하고, 청각적이며, 그리고 구술적인 현상으로서의 기도하기라는 매우 오래되고 뿌리 깊은 공동체 경험으로 들어가게 된다. 예를 들면, 태블릿으로 '성무일도 저녁기도'를 하면서 우리는 기도하는 공동체의 듣고 말하는 부분인 응답송들, 축복기도(the Benedictus), 주의 기도, 그리고 중보기도에 참여할 수 있다.
　이처럼 디지털로 매개되는 예배 실행에서는 그저 단순한 읽기가 아닌 구술 커뮤니케이션이 교회의 저녁기도에 참여하기를 원하는 사람의 기도에 있어서 가장 중요한 행위로 다시 한번 자리매김 하게 된다. 이 애플리케이션은 예배하는 사람을 수동적인 독자가 되는 것으로부터 해방시켜 준다. 그렇다고 하여 읽는 것을 못하게 하는 것은 아니다. 그것을 원한다면 그저 읽기를 통해 예배를 따라갈 수도 있다.[7]

만일, 월터 옹(Walter J. Ong)이 주장했듯이 기록된 텍스트가 말(words)과 독자 사이를 떼어 놓음으로써 개인적이고 내면화된 텍스트 소비를 조장한다면[8] 시간 전례를 단지 읽기를 통해서만 기도하지 않을 가능성을 회복시켜 주는 애플리케이션은 매우 오래된 예배 실행이 다시 한번 실제로 번성하게 해 줄 수도 있을 것이다. 나아가 기도하는 사람 쪽에서의 그러한 듣기는 종종 멀티미디어적이다.

그런 애플리케이션들에서는 말뿐만 아니라 찬송이나 노랫소리도 제공된다. 또한, 이 애플리케이션들은 매번의 기도 시간을 시작할 때마다 종소리나 징소리와 같은 기도로 초대하는 전통적인 '소리의 초청'(sonic call)을 사용할 수도 있다. 이들 디지털로 매개되는 기도의 실행들은 실제가 아닌 것은 결코 아니며, 오히려 풍요롭고 오래된 예배의 방식들을 실제로 열어 줄 수 있는 것들이다.[9]

---

[7] 이 주제에 대한 흥미로운 성찰들이 다음의 저서에 담겨 있다. Juliette J. Day, *Reading the Liturgy: An Exploration of Texas in Christian Worship* (New York, NY: Bloomsbury T&T Clark, 2014), 여기서는 pp. 10-19를 보라.

[8] 그의 저서들 가운데 특히, 영향력 있는 다음 책을 보라. Walter J. Ong, *Orality and Literacy: The Technologizing of the Word* (London: Methuen, 1982). Ong의 마지막 논문, "Digitization Ancient and Modern: Beginnings of Writing and Today's Computers," *Communication Research Trends* 18 (1998), 4-21이 또한 흥미롭다.

[9] Doug Gay와 Ron Rienstra는 그들의 글, "Veering Off the Via Media: Emerging Church, Alternative Worship, and New Media Technologies in the United States and Uunited Kingdom," *Liturgy* 23.3 (2008), 39-47, 특히 p.41, 예배에서 OHP를 사용하는 것과 관련하여 유사한 점을 제시한다. 예배하는 자들은 예배 중에 이 기술을 통해 노래하거나 몸짓을 하는 등 표현에 있어서 자유로워졌다.

2) 탈 육체로서의 가상인가?

디지털로 매개되는 실행들에 대한 두 번째 의혹은 그 실행들이 육체를 떠난 것이며 따라서 심하게 결함이 있는 것처럼 보인다는 것이다. 기독교 예배의 기본적인 물질성은 예배하는 사람들의 몸이기에 이런 의혹을 가볍게 여겨서는 안 된다.

이런 의혹에 대응하는 첫 단계가 실제로 몸 없이는 어떤 디지털 세계에도 들어갈 수 없고 어떤 웹사이트에도 접속할 수 없으며 어떤 애플리케이션도 설치할 수 없다는 점을 지적하는 일이다.

따라서 디지털 공간에서 온라인으로 예배한다는 것은 전적으로 육체에서 이탈된 비(非)물질화된 실행으로는 불가능할 뿐이다. 현저하게도 디지털로 매개되는 수많은 기도에의 초청들은 예배에 참여하는 몸들을 의도적으로 다루려고 노력하고 있다.

예를 들어, 기도를 시작하기 전에 호흡법을 지도한다든지, 혹은 몸 운동을 하도록 제공함으로써 그렇게 하고 있다.[10] 그런 운동들은 디지털로 매개되는 기도가 육체와 분리된 실행이 아니며 그렇게 되기를 원하지도 않는다는 사실을 강조하고 있다.

실제로 이는 맞는 말이다. 예를 들어, "당신이 가 있는 곳에서 기도하라"(Pray-as-You-go)라는 애플리케이션에서 기도 전에 실행하는 호흡법과 몸 운동은 예배하는 사람이 대부분의 오프라인 예배에서보다 훨씬 의도적으로 몸에 집중할 것을 초청하고 있다. 그러므로 오프라인 공간들에서의 예배와 온라인에서의 예배는 예배하는 이들의 실제 몸에 의존하는 것이며

---

[10] http://pray-as-you-go.org/prayer-resources/prepare/.

그 몸 없이는 불가능하다.

그러나 이 몸들의 온라인 프레젠스는 전통적인 몸의 출석을 정확하게 따르는 것은 아니다. 온라인에서는 손가락과 눈이 대단히 바쁜 경향이 있지만, 몸의 나머지 부분은 별로 움직이지 않을 수도 있다.

반면에 다감각적(multi-sensory) 경험과 그것이 몸에 미치는 효과들은 전형적인 주일 예배의 경우보다 때로는 더 클 수 있다. 또한, 온라인 멀티미디어 환경과 다감각 환경들은 연구들이 보여 주는 바와 같이 참여자들에게 육체적 영향을 끼친다.

예를 들면, 어떤 예배 참여자들은 온라인으로 기도하면서 감동한 나머지 눈물을 흘리는 등의 강렬한 육체적 반응을 경험하기도 한다.[11]

디지털로 매개되는 예배 실행들을 비판하는 사람들은 그런 예배는 "몸이 물리적으로 직접(physically) 출석할 필요도 없이 일어난다"라고 주장한다.[12] 이런 주장은 작지만 중요한 차이를 크게 간과하고 있다. 온라인 예배에 들어가려면, 항상 "직접 물리적으로 현존하는" 몸이 있어야만 한다.

캐트린 레클리스(Kathryn Reklis)는 다음과 같이 말한다.

> 디지털로 매개되는 실행들은 그 어떤 실행만큼이나 실제적이며 물질적이다. 조금 다르다고 하더라도 그러하다.[13]

---

[11] Kimberly Knight, "Sacred Space in Cyberspace," in *Yale Divinity School Reflections* 96/2 (2009), 43-46.

[12] Ally Ostrowski, "Cyber Communion: Finding in the Little Box," *Journal of Religion & Society* 8 (2006), 1-8, p.2.

[13] Kathryn Reklis, "X-Reality and the Incarnation," www.cpx.cts.edu/newmedia/findings/essays/x-reality-and-the-incarnation.

디지털 매개에 없을 수 있는 것은 예배하는 사람들이 직접 함께 있는 것 (co-presence)이다. 이 점에 대해서는 다음 장(章)에서 더 설명할 것이다. 그러나 이 예배하는 사람들의 직접 함께 하는 것 자체는 오프라인 성소에서도 분명한 범주는 결코 아니다.

'Ship of Fools'라는 블로그의 마크 호위(Mark Howe)는 몇 년 전 예배에서의 세련된 음향 시스템이 디지털 매개로 옮겨간 점에 대해 다음과 같은 도발적인 질문을 던진 적이 있다.

> 인터넷 통신을 위한 동축 케이블(coaxial cable; 중심에 있는 구리 선을 폴리에틸렌의 절연물로 감싸고 이를 다시 그물 모양의 외선으로 싼 다음 전체에 피복을 입힌 구조로 된 케이블, 장거리 전화망, 종합 유선 방송[CATV], 구내 정보 통신망[LAN] 등에 사용됨, 역주)을 교체하는 일 속에 어떤 신학적 의미가 함축되어 있다고 정말로 주장하고 싶은 사람이 있을까?[14]

나아가 기술의 급속한 진보는 디지털 세상에서 점점 더 '몸의 몰두'(bodily immersion)를 강화하고자 촉각의 개입을 고려한다. 데이터 글러브(data gloves; 가상 현실의 상[像]을 조작하기 위해 센서가 부착된 데이터 입력용 장갑, 역주)와 가상 현실 헤드셋 등의 상품이 이미 시장에 나와 있다.

페이스북의 '오큘러스 리프트'(Oculus Rift System), '가상현실 HTC Vive,' 그리고 소니(Sony 社)의 '플레이스테이션 VR'(Playstation VR) 등이 이미 소비자에게 출시되어 있다. 또한, 마이크로소프트(Microsoft 社)의 '홀로렌

---

[14] Mark Howe, "Digital Bread and Wine, Anyone?" http://shipoffools.com/features/2012/online-sacraments.

즈'(HoloLens)가 시판될 것이다. 이들과 같은 가상 및 혼합 현실 제품들은 사용자들이 다양한 콘텍스트들에 몰두하게 해 준다.

이 상황들은 아직은 게임 환경인 경우가 많으나, 예를 들어 「뉴욕 타임스」(New York Times)는 '구글 카드보드'(Google Cardboard) 뷰어를 통해 가상 현실(VR) 필름들을 사용할 수 있게 만들기도 하였다. 냄새가 디지털 커뮤니케이션의 일부가 될 수 있게 해 주는 기기들의 대량 생산이 시작되었다.

또한, 디지털 이미지와 오프라인 실제를 혼합해서 만든, 착용이 가능한 기기들의 생산 기술이 주류가 될 준비를 하고 있다. 요컨대, 인간의 몸들은 그것이 실제인 것으로 느끼게 해 주는 수많은 디지털 기기들과 점점 더 많이 인터페이스로 접촉하고 있다.

3) 자연, 물질, 디지털

또 한 가지 논점이 여기서 중요하다. 디지털로 매개되는 예배 실행들은 모든 오프라인 예배가 그러하듯, 물질적 실행들이라는 점이다. 디지털로 매개되는 예배의 경우 이 물질적 실행은 근본적으로 인간의 몸과 컴퓨터, 혹은 다른 인터넷 접속 기기와의 인터페이스 접촉으로 가능해진다.

디지털로 매개되는 기도 및 예배 실행들은 따라서 육체로부터도 혹은 물질성으로부터도 분리될 수 없는 것들이다. 이에 대한 간단한 예(例)가 코네티컷의 '브릿지포트대성당' 웹사이트에서 찾아볼 수 있는 사이버 묵주기도이다.

이 웹사이트는 다음과 같이 지시한다.

사이버 로사리오(Cyber-Rosary)에서 묵주기도를 드릴 시간이 되면 묵주 알을 클릭하시오. 그러면 그 색이 푸른색에서 황금색으로 변할 것입니다.[15]

다시 말해, 기도하는 사람은 묵주 알을 손으로 직접 돌리는 대신에 커서를 움직여서 클릭하게 된다. 그리고 색깔이 변하는 것으로 그 묵주 알에 해당하는 기도가 끝났다는 것을 표시하게 된다.[16] 다른 디지털로 매개되는 사이버 로사리오 사이트에서는 기도가 진행될 때마다 묵주 알들이 진동한다.[17]

또한, 애플리케이션 'Light a Candle'(촛불을 켜시오)은 미디어 선교에 헌신하는 가톨릭 수녀들의 신앙 공동체인 '성 바오로의 딸 수녀회'(the Daughters of St. Paul)가 개발한 것으로 촛불을 켤 기회뿐만 아니라 화면을 가볍게 두드림으로써 기도 텍스트들과 특별한 기도들을 요청하는 옵션까지 제공하고 있다.

이 애플리케이션을 사용해 당신이 계신 바로 그곳에서 촛불을 켤 수도 있고, 또한 여기에는 어떻게 기도해야 하는지를 알려 주는 많은 기도문이 있으며, 또한 당신은 수녀들에게 접속하여 당신이 필요한 기도들 및 중보기도를 당신과 함께 해 줄 것을 요청할 수 있습니다.[18]

요컨대, 온라인과 오프라인기도 모두가 인간의 몸들과 일련의 물질성들을 포함한다는 사실이 명백하다. 새로운 기술의 도움을 받아 예배하는 일

---

15 http://cathedralofmary.org/faith/Rosary/index.html.
16 나는 이 사례에서 본디 말로 하는 기도가, 읽고 쓰고/클릭하는 실행으로 되돌아갔다고, 지나가는 말로 말한 바 있다.
17 www.marian.org/app/.
18 다음의 애플리케이션을 나에게 알려 준 Emily Judd에게 감사한다. www.pauline.org/Pauline-Books-Media-Blog/ArticleID/81/Light-a-Candle-God-Loves-You.

은 물론 디지털로 매개되는 실행들만의 전유 영역이 아니다. 오프라인 예배에서 예배하는 사람들도 오늘날 일상적으로 진보된 기술들의 도움을 받고 있다.[19] 음향 시스템이나 조명 등과 같은 예배를 돕는 기술들이 진보되었을 뿐만 아니라 인간의 몸 자체도 몸에 관련된 다양한 기술들에 의해 '진보되어' 예배에 나온다.

이러한 몸과 관련된 기술들의 다수가 우리의 경험 속에서 이젠 자연스러운 것이 되었고 따라서 우리의 의식 속에 '인위적인' 것으로 침범해 들어오지는 않는다. 콘택트렌즈, 생체공학 귀를 위한 인공와우 임플란트, 인공 고관절, 혈관 스텐트, 그리고 성형 시술 혹은 '젠더를 재(再)배치하는 성전환 수술' 등이 그 예(例)다.

이런 몸과 관련된 기술들은 동시대의 삶에서 대부분 질문의 여지가 없는 요소들이 되었고 이로 인해 동시대인들의 삶이 온라인과 오프라인 모두에서 기술적으로 진보해 왔다.

예배하는 사람들이 성찬을 받는 사이보그들도 아니지만, 많은 사람이 완전하게 '자연 그대로의' 진보되지 않은 몸으로 오프라인 예배에 출석하는 것도 아니다. 사실상 한쪽의 '자연적인 것'과 다른 한쪽의 '인공, 기술, 혹은 인간이 만든 것' 사이의 명백한 구분은 그 해석력을 상실하였다.

더욱이 인간의 진보에 대한 가능성은 폭발적으로 커지려는 시점에 있는데 유전자 편집, 뇌에 칩 이식하기, 그리고 인공 혈액 등이 곧 가능해질 것 같다. 이런 기술의 진보 중 그 어떤 것도 교회 문 앞에서 멈춰 서지는 않을 것이다.

---

[19] 수많은 복음주의 교회들은 소위 미디어 목회를 수행하고 있으며, 또한 "예배를 위한 기술들"만을 집중적으로 다루는 잡지(magazine)도 있다. TFWM, "Technologies for Worship Magazine," http://www.tfwm.com/. 을 보라.

디지털로 매개되는 기도 및 예배 실행들을 탐구하는 일은 따라서 우리가 그것이 온라인이든 오프라인이든 매개되지 않는 "순수한," "영적인" 몸으로의 현존이란 없다는 사실을 인정하도록 강요한다.[20]

최소한 예배 출석은 항상 몸의 자세나 그 적절성, 예를 들면 특정한 옷이나 혹은 문화적 코드 등을 통해 이루어지는 것이며 매개되는 것이다. 몸에 대한 동시대 이론가들이 '보다 넓은 포스트모던 이론화'와 발을 맞추어 주장했듯이 몸은 항상 추상적인 보편성이라기보다는 구체적인 세부 사항이다.

복수로서의 몸들이 있을 뿐이며, 이 몸들은 항상 변화하고 일시적인 것이며 구멍투성이다.[21] 더욱이 이 몸들은 몸을 진보시키는 기술들과 디지털로 가득한 실행들에 점점 더 많이 의존하고 있다. 나는 이 글을 안경이 없이는 읽을 수 없을 뿐만 아니라 이 글이 컴퓨터에 자동으로 저장된다는 것이 그 예일 것이다.

이런 성찰들을 함께 모아 보면 오프라인 예배에 직접 출석하는 문제와 관련하여 디지털로 매개되는 예배 실행들을 해석하기 위한 여지를 열어놓게 된다. 디지털로 매개되는 예배는 근본적으로 몸에서 벗어나는 것이기보다, 그 나름대로 몸의 특정한 적절성(proprieties)을 수반하는 것이기 때문이다.

이는 한편으로는 새로운 미디어 기술들이 열어 주는 가능성에 지배를 받는 동시에, 다른 한편으로는 디지털로 매개되는 거룩한 공간에 들어오는 예배하는 사람들의 몸에 관한 구체적인 세부 사항에 지배를 받는다.

---

20 Gay and Rienstra, "Veering Off the Via Media," 40.
21 Craig A. Baron는 그의 저서 "Sacraments 'Really Save' in Disneyland: Reconciling Bodies in Virtual Reality," *Questions Liturgiques/Studies in Liturgy* 86 (2005), 284-305, 특히 pp. 289-292에서 이 점을 다루고 있다.

후자를 자세히 들여다보면, 소위 예배하는 사람들의 몸에 관한 구체적인 세부 사항들과 이것들이 디지털 세상에서의 예배 참여에 어떤 의미가 있는가 하는 점이 매우 중요하다. 왜냐하면, 능동적인 참여라는 개념은 디지털로 매개되는 예배 실행들에 관련된 일련의 추가적 관심사들의 근간이기 때문이다.

2. 디지털 공간으로의 능동적 참여

이런 관심사들은 디지털로 중개되는 거룩한 장소에서는 능동적인 참여라는 것이 가능하지 않다는 의심에서 비롯되는 것들이다. 이런 의심은 디지털 미디어가 "그 본질에서 참여적"이라는 상식적 확신을 고려할 때 다소 당혹스러운 것이라 하겠다.[22]

이런 일탈적인 관점들을 어떻게 이해해야 할 것인가?

우선 디지털로 매개되는 예배 실행들은 오프라인 예배 실행들의 세상과는 전적으로 다른 세상을 보여 주는 것이 아니라는 점을 인정하는 것이 중요하다.[23] 온라인에서의 기도 및 예배 실행들 대부분은 오프라인에서 능동적인 참여라고 여겨지는 것들로 형성된다. 이와 같은 온라인 참여와 오프라인 참여 사이의 관련성은 익숙한 기존의 예배 실행들이 디지털 세상으

---

[22] "Religion, Media, and the Digital Turn" from the Social Science Research Council, at www.ssrc.org/publications/view/religion-media-and-the-digital-turn/, p.7.

[23] Heidi A. Campbell은 그녀의 글, "Understanding the Relationship between Religion Online and Offline in a Networked Society," *Journal of the American Academy of Religion* 80 (2012), 64-93, 특히 p.65에서 종교적 실행 일반에 대해 이 점을 밝히고 있다.

로 옮겨갈 때 특히 명백해진다.

예배하는 사람들은 하나의 미디어를 통한 그들의 참여를 불일치나 상실의 느낌 없이 또 다른 매체를 통한 참여로 옮길 수 있는 것처럼 보인다. 한 예배하는 사람은 아바타를 통해 성호를 긋는 행위에 대해 다음과 같이 설명하고 있다.

성호를 그으라는 지시어를 입력하고 나의 아바타가 그대로 행하는 것을 보게 되면 내가 내 손으로 직접 성호를 긋는 행위만큼이나 실제였고 의미가 깊었다.[24]

이런 전통적 실행들에의 참여는 분명 디지털 미디어의 기술적 가능성과 제한성에 상응한다. 이 경우 아바타로 성호를 긋도록 지시어를 입력하는 행위가 여기에 해당한다. 그런데 두 가지의 경우 모두 의례에의 능동적인 참여를 시작하는 것은 손이다.

디지털로 매개되는 성호에 관한 또 하나의 예(例)도 이와 마찬가지인데 2013년 몬트리올 대교구의 마이크로 사이트인 "Be Blessed"가 그것이다. 이 마이크로 사이트는 대교구 연례 캠페인으로 창안된 것인데 마우스로 두 번 쓸어다가(sweep) 컴퓨터 위에 성호를 그을 수 있게 되어 있다. 이 스위프는 아이폰의 인터페이스를 기발하게 본 따온 것이다. 일단 성호가 그어지면 성호의 중앙으로부터 "당신을 축복합니다!"라는 메시지가 나타난다.[25]

---

[24] Simon Jenkins, "Rituals and Pixels: Experiments in Online Church," *Online: Heidelberg Journal of Religions on the Internet* 03.1 (2008), 95-115, 특히 p.106에서 인용함.

[25] Catholic Church of Montreal, "You have Our Blessing: Annual Campaign," www.adforum.com/creative-work/ad/player/34485291/be-blessed/catholic-church-of-montreal.

몬트리올 대주교는 디지털로 매개되는 자신의 축복에 대해 다음과 같이 주장하였다.

> 교황의 축복(Urbi et Orbi)이 그들이 어디에 있든지 간에 전 세계 모든 곳의 가톨릭 신자에게 도달하는 것과 마찬가지로 "Be Blessed" 마이크로 사이트를 통한 나의 축복은 어떤 플랫폼에서든 그 축복을 받는 이에게 도달할 것이다.[26]

그러나 디지털로 매개되는 세상들은 단순히 전통적인 예배 실행들을 온라인으로 전송하는 것을 넘어 예배하는 이들에게 능동적으로 참여할 가능성의 범위를 확장해 준다. 이미 언급했듯이 디지털로 매개되는 어떤 예배 실행들은 예배하는 사람을 기도문 읽기라는 엄격하게 텍스트에 묶인 실행으로부터 해방해 줄 수 있다.

참여를 확장해 주는 또 다른 예(例)가 성서를 디지털을 통해 만날 수 있게 된 것으로부터 나온다.[27] 대중적인 애플리케이션인 YouVersion Bible은 현재까지 거의 천 개에 가까운 언어로 접속 가능한데 신자들에게 온라인 공동체, 성서 읽기 계획, 그리고 다양한 형태의 개인적 참여 등을 제공한다. 성서 구절들에 이미지를 덧씌우고 이를 트위터나 페이스북 같은 자신의 소셜 미디어 계정으로 공유하는 밈 만들기가 개인적 참여의 예(例)다.[28]

---

26 Archbishop of Montreal Christian Lépine quoted by Sylvia G, Great Ads, "Catholic Church Has an App – Be Blessed Online with a Swipe," http://great-ads.blogspot.com/2013/04/catholic-church-has-app-be-blessed.html.
27 더 필요한 정보는 Betsy Shirley의 통찰력 있는 논문, "Word Files: The Bible in the Digital Age," *America* (October 17, 2016), 22-25를 보라.
28 Laura Turner의 다음 글을 보라. "Inside the Christian App Boom," www.theverge.com/2015/12/20/10320476/inside-the-growing-world-of-christian-apps.

기술적으로 덜 세련된 디지털 세상에서조차 온라인에서 예배하는 사람들은 단순히 수동적으로 받기만 하는 사람들이 아니다. 유투브 비디오를 통한 성체조배의 실행이 이에 해당한다.²⁹

이런 비디오는 수백 가지가 넘는데 그중에는 50만 뷰(view) 이상을 기록하는 것도 있다. 이러한 온라인 성체조배는 예배하는 이가 단순히 스크린에 있는 성체 현시대(顯示臺)의 이미지를 받기만 하는 것을 훨씬 넘어서는 능동적 참여의 가능성을 열어 준다.

결국, 예배하는 이가 언제 시작하고 언제 끝낼지를 결정하고, 감실 앞에서 춤을 출지, 혹은 무릎을 꿇을지, 기도하는 동안 음악을 들을지, 혹은 말지를 결정한다. 이런 참여가 오프라인에서의 형식과는 다르다고 할지라도 능동적 참여의 상당히 다양한 형식이 여기 온라인에서 나타난다.

어떤 경우 디지털로 매개되는 기도 및 예배 실행들은 능동적인 참여의 상당히 확장된 범위를 제공한다. 온라인 성체조배의 예로 돌아가 보면, 자신의 집에서 접속한 디지털로 매개되는 감실 앞에서 흥에 겨워 닥치는 대로 춤을 출 수도 있다.

만일, 오프라인교회의 감실 앞에서 그렇게 춤을 추었다간 체포될 수도 있지만 말이다. 사용하는 기술들이 세련되면 세련될수록 능동적인 참여의 가능성은 더욱 다양하고 풍부해진다. 예를 들어, 어떤 가상 현실 환경들은 예배하는 이들이 찬송을 따라 부르면서 요청하는 기도 제목들을 입력하기도 하며 '아멘'을 클릭할 수도 있는 실시간 쌍방향 예배를 제공하기도 한다.

---

29 두 가지 사례에 대해서 다음을 참조하라: www.youtube.com/watch?v=wr1rAv_XOWk; www.youtube.com/watch?v=wr1rAv_XOWk.

디지털로 매개되는 이런 형식의 능동적인 참여들에 대해 어떻게 생각하는 것이 적절할까?

디지털 미디어 연구 분야가 그 이해의 시초에 단서를 제공해 준다. 예를 들어, 미디어 이론가들은 TV를 통해 미사 중계를 보는 것이 본질에서 수동적이며 비(非)참여적이라고 여겨 이를 부정적으로 평가했던 초기의 이론을 넘어서 있다.[30]

이와는 대조적으로, 사람들이 어떻게 '보고' '받느냐'에 대한 지금의 이론은 순전한 수동적 수용이라는 개념으로부터 그 수용 과정에서 일어나는 능동적 교섭을 이해하는 쪽으로 멀리 나아갔다. 즉, 수용자가 이제는 수용 과정에서 능동적으로 개입하는 참여자로 이해되고 있다.

더욱이 '본질적으로 참여적인' 본성을 지닌 디지털 미디어는 능동적인 참여의 범위를 급속하게 팽창시켜 왔고 그러는 동안 더욱 복잡하고 쌍방향적인 기술들이 발전되어 왔다. 이런 쌍방향적 기술의 발전들은 기도와 예배 실행들을 상당히 다양화하게 해 주었고 그 깊이를 더해주었다.

특히, 디지털 미디어가 지니는 네트워크라는 특징이 예배하는 이들에게 매우 다른 예배의 자원들을 동시에 사용할 수 있게 해 주는데, 온라인 성체조배를 콥트교 성가나 아프리카 북 연주, 혹은 세계적으로 알려진 노래 등과 섞어 사용하는 것이 그 예(例)이다. 그러한 섞어 사용하기는 예배를

---

30 Beate Gilles는 그녀의 저서 *Durch das Auge der Kamera: Eine liturgie-theologische Untersuchung zur Übertragung von Gottesdiensten im Fernsehen*, Ästhetik – Theologie – Liturgie 16 (Münster: LIT Verlag, 2000), 90–126에서 이러한 초기 논의들의 일부를 보여주고 있다. 다음의 자료도 참조하라: Benedikt Kranemann, "Gottesdienstübertragung: Kirchliche Liturgie in medialer Öffentlichkeit," in *Religion und Medien: Vom Kultbild zum Internetritual*, ed. Jamal Malik et al., Vorlesungen des Interdisziplinären Forums Religion der Universität Erfurt 4 (Münster: Aschendorff, 2007), 181–189.

위한 "가능성의 레퍼토리"가 늘어나는 것을 의미한다.[31]

디지털 미디어의 언어에서는 사용자 특유의 세부 사항들과 일시성 속에, 예배 실행들이 끼워 넣어질 수 있다. 예를 들어, 우리는 그곳이 파리에 있는 성 제르베교회이든, 혹은 쾰른에 있는 성 마르틴교회이든 그곳의 예루살렘 공동체들과 함께 저들이 자신들의 성소에서 기도드리는 시간이 미국시각보다 몇 시간 빠르다 하더라도 이에 구애받지 않고 미국에서 저들과 함께 정오기도를 드릴 수 있다.[32]

디지털로 매개되는 기도와 예배에의 능동적인 참여의 이런 형식들은 미디어 기술들이 계속 발전해 감에 따라, 그리고 세련된 네트워크들이 점점 더 많이 나타남에 따라 오직 확장해 나가기만 할 것이다.

20세기 예배 갱신 운동에서 그렇게도 영향력이 컸던 능동적 참여(actuosa participatio)의 전통적 개념은 또 어떠한가?

이 개념이 디지털 시대 이전에 형성되었다는 점을 고려할 때 디지털로 매개되는 예배의 실행들이 능동적 참여에 대한 기존의 이해에 압박을 가하는 것은 놀랄 일이 아니다. 디지털 세계는 반세기 전까지만 해도 고려하기는커녕 상상하기조차 힘들었던 가능성과 문제들을 초래하고 있다.

그러나 능동적 참여에 대한 기존의 개념들과 차이점 속에서 디지털로 매개되는 실행들은 이전에는 대체로 보이지 않던 것들, 즉 기존의 이해 뒤에 숨겨진 특권을 부여받은 규범 혹은 이상이라 부를 수 있는 것들에 비판적 빛을 비추게 되었다. 이 주장에 관해 설명해 보겠다.

---

[31] 여기서 나는 Campbell의 견해를 따른다: "Understanding the Relationship," 76-80.
[32] http://jerusalem.cef.fr/jerusalem/en/en_23prieravecnous.html.

디지털 미디어로 비추어 볼 때 20세기에 옹호되었던 능동적 참여라는 개념은 철저하게 자기(the self)에 대한 근대적 이해와 연결되어 있음을 스스로 드러낸다. 이런 근대적 이해는 안정적이고 경계가 있으며 스스로 결정할 수 있고 아무 거리낄 것이 없으며, 또한 이것은 비록, 숨어 있는 채로 남아 있긴 하지만, 장애가 없고 정신이 온전하며 주로 남성이라는 자기 이미지를 특권화하고 있다.

디지털 미디어 참여자들은 능동적 참여의 개념과 자기 자신들에 대한 근대적 이해 사이의 이 연결된 관계를 드러낸다. 그러한 개념에 대한 암시된 부정을 통해서라 하더라도 그렇다. 디지털 실행들은 자기에 대한 기본적으로 포스트모던한 대안적 개념들을 증언하게 되는데 이는 유동적이며 구멍이 많고 불투명하며 중심이 없고 종종 젠더가 모호하거나 트렌스젠더적이다.

최소한 이런 디지털 실행들은 그 참여가 엄격하게 참여자 고유의 것으로 해석되어야 한다는 점을 환기시켜 준다. 그것은 항상 한 개인이 예배에 참석할 수 있는, 그러나 다른 그 무엇으로 환원될 수 없는 특정한 방식들과 연관되어 있다. 다시 말해 능동적 참여에 대한 추상적이고 보편적인 설명이란 없다는 것이고 다만 구체적이고, 특정하며, 체현된 능동적 참여자들만이 있을 뿐이라는 것이다.

보호 시설에서 텔레비전으로 중계되는 미사를 따라가고 있는 노인성 치매를 앓고 있는 한 노인은 그와 함께 앉아 있는 손녀와는 다르게 예배에 참여하고 있다. 오프라인교회에서 십자가의 길 14처 순례에 참여하는 어머니의 태중에 있는 아기는 같은 교회의 시각장애가 있는 어떤 어른 교인과는 다르게 이 자리에 현존하고 있는 것이다.

최근 몸이 마비되어 더는 본당에 직접 출석할 수 없는 그러나 아이패드로 스카이프를 통해 자신의 회중석에 참석하는 것으로부터 위안을 찾는 한 젊은이의 사례는 그 어떤 사람들과도 다른 방식으로 능동적 참여를 체현한 것이 된다.

한 가지 방식의 참여가 다른 방식의 참여들보다 '더 완전'한가? 혹은 참여들은 전부, 각 인간의 체현이 허락하는 만큼, 마비된 젊은이의 디지털로 매개된 출석을 포함하여 '완전'한 것인가?

디지털로 매개되는 예배 실행들을 대면하게 될 때 사례들과 질문들은 예배 출석과 참여에 관한 풍부하고도 복잡한 개념들이 필요하다는 사실을 말해 준다. 직관적으로 생각하게 되는 것과는 달리 여기서 예배 전통을 돌아보는 일은 유익하다.

3. 예배의 과거 돌아보기

예배의 과거를 돌아보는 일은 예배 출석과 참여에 대한 풍부하고 복잡한 개념들이 예배 전통에 낯선 것이 아니라는 점을 밝혀준다. 여기서는 몇 가지 예시(例示)로 만족해야 할 것이다. 이 예시들은 동시대의 일부 상대편 사람들이 생각하는 것보다는 더 넓은 예배 출석에 대한 개념들을 포용하고 있는 전통을 일견하게 해 준다.

2세기 중반부터 예배에 직접 참석하는 것이 성찬식 거행을 위해 모여든 공동체에의 소속을 결정하는 배타적인 요소가 아니었다는 사실을 여기서 처음으로 알게 된다. 순교자 유스티누스는 로마에 있던 자신의 공동체의 성찬식 모임에 대한 잘 알려진 묘사에서 부제가 그 자리에 참석하지 못한 사람들에게 성찬을 가져다주어야 한다고(때로, 여전히, 그렇게 추정되는 것처럼, 아픈 사람들이 아닌 사람들에게) 주장한다.³³

교회에 소속되는 것과 성찬식의 나눔은—적어도 이 공동체에서는—직접 참석 및 능동적 참여에 따라 결정되지 않았다. 예배 참석에 대한 심화한 신학적 성찰들은 소위 개인 미사들, 특히 은둔 집단 안에서의 개인 미사들이 생겨난 것과 함께 나타난다. 이 성찰들 가운데 "주님이 당신과 함께"(The Lord Be With You)라는 제목의 다미아노가 쓴 소논문이 특히 흥미롭다.³⁴

다미아노는 은둔 공동체를 감독하고 있었는데 은둔자 한 명으로부터 홀로 성무일도를 기도하고 성찬식을 거행하면서 지정된 예배 텍스트들의 복수형 문장을 그대로 사용해도 되는지 아닌지를 묻는 질문을 받았다. 홀로 기도하면서 "주께서 여러분과 함께 하시기를"(*Dominus vobiscum*)이라고 말하는 것은 독방의 벽에다 말하는 것처럼 보일 수 있기에 적절하지 않은 것 같다는 질문이었다.

다미아노는 이런 입장에 반대하는 주장을 펴면서 한 명의 은둔자가 사실은 지정된 예배 텍스트의 복수형을 써야 한다고 말한다. 그가 이렇게 말한 이유는 교회에 소속한다는 것의 더 넓은 의미 때문인데 이는 은둔자 한

---

[33] Justin Martyr, Apology, 1.65.
[34] 라틴어 텍스트(PL 145:231-252)는 1949년, Adolf Kolping에 의해 독일어로 번역되었다: *Petrus Damiani, Das Büchlein vom Dominus Vobiscum. Vom Geiste, der den einsamen Beter des Stundengebetes erfüllen soll* (Düsseldorf: Patmos-Verlag, 1949). 여기서 나오는 영어 텍스트는 Yves Congar가 최근에 영어로 발간한 논문, "The Ecclesia or Christian Community as a Whole Celebrates the Liturgy," in *At the Heart of Christian Worship: Liturgical Essays of Yves Congar*, trans., and ed. Paul Philibert (Collegeville, MN: Liturgical Press, 2010), 15-67에서 인용한 Peter Damian의 글[발췌]과 일치한다.

개인만이 아니라 교회 전체가 성령에 의해 하나로 묶여 있고 그런 채로 모든 예배마다 참석하기 때문이라는 것이다.[35]

따라서 눈에 보이는 참석자의 숫자는 주어진 예배에 누가 출석했는가를 결정하는 요인이 될 수 없다. 오히려 이를 결정하는 요인은 그리스도의 몸의 임재, 즉 전체 교회의 신비인 것이다.[36] 이와 관련하여 미사 전문(Canon of the Mass)에 나오는 "산 자를 기억하라"(*Memento Vivorum*)는 표현을 단서로 다미아노는 다음과 같이 쓰고 있다.

> 이 말들은 찬미의 제사가 비록, 그것이 사제 혼자 특별한 방식으로 드리는 것처럼 보일지 모르나 모든 신자 곧 남성들뿐만 아니라 여성들 모두가 드리는 것이라는 점을 우리에게 보여 준다. … 만일, 우리가 그리스도와 한 몸이라면, 그리고 비록, 몸은 떨어져 있으나 성령 덕분에 우리가 서로에게서 분리될 수 없다면 (그분 안에서 하나의 삶을 함께 살아가는 우리라면) 우리가 물리적으로 떨어져 있을 때조차도 교회의 함께 하는 활동 속에서 신자로서 하나가 되는 것이 무엇이 잘못이란 말인가? (나 자신에게는 잘못된 그 무엇도 보이지 않는다).[37]

혼자 미사를 드리고 날마다 기도하는 은둔자의 경험으로부터, 다미아노는 모든 예배 안에 전(全) 교회(*ecclesia*)가 참석한다는 점을 다음과 같이 강조한다.

---

[35] Petrus Damiani, *Das Büchlein vom* Dominus Vobiscum, VI; Kolping, p. 31; p. 34도 보라.
[36] Petrus Damiani, *Das Büchlein vom* Dominus Vobiscum, VII; Kolping, p. 33.
[37] Petrus Damiani, *Das Büchlein vom* Dominus vobiscum, VIII; Kolping, p. 35f.

성령 안에서 가장 깊은 일치를 이루는 신비를 통해 같은 믿음과 같은 형제애를 지닌 한 사람이 있는 그곳에 진(全) 교회가 존재한다.[38]

자신의 이런 논지를 간결하게 압축하면서 그는 다음과 같이 주장한다.

그러므로 은둔자가 그의 독방에서 전(全) 교회의 교통(communion)을 뜻하는 말들로 기도하는 것을 두려워하지 않도록 하라. 왜냐하면, 그는 사랑 안에서 한 믿음으로 하나가 되어 물리적 공간 때문에 신자들과 함께 모이지 못할 때조차도 진실로 모두와 함께 하는 것이기 때문이다.[39]

20세기 중반 다미아노의 소논문이 독일어로 번역되었을 때의 상황은 11세기 은둔처와는 매우 다른 것이었다. 그 소논문의 독자들은 자신의 독방에서 홀로 예배의 기도에 대해 걱정하는 은둔자들이 아니었다. 오히려 예전 갱신 운동이 평신도들에게 교회의 예배를 열어 주려 하고 있었고, 또한 평신도들로 하여금 당시엔 사제들만이 수행하던 기도의 행위나 사제만의 종교 수행으로 보이던 실행에 능동적으로 참여할 것을 독려하고 있었다.[40]

우리는 교회의 기도를 홀로 드리지 않는다. 특히, 성찬기도에서는 더욱 그러하다. 우리가 모두 찬미의 제사를 드리는 것이다.

---

[38] *Petrus Damiani, Das Büchlein vom* Dominus Vobiscum, X; Kolping, p. 37.
[39] *Petrus Damiani, Das Büchlein vom* Dominus Vobiscum, XVIII; Kolping, p. 52f.
[40] 다미아노의 저서(*Vom Geiste, der den einsamen Beter des Stundengebetes erfüllen soll*)를 번역하면서 Kolping이 덧붙인 부제는 그가 자신들의 기도 생활을 위해 시간 전례를 재발견하고 있었던 가톨릭 평신도들에게 한 자원을 제공하려고 노력했음을 보여 주는 것이다.

이와 같이 다미아노의 주장은 신자들에게 예전적인 기도(liturgical prayer)로 돌아가자고 요청할 수 있도록 해 주는 예전 갱신 운동에 권위를 부여해 주는 과거를 허락해 주었다. 무엇보다 교회학자인 다미아노는 이런 요청에 상응하는 예배 공동체론을 정확하게 밝혀주었다.

이제는 21세기가 된 오늘날 다미아노의 목소리가 다시 한번 들려올지도 모르겠는데 이번에는 그 자신도 20세기의 예전 운동도 예상하지 못했던 현실, 즉 디지털 문화에 대고 말할지 모르겠다.

예배 출석과 참여가 무엇인가에 대한 풍부하게 복잡한 개념들에 대한 세 번째 사례는 13세기에 나타난다. 13세기에는 여성 신비주의자의 성찬식 비전과 그 배병(feedings)이 크게 꽃을 피웠다.[41] 같은 세기에 또한 성찬식에 참여하는 하나의 형식으로서 눈으로 보는 성찬식이라는 개념이 강화되기도 하였다.

두 가지의 발전 모두는 잦은 성찬식에 대한 양가감정, 특히 여성들의 양가감정이 고조되는 것과 연관되어 있었다. 대(大) 알베르투스(Albert the Great)의 경우가 여기에 해당한다.[42] 이러한 콘텍스트에서 여성들이 환상 속에서 빵과 포도주를 받는 경험과 또한 그리스도가 직접 먹여 주시는 신비를 체험하는 경험들이 많이 나타났다.

---

[41] Caroline Walker Bynum은 다음의 글에서 이와 같은 경험을 수십 가지 강조하고 있다. 이에 대해서는 다음을 보라. *Fragmentation and Redemption: Essays on Gender and the Human Body in Medieval Religion* (New York, NY: Zone Books, 1992; 3rd ed. 1994), 119-150. 이는 매우 중요한 점인데, 여성 신비주의자들은 중세시대 다양한 삶의 배경을 가지고 있었다: 다양한 수도회에 속한 수녀들, 평신도 여성들, 은둔자 여성들, 베긴회 수녀들(beguines) 등.

[42] Walker Bynum, "Women Mystics and Eucharistic Devotion," 127.

한 신비주의자는 자기 자신이 감실로 옮겨져 그리스도를 맛보는 경험을 하였고, 다른 신비주의자들은 미사에서 사제들만 받았던 성찬을 기적적으로 받는 경험을 하였다.[43]

어떤 여성 신비주의자들은 실제로 빵과 포도주를 받는 것(상당히 제한된 경우지만)보다 씹는 감각 및 혀로 느끼는 달콤함과 함께 그리스도를 먹고 마시는 신비스러운 성찬 쪽을 선호하게 되었다. 말할 필요도 없이 20세기 예전 갱신 운동과 제2차 바티칸공의회 이후 신학자들 모두 이런 선호를 달가워하지 않았다.[44]

그러나 여기서 내가 관심하는 것은 이런 신비주의적 경험들이 예배 출석과 참여에 관한 충분히 복잡한 개념들을 가리키는 신호로 읽힐 수 있는 가능성이다.

결국, 교회는 이들 신비주의자의 경험 다수를 공인하게 되었다. 그 가운데 특별히 한 가지가 이 콘텍스트에서 언급할 가치가 있는데 아시시의 클레어(Claire of Assisi)가 환상 속에서 미사를 경험한 일이다.

어느 성탄절 밤, 그녀는 너무 아파서 자신의 방에서 나갈 수조차 없게 되었을 때 아시시에 있는 '성 프란치스코대성당'에서 거행된 미사의 장면들을 환상으로 보게 되었다. 클레어가 본 이 환상은 너무나도 선명하여 그녀는 후에 그 미사에 참석했던 사람들의 이름을 댈 수 있을 정도였다. 1958년 교황 비오 12세는 성 클레어를 이 환상을 본 것을 근거로 하여, 텔레비전의 수호성인으로 지정하였다.

---

[43] Walker Bynum, "Women Mystics and Eucharistic Devotion," 119-150.
[44] 이 점에 대해서는 예를 들어 Francis X. Rocca가 성체조배의 실행들에 대한 보고서에서 인용하고 있는 견해들을 보라. *inter alia in the National Catholic Reporter*. http://ncronline.org/news/vatican/vatican-tries-revive-eucharistic-adoration.

예배 출석과 참여에 대한 풍부하게 복잡한 마지막 네 번째 사례를 알아보기 위해 동방으로 가보자.

이 사례는 예배 출석이 디지털로 매개된 예배 실행들의 훨씬 이전부터, 얼마나 도전적이며 실제로 "문제가 있는"지를 강조해 준다. 항상 문제를 야기했던 이 예배 참석의 본질에 대해 인식한 것은 동방 기독교만은 아니었다.

그러나 동방에서는 이 인식이 예배 텍스트들 자체에 각인되어 있었다. 나는 여기서 비잔틴 의식(rite)을 생각하는데, 이 의식에서 부제가 모여든 회중에게 반복해 "주목합시다!"("let us be attentive," πρόσχωμεν)라고 요청하곤 했다.[45]

만약, 실제로 예배에서 지시된 말들이 "그 지시 안에 간접적으로 암시된 행동을 하지 말라!"[46]는 뜻이라면, 당시 예배하는 이들은 일상적으로 주의가 산만하였음에 틀림이 없었다는 뜻이고, 그래서 특히 예배의 핵심이 되는 중요한 순간들 직전에는 이런 요청이 반복되었다는 뜻이 된다.

예배 텍스트들 이외에 다른 많은 텍스트가 예배하는 사람들의 이런 문제적 출석 혹은 "주의 결핍"을 증언해 주고 있다. 요한 크리소스톰(John Chrysostom)는 자신의 콘스탄티노플 회중에 대해 이렇게 말하고 있다.

> 우리 집회들은 선술집과 다른 점이 하나도 없다. 웃음소리는 크고 소동도 대단하며 이는 마치 대중목욕탕, 시장 … 무대만큼이나 요란하다. 또한 이런 곳

---

[45] 이처럼 "주목합시다"라고 반복해서 주의를 집중하도록 요청하는 일은 현존하는 가장 오래된 비잔틴 의식(riet)인 18세기의 Codex Barberini gr. 336에 이미 나타나 있다.

[46] John Chrysostom, *In 1 Cor. Hom*, 36, 5f. 이는 다음 글에서 인용한 것임: Robert Taft, "St. John Chrysostom. Preacher Committed to the Seriousness of Worship," in *The Serious Business of Worship: Essays in Honour of Bryan D. Spinks*, ed. Melanie Ross and Simon Jones (New York, NY: Continuum, 2010), 13-21, 여기서는 p.16을 보라.

에 모여든 여성들이 자신을 치장하는 방식과도 다를 것이 하나도 없다.[47]

또한, 그는 일부 남성들이 "입을 딱 벌리고 아름다운 여성들을 바라보기 위해" 교회에 나오고, 또 어떤 사람들은 "소년들의 젊음이 피어나는 모습이 궁금하여" 교회에 나온다고 비난하고 있다.[48] 이처럼 사제들과 설교자들이 똑같이 탄식했던 내용은 동방과 서방의 자료들 모두로부터 끊임없이 발견되고 있다. 분명코 예배에 대한 주의력 결핍은 아주 오랜 문제다.

오늘날 주의력 결핍은 근래의 문제라고 상식적으로 추정하곤 하는 점, 그리고 이에 대해 종종 새로운 미디어를 탓하는 점을 고려한다면 이런 사례들은 놀라운 것이 될 것이다. 역사적 연구가 보여주고 있듯이 주의력 결핍의 문제는 오랫동안 지속되어 온 역사적인 우려였고 이는 기도와 예배의 콘텍스트에서도 그러하다.[49]

이 사실은 예배 참석과 참여의 문제에도 해당한다. 왜냐하면, 예배의 과거가 예배 출석과 참여에 대한 풍부한 개념들의 증거가 될 뿐만 아니라 또한 일상적으로 나타나는 문제 있는 예배 참석에 대해서도 증거가 된다는 점을 이 사실이 보여 주기 때문이다. 이런 두 가지 사실은 우리가 디지털로 매개되는 예배에의 참석과 참여의 형식, 그리고 그것들에 의해 발생하는 우려들에 대해 통찰할 때, 명심해야 할 것들이다.

지금까지의 나의 주장을 요약하면 다음과 같다.

---

[47]

[48] John Chrysostom, *In Matthaeum homiliae*, 73. 이는 다음 글에서 인용한 것임: Taft, "St. John Chrysostom," 16f.

[49] 나는 여기서 특히, Katherine Zieman이 현재 진행하고 있는 근대 이전에 나타난 주의력의 문제(그리고 이와 함께 주의력 결핍이라는 위험성의 문제)에 관한 연구 프로젝트에 주목한다.

나는 디지털로 매개되는 기도와 예배 실행들을 둘러싼 근본적인 인류학적-의례적 관심사들을 다루었다. 나는 이 관심사들이 적어도 부분적으로는 20세기에 두드러진 지식 프로토콜들과 범주들에 근거한 것이라고 주장했다.

나는 이런 의례의 범주들을 동시대의 미디어 이론들과 과거 예배 실행들의 대단히 복잡한 역사로부터 끌어낸 보다 넓은 지식 프로토콜들을 가지고, 해석해 볼 여지를 만들어 보려고 노력하였다.

그러나 이번 장(章)을, 단순히 디지털로 매개되는 예배 실행들에 대해 작지만 중요한 차이점을 놓치지 않는 해석들을 호소하는 것으로만 끝내는 것은 부적절할 것이다. 오히려 디지털 세계들이 안고 있는 진짜 문제들과 내가 지금까지 개괄하며 주장했던 것에 대해 나올 수 있는 반론들을 대면할 시간이 왔다.

디지털로 매개되는 기도와 예배 실행들을 학문적으로 탐구하기 위해 이런 위험들에 대해 침묵으로 넘어가지 않고, 이를 인정하고 숙고해 보는 일이 중요하다. 이제 나는 그 과제를 시작하려고 한다.

4. 디지털의 위험성 대면하기

디지털 기술들에 대한 근심들, 그리고 디지털 기술이 기존의 생활 방식들에 어떻게 위협이 되는가 하는 문제가 디지털 시대에서 진행 중인 전면적인 문화적 전환에서 핵심적인 내용이다. 인식된 위험성은 다양하지만, 그 위험성의 대부분은 지속적인 접속(constant connectivity)과 즉각적 소통이라는 현상에서 나온다.

교황청의 한 문서는 웹 2.0이 출현하기도 전인 2002년에, 이미 이러한 지속적 커뮤니케이션의 세상을 깜짝 놀랄 만한 이미지로 묘사한 적이 있다.

"우주의 진중한 침묵 속에 편안히 자리 잡은 재잘거리는 행성!"

여기서 "재잘거리는 행성"(a chattering planet)이라는 표현은 반박하기 어렵다. 그러나 우주의 진중한 침묵이라는 대목은 어떻게 이런 자신 있는 표현이 가능한지를 상상하기 어렵다.[50]

그보다 최근, 수상(受賞)을 한 바 있는 가톨릭 시인이며 학자이며 활동가인 필립 메트레스(Philip Metres)는 디지털 시대의 이런 위험성에 대해 보다 자세하게 설명하고 있다. 그는 디지털 시대의 "정보의 홍수, 주의력의 쇠퇴, 주체성의 변형," 우리의 "유대감"을 모호하게 만들기, "삶의 가속화" 등이 "정신없이 바쁜 현재"를 만들어가고 있다고 언급하였다.[51]

이 목록은 쉽게 더 길어질 수 있다. 디지털 시대에는 현저한 "결핍의 상실," "부재의 종말," "더 깊이 탐구하는 습관에 대한 위협," 그리고 그 무엇보다 만연한 "디지털 자아도취" 등의 현상이 현저한 듯하다.[52]

후자, 즉 자아도취는 디지털 생활의 새로운 아이콘인 셀카(selfie)로 적절하게 대표될 수 있다. 교황 근처까지 갈 필요도 없이 프란치스코 교황과

---

[50] the Pontifical Council for Social Communications이 2002년에 발표한 다음의 문서를 보라. "Ethics in Internet. 1, www.vatican.va/roman_curia/pontifical_councils/pccs/documents/rc_pc_pccs_doc_20020228_ethics-internet_en.html.

[51] Philip Metres, "Homing In: The Place of Poetry in the Global Digital Age," *America* (November 16, 2015), 16-19, 여기서는 p.16을 보라.

[52] 이런 설명은 Jacob Silverman의 서평에서 가져온 것이다. 이에 대해서는 그의 글, "The Internet and the Mind," *New York Times* (November 16, 2014), 특히 p.30를 보라. 마지막 설명은 the Social Science Research Council의 2015년도 보고서에서 가지고 온 것이다: "Religion, Media, and the Digital Turn". 이는 다음 사이트에서도 볼 수 있다. www.ssrc.org/publications/view/religion-media-and-the-digital-turn/.

셀카를 찍을 수 있도록 해 주는 애플리케이션까지 있다. 솔직히 말하자면, 나도 이 애플리케이션을 사용한 적이 있다. 어떤 저자들은 디지털 미디어 기술들의 해로운 영향을 묘사하면서 그것들을 예배에 사용하는 것이, 특히 거슬린다고 말한다.

디지털 미디어의 위험성을 지적하는 잘 알려진 이론가인 쉐리 터클(Sherry Turkle)은 자신이 참석했던 추도 예배에 관해 설명하면서 여러 참석자가 예배 도중 바삐 문자를 주고받으면서 인쇄된 예배 순서지를 자신들의 휴대 전화를 가리는 데 사용했다고 지적한다.[53]

디지털로 매개되는 실행들에 대한 나 자신의 개방적인 개입이 디지털로 된 모든 것들을 비판 없이 받아들이는 것으로 여겨져서는 안 될 것이다. 반대로 나는 디지털 시대의 다분히 문제가 있어 보이는 특징들을 충분히 인지하고 있다.

이러한 문제들에는 기술적 접근성의 특권에 기초한 디지털 격차, 그리고 유해한 웹이라는 명칭이 더 적절할 것으로 판단되는 소위 '다크 웹'(dark web)의 존재, 상당히 많은 양의 포르노 유통, 외모와 겉모습에 대한 과도한 선호, 2016년 미국 대통령 선거와 같이 선거 결과에 영향을 주는 컴퓨터를 이용한 "프로파간다"(Propaganda),[54] 그리고 끝으로 이 모든 것 못지않게 중요한 것으로 "디지털의 불멸성"을 포함하는 디지털의 미래를 둘러싼 환상들이 포함되며 이외에도 더 많다.[55] 이러한 우려들의 목록은 끝이 없다.

---

[53] Sherry Turkle, "Realtechnik and the Tethered Life," *Yale Divinity School Reflections* 98.2 (2011), 33-35, 여기서는 p.35를 보라.

[54] the Project on Algorithms, Computational Propaganda, and Digital Politics at Oxford University, http://politicalbots.org/.

[55] Martine Rothblatt의 저서 그 제목을 보라. *Virtually Human: The Promise – and the Peril – of Digital Immortality* (New York, NY: Picador/St. Martin's Press, 2015).

다양한 형태의 인터넷 중독들과 같은 또 다른 문제들도 추가될 수 있을 것이다. 특히, 중보기도라는 가톨릭의 실행들과 연관되어 유포되는 소위 가짜 뉴스들도 여기에 해당한다. 이라크와 시리아에서 박해당하는 기독교인들을 위해서 기도해 달라는 가짜 요청들은 이들 기독교인 자신들 혹은 교황에게서 나온 것이라는 거짓 주장과 함께 2014년 이후로 유포되는 중이다.[56] 이는 교회가 박해받는 기독교인들을 위해 기도하자는 요청을 하지 않았다는 말을 하려는 것이 아니고 그런 기도를 요청하는 일부 온라인상의 요청이 가짜라는 것을 말하려는 것뿐이다. 물론, 그런 중보기도가 필요한 경우도 있지만 이러한 가짜 뉴스가 신속하게 퍼지는 것이 또 하나의 문제가 된다는 뜻이다. 여기서 거론된 위험성들은 이미 만만찮은 위협들로 나타나고 있으며, 이는 무시되어서는 안 될 것이다.

제이콥 실버맨(Jacob Silverman)은 다음과 같이 언급한다.

> 비록, 그 위험성들, 곧 염려와 의혹들이 점토판에서 구텐베르그까지, 그리고 이어진 텔레비전에 이르기까지 미디어의 진보마다 어두운 그림자를 던져왔다는 점을 인정한다 하더라도 무시되어서는 안 된다. 이러한 염려와 의혹에는 이제 상황은 달라졌지만 결코 좋아진 것이 아니라는 생각, 그리고 옛 방식들은 회복 불능 상태로 사라졌다는 생각이 포함된다.[57]

---

[56] 이 점에 대해 더 많은 정보를 구하고 싶으면 다음을 보라. "Falscher Papst-Gebetsaufruf kursiert in Social Media," Katholisch.de (January 16, 2017), www.katholisch.de/aktuelles/aktuelle-artikel/falscher-papst-gebetsaufruf-kursiert-in-social-media.

[57] Silverman, "The Internet and the Mind," p.30.

여기서 나의 과제는 이런 문제들과 위험성 가운데 그 어떤 것이라도 분명하게 '해결'하는 일이 될 수는 없다. 이 책의 목적을 위해 나는 기도와 예배 실행들에 해당하는 디지털 생활의 두 가지 특징에 대한 성찰에만 국한하고자 한다.

첫째, '사용자가 생성해 내는,' 그리고 '개인의 필요에 맞추는' 내용에 대한 수많은 가능성을 포함한다. 이런 가능성 중 일부는 예배의 실행들과 관련하여 이미 언급된 바 있다. 예를 들어, 가정에서 디지털로 매개되는 성체조배, 혹은 멀리 떨어진 수도원 공동체와 함께 시간 전례를 따라 기도하는 것 등이다.

여기서 제기되는 하나의 중요한 질문은 '사용자,' 혹은 '소비자'에게, 그들의 '요구에 맞춘 예배'를 제공하는 이와 같은 실행들이 상품으로 전락한 예배로 위험스럽게 가까워진 것은 아닌가 하는 점이다. 이런 위험성은 인식하지 못한 채, 이것이 디지털 시대의 생활이라고 단순하게 보는 사람도 있다. 기도 애플리케이션인 "Abide"를[58] 창안한 닐 알스텐(Neil Ahlsten)은 다음과 같이 주장한다.

> 우리는 사람들이 필요로 하는 예배를 그들의 필요에 따라 언제나 어디서나 어떻게든지 소비할 수 있도록 창안하고 있다. 그것은 현대 생활에 적합하다.[59]

알스텐은 아침에 일어나 처음으로 체크하는 것도 밤에 자기 전에 마지막으로 체크하는 것도 애플리케이션 Abide인 그의 사용자들을 가리키며

---

[58] https://abide.is/.
[59] Neil Ahlsten, 다음에서 인용함: Laura Turner, "Inside the Christian app boom."

다음과 같이 강조하고 있다.

> 기독교인들은 천 년 동안 아침과 밤에 기도해 왔다. 그러나 이 전통이 습관적인 스마트폰 사용과 편안하게도 잘 들어맞는다는 점이 증명되었다.[60]

알스텐에게 있어서 그의 기도 애플리케이션은 체력 단련, 뉴스, 혹은 날씨 업데이트를 위한 애플리케이션과 유사한 방식으로 기능하는 것이다. 따라서 '사용자로서의 예배하는 사람들'(user-worshippers)을 위한 쉽고도 '마찰 없는' 접근이 핵심이다.

그러나 디지털로 매개되는 예배의 이러한 형식은 그리고 '요구에 맞춘' 예배들과 또한 과도하게 개인의 필요에 맞추는 일 등은 의문점을 제기한다. 핵심적인 신학적 질문은 거룩한 존재와의 신실한 만남이 여기서 상품화되는 위험에 빠지는 것은 아니냐는 것이다.

그 질문에 대한 대답은 분명 또 하나의 질문이 되어야만 할 것이다. "예배는 항상 그런 위험에 빠져 오지 않았던가?"

통상적으로 그 위험은 '우상숭배' 등 여러 다른 이름으로 불렸다. 예배의 상품화라는 위험은 디지털 시대에만 나타난 것은 아니다. 더욱이 동시대의 오프라인 예배 생활에서도 역시 예배하는 사람들은 점점 더 예배 실행에 영향을 끼쳐 왔으며, 또한 예배 실행을 형성해 왔다. 예를 들어, 'Ashes2go'처럼 토요 철야 미사가 생긴 일이나, 주중에 해당하던 의식(rite)의 실행을 주일로 옮긴 일 등이 여기에 해당한다.

---

[60] Neil Ahlsten, 다음에서 인용함: Laura Turner, "Inside the Christian app boom."

그리고 대중적 경건의 많은 실행은 그 용어가 생겨나기도 오래전에 이미, 사용자에 의해 생성된 것들이었다. 달리 말하자면, 예배 실행들을 사용자가 생성해 내는 위험성과 그것을 과도하게 개인의 필요에 맞추는 위험성은 디지털 시대에만 국한된 것은 아니라는 뜻이다. 비록, 이들 위험성을 표현하는 용어들은 디지털 시대에 출현한 것이라고 하더라도 그렇다.

디지털 기술의 도래는 이전부터 존재해 온 예배 생활에 세 가지 특정한 발전들을 촉진해 왔다. 예배 실행들을 사용자가 직접 생성해 내는 것, 과도하게 개인의 필요에 맞춘 예배 실행의 옵션들이 크게 확장되고 널리 퍼진 것, 그리고 이런 현상이 이전 보다 훨씬 더 두드러지게 된 것 등이 여기에 해당한다.

그렇다고 하여 이것이 사용자가 생성해 낸 예배 실행들과 씨름하는 일, 그리고 요구에 따라 생성되는 예배들과 씨름하는 일이 디지털로 매개되는 예배 생활에만 한정된다는 뜻은 아니다. 따라서 이 문제는 어떤 주어진 시점에서 해당 신앙 공동체 안에서 예배 생활을 형성하는 그리고 위협하는 보다 큰 역사적 궤적 안에서 다루어져야 한다.

둘째, 두 번째 특징이면서 이와 관련된 문제 또한 마찬가지다. 디지털 미디어의 편재성을 고려하면 기도와 예배는 쉽게 '동시에 여러 일을 수행하는 삶'(multi-tasked life)이 될 수 있다.

'당신이 가 있는 곳에서 기도하라'(Pray-as-You-go)와 같은 애플리케이션은 신자들이 자신의 매일의 통근과 기도를 통합할 수 있게 해 주는데, 이 점에 대해서 매우 개방적이다.

초청은 아침에 일어나자마자 침대 옆에서 무릎을 꿇는다든지 식탁에 조용히 앉아서가 아닌 '가 있는 곳'(as you go)에서 기도하라는 것이다. 이 때의 위험성은 기도가 쉽사리 여러 가지 일을 동시에 행하는 것의 일부가 될 수 있다는 점이고, 따라서 아침 식사를 한다든지, 설거지를 한다든지, 운전하는 것과 같이 다른 일상적인 일들과 똑같아진다는 것이다. 문제는 거룩한 존재와의 신실한 만남이 다른 일상들과 그렇게도 쉽게 병치가 될 수 있느냐이다.

그러나 다시 한번 이것이 디지털 시대만의 문제는 아니라는 점을 언급하지 않을 수 없다. '사막의 교부들'이 그랬듯이 시편을 암송하면서 바구니를 짜거나 혹은 20세기 초반 사제들이 그리했듯이 기차를 타고 가는 동안 성무일도를 기도하는 등의 일도, 예배의 다중작업적인 형식들이었다. 따라서 디지털 기술들과 연관된 동시대의 위험성은 더 큰 문화적 궤적을 통해 숙고되어야 한다.

요컨대, 내가 여기서 제시하는 것은 디지털로 매개되는 기도와 예배의 실행에 대한 우려들 대다수가 디지털 시대에만 국한될 수 없다는 점이다. 그것들은 더욱 넓은 의미로 예배 실행들에 대한 우려들이며, 따라서 디지털 시대만의 위험성이라기보다는 실행들의 연속성이라는 관점에서 다루어지는 것이 최선인 우려들이라 하겠다.

나는 이 장(章)을 위험성과 의혹으로 끝내지 않고 이전의 근심을 되돌아보게 해 주는 동시에 다음 장(章)으로 이어지게 해 주는 한 이야기로 끝내려고 한다. 이 이야기는 예배 참석과 교회 공동체는 무엇이냐는 질문 주변을 맴돌고 있다.

프란치스코 교황은 그가 미국과 멕시코 국경 도시인 엘파소(EL Paso)와 시우다드 후아레즈(Ciudad Juarez)에서 2016년 2월 미사를 집전했을 때 이런 질문들에 대한 하나의 답변을 제시하였다.

「뉴욕 타임스」(The New York Times)가 그 다음날 머리기사에 이렇게 실었다.

> 교황의 존재가 그가 실제로는 그렇게 하지 않았는데도 국경을 넘어 미국으로 왔다.[61]

이 두 도시는 물리적으로는 국경으로 나누어져 있었음에도 한 교황이 집례하는 미사를 공유하였다. 프란치스코 교황은 시우다드 후아레즈에서 미사를 집례하였는데 이때 엘파소에 있는 스포츠 경기장의 대형 스크린에 그 장면이 실시간으로 중계되고 있었다.

설교 시간에 교황은 국경 너머에서 그와 함께 미사에 참여하고 있던 또 다른 공동체에 공개적으로 인사를 건넸다. 그리고 미사의 끝 무렵 교황은 다음과 같이 말했다.

> 기술의 도움을 받아 우리는 함께 기도할 수 있고 함께 찬송할 수 있으며 주님이 우리에게 주시는 자비로운 사랑을 함께 기뻐할 수 있습니다. 어떤 국경도 이 사랑의 나눔을 막을 수 없습니다.[62]

이 주장으로 교황은 나의 다음 장(章)의 주제를 향해 손짓하였는데 그것은 교회론적 탐구가 될 것이다.

---

[61] Manny Fernandez, "Pope's Presence Crosses Border Into U.S., Even if He Doesn't," https://www.nytimes.com/2016/02/18/world/americas/popes-presence-crosses-border-into-us-even-if-he-doesnt.html?_r=0.

[62] 그 방문에 대해 바티칸 라디오에서 인용함. http://en.radiovaticana.va/news/2016/02/18/pope_francis__%E2%80%98no_border_can_stop_us_from_being_one_family%E2%80%99/1209507.

제3장

온라인 예배 공동체

교황 요한 바오로 2세(John Paul II)가 2005년 디지털 미디어를 가리켜 "성도의 교통(communion)을 강화하는 통로들"[1]이라고 묘사한 것은 2002년에 발표된 교황청 문서와는 약간 다른 인상을 준다.

- 2002년에 발표된 교황청 문서 -
사이버 공간의 가상 현실은 사람들의 실제 공동체, 성례전과 예배의 성육신 된 실재, 혹은 직접적이고 즉각적인 복음의 선포 등을 대신할 수 없다.[2]

「교회와 인터넷」(The Church and Internet)이라는 제목의 2002년도 문서는 "사람들을 사이버 공간으로부터 진짜 공동체로 이끌"[3] 필요를 역설하였다. 이 두 문서가 발표된 각 시기 사이에는 기술의 급속한 발전, 특히 웹 2.0의

---

[1] Pope John Paul II, Apostolic Letter "The Rapid Development," (2005), #6, at https://w2.vatican.va/content/john-paul-ii/en/apost_letters/2005/documents/hf_jp-ii_apl_20050124_il-rapido-sviluppo.html.

[2] The Church and Internet (2002). #5. at www.vatican.va/roman_curia/pontifical councils/pocs/documents/tc_pc_pcos_doc_20020228_church-internet_en.html.

[3] The Church and Internet, #9.

출현이 있었다.

웹 2.0에서는 온라인 출석의 방식들이 점점 더 세련되고 쌍방향적인 방식으로 발전하였다. 그로부터 10여 년 후인 오늘날 사람들은 디지털로 매개되는 수많은 방식으로 예배를 위해 모인다. 온라인기도실, 가상 세계에서의 성소들, 채팅방, 기도 애플리케이션들, 오프라인 회중 예배의 실시간 중계 등이 여기에 해당한다.

그러나 온라인상의 교회 공동체의 형성은 웹 2.0이 출현한 결과는 아니다. 예를 들면, '제일사이버교회'(The First Church of Cyberspace)는 1992년에 그 온라인 성소를 열었다. 미국장로교인들(U.S. Presbyterians)의 후원을 받은 이 사이트는 기본적으로는 오프라인 프로테스탄트 예배의 핵심적인 특징들을 반영한 것이었다.

설교에 초점이 맞추어졌고, 설교가 웹상에 포스팅되었다. 이는 6년 후인 1998년 창설된 '로마 가톨릭인터넷교회'의 온라인 존재와는 상당히 다른 것이었다.

펀시티에 있는 '성 보니파티우스인터넷교회'(St. Bonifatius – Internet-Kirche in funcity.de)는 독일의 힐데스하임 교구와 오즈나브뤼크 교구에서 온 목회팀과 여러 수도회가 함께 개설한 것이었다. 이 이름은 8세기 독일의 사도'인 성 보니파티우스(Saint Boniface)의 이름에서 따온 것이었다. 이 인터넷교회는 거의 20년이 지난 지금까지도 지속되고 있으며, 이제는 페이스북에도 존재한다.

성 보니파티우스인터넷교회는 지도신부와의 대화를 위한 채팅룸, 중보기도를 위한 게시판, 월 1회 모이는 '저녁기도회,' 부활절 직전 몇 주 동안의 '사순절 금욕 실행'들을 위한 권유 등과 같은 수많은 교회 절기를 위한

예배 계획 등을 제공한다.⁴

프랑스에서 "이그나티우스-크게 보면 예수회-가족"의 프로젝트인 프랑스어 웹 사이트인 '노트르담 두 웹'(Notre Dame du Web)은 이와 유사한 특징들을 보여 주는데, 예를 들어 성서 텍스트들, 시각 예술, 혹은 비디오 클립 등과 함께 중보기도를 요청할 수 있고 매일기도를 권유한다는 점, 그리고 온라인으로 피정을 할 수 있다는 점 등이 여기에 해당한다.⁵

이런 예들은 온라인으로 모이는 공동체 주위에서 이루어지는 기도와 예배 실행들이 크게 보면 인터넷 기반의 모임 뒤에 있는 교회 전통의 오프라인 실행들과 상응하는 것이라는 점을 보여 준다. 온라인교회 공동체 형성의 스펙트럼은 적어도 오프라인 스펙트럼만큼이나 광범위하다. 온라인 스펙트럼의 한쪽 끝에는 사이버 공간에만 존재하는 공동체들이 있다.⁶ 스펙트럼의 다른 한쪽 끝에는 다소 적극적으로 웹사이트를 유지하고 있을 뿐인 오프라인 회중들이 있다.

스펙트럼의 양쪽 끝 사이에는 온라인-오프라인의 '혼종성'(hybridity)과 온라인-오프라인 움직임들이 가득하다. 후자의 한 예(例)가 런던 성 바오로대성당에 멀티미디어 미로를 설치한 것이다. 이 미로는 2000년도 성당의 남쪽 끝부분에 처음 설치된 것으로, 이 미로의 설치가 끝나자 이 미

---

4 www.st-bonifatius-funcity.de/wir-ueber-uns/. St. Bonifatius는 Rainer Gelbot의 논문, "Beten mit Bits und Bytes." *Heiliger Dienst* 69 (2015), 66-74에서 소개되고 있다.

5 www.ndweb.org/. and Andrea Catellani, "Pastorale et prière en ligne: Le cas du site *Notre Dame du Web*." in *Le Religieux sur Internet*, ed. Fabienne Duteil-Ogata et al., Collection Religions en questions (Paris: L'Harmattan, 2015). 203-216.

6 Rev. Kimberly Knight는 그녀의 온라인교회 목회와 회중들의 예배 생활에 대해, 그녀의 논문 "Sacred Space in Cyberspace," *Yale Divinity School Reflections* 96.2 (2009), 43-46에서 설명하고 있다.

로를 가상 공간에 재(再)구성하였고 오늘날까지도 접속 가능한 채로 남아 있다.[7]

인터넷 기반의 공동체들에 대한 실험들은 가상 공동체의 본질에 관한 상당량의 저서들로 이어졌다. 이 장(章)에서는 이 두 가지를 함께 숙고해 보려고 하는데, 다시 말하자면 디지털로 매개되는 교회 공동체의 형태들을 신학적 확신과 동시대의 미디어 이론으로부터 나오는 성찰들 모두에 비추어 고찰해 볼 것이다.

나의 특별한 관심은 인터넷에 기초한 교회 공동체들이 어떻게 예배 실행들을 표현하고 구현해 내며, 그리고 어떻게 그것이 가능한지, 혹은 어떤 제약이 있는지에 관한 것이다. 나는 이런 탐구를 진행하기 위해 먼저 가상 공동체들이 실제로 어떻게 기도로 모이는지에 대해 질문할 것이며, 그런 온라인 모임들이 일어나는 문화적 콘텍스트에 관해서 성찰해 볼 것이다.

이어 디지털로 매개되는 기도 공동체들을 이해하는 데 도움이 될 만한 신학적 자원들을 숙고해 볼 것이다. 나는 온라인교회 공동체들에 관한 이번 장(章)을 디지털 공간에서의 공동체 형성에 관한 두 개의 상호 연관된 문제들을 다루는 것으로 결론지을 것인데, 그 범위가 확장되고 있는 권위와 젠더 수행(performances of gender)에서의 전환들이 그것이다.

---

[7] www.labyrinth.org.uk/onlinelabyrinthpage1.html.

1. 실재하는 가상의 기도 공동체

가상의 교회 공동체가 실제로 있는지, 혹은 어떻게 가능한지에 관한 질문들로 가는 하나의 통로는 몇 가지 사례들을 살펴보는 일일 것이다.[8] 이 사례들은 그것들에 대한 응답으로 온라인교회 공동체에 관한 몇몇 신학적 성찰들이 형성되었다는 점에서 의미를 갖는다.

온라인 예배 실행들을 위해 아바타를 통해 '3D 가상 현실 환경 속'(3D virtual reality environments)으로 모여들 수 있다는 가능성은 특별한 관심의 대상인데, 이는 사용자가 생성해 낸 그래픽 형태 속에서 예배하는 자들이 스크린에 출석하는 가능성을 말한다.

이러한 디지털로 매개되는 공동 예배(communal worship)와 관련하여 일찍이 널리 알려진 예(例)가 2004년에 실행된 12주 동안의 '바보들의 교회'(Church of Fools) 실험이다. 인터넷 기반의 교회 공동체에 대한 이 실험은 게임 포털인 쇽웨이브(Shockwave)에 개설된 온라인 성소로 구성되어 있었다. '바보들의 교회'는 영국 감리교회에서 나오는 보조금과 영국 성공회 런던 주교의 지원을 받았으나 기독교 예배를 위한 독립적 공간으로 운영되었다.[9]

---

[8] 다섯 개의 온라인교회들에 관한 더 상세한 민족지학적(ethnographic) 연구에 대해서는 – 모두 영어권에서 나온 것인데 – 다음을 보라. Tim Hutchings. "Creating Church Online: Networks and Collectives in Contemporary Christianity," in *Digital Religion, Social Media and Culture*, ed. Pauline Hope Cheong et al., Digital Formations 78 (New York, NY: Peter Lang, 2012), 207-223.

[9] Church of Fools의 창립자 중 한 사람인 Simon Jenkins가 그의 글, "Rituals and Pixels: Experiments in Online Church," Online: *Heidelberg Journal of Religions on the Internet* 03.1 (2008), 95-115에서 설명한 내용을 보라. 또한, 다음의 자료들을 보라. Ally Ostrowski, "Cyber Communion: Finding God in the Little Box," *Journal of Religion and Society*

교회 지하실 공간까지 갖춘 전통적인 모양새를 지닌 이 성소는 30명 이상의 아바타를 수용할 수 있었다. 비록, 전적으로 참여할 수는 없었을지라도 이보다 더 많은 수의 예배하는 이들이 함께할 수는 있었다.

성소에서의 커뮤니케이션은 교회 종소리와 찬송가 곡조 등의 소리도 제공되었으나 주로 텍스트 기반이었다. 아바타들이 사용할 수 있는 몸짓들이 있었는데, 특히 그중 세 가지가 예배와 관련 있는 것이었다.

성호 긋기, 다른 이를 축복하기, 그리고 공중으로 팔을 들어올리는 행위로 표현되는 '할렐루야'가 그것이었다. '바보들의 교회'의 공동 창립자의 한 사람인 사이먼 젠킨스(Simon Jenkins)가 말했듯이 예배 레퍼토리는 상당 부분 다른 교회 전통들로부터 가지고 온 것이었다. 그 자리에 참여한 예배하는 사람 중에서 성호를 긋는 사람들이 찬양할 때면 언제나 팔을 들어올리는 그 사람들은 아니라는 점이 이 사실에 대한 반증이다.[10]

그러나 '바보들의 교회'에서는 예배하는 사람들이 자신들의 아바타가 사용할 수 있는 모든 몸짓을 그저 사용하는 것뿐이었다. 예배 참여자들은 그들이 정말로 온라인에서 기도하는 공동체를 경험했다고 주장하였다.

'바보들의 교회'의 첫 예배에 참석했던 BBC 방송국의 한 기자는 다소 놀라면서 다음과 같이 말하였다.

---

8 (2006), 1-8; Randy Cluver and Yanli Chen, "The Church of Fools: Virtual Ritual and Material Faith," *Online: Heidelberg Journal of Religions on the Internet*, 03.1 (2008), 116-142; and Tim Hutchings, "Real Virtual Community," *Word & World* 35 (2015), 151-161: 2006년, the Church of Fools는 St Pixels이라는 이름으로 다시 시작하였고, 이렇게 Facebook으로 이주한 후로 지금까지 여전히 유지되고 있다.

[10] Jenkins, "Rituals and Pixels," 105.

이 사람들은 함께 기도하고 있었고 이는 마치 그들이 같은 방에 서 있는 것처럼 실제였다. 오히려 그들이 여러 다른 나라들, 혹은 다른 마을들에 있다는 사실이 하찮은 문제로 보였다.[11]

다른 온라인기도 및 예배 공동체들도 유사한 경험이 있음을 증언하고 있다. 예를 들어, 독일의 성 보니파티우스인터넷교회는 "가상인 동시에 실제"(virtuell und zugleich real)[12]라고 주장한다. 이렇듯 "가상인 동시에 실제"라고 주장하는 것은 온라인 실재와 오프라인 실재 사이의 단순한 구분을 부인하는 것으로 읽힐 수도 있겠지만, 어쩌면 이 주장은 혼종성을 염두에 두고 있는 것인지도 모르겠다.

이 혼종성은 이 공동체의 특징으로서 말하자면, 오프라인기도 방식과 온라인기도 방식 사이의 명백한 연계이다. 이 교회의 「중보기도서」에는 이곳에 온라인으로 포스팅된 기도들은 성 보니파티우스인터넷교회와 동역하는 수도회의 오프라인 예배에서 실제로 드려질 것이라고 참여자들에게 알리는 글이 올라와 있다.

프랑스의 '노트르담 두 웹'(Notre Dame du Web)은 마우스 클릭을 통해 리스트에 게재된 수도회들 가운데 어떤 수도회에게 저들의 오프라인 예배에서 나를 위해 중보기도를 해 달라고 요청할 것인지를 선택할 수 있게 하고 있다.[13]

디지털로 매개되는 기도 공동체의 관점에서 볼 때 애플리케이션을 통해 시간 전례를 따라 기도하는 경험 또한 상당히 색다른 것이다. 성무일도

---

[11] Jenkins, "Rituals and Pixels," 110에 인용되어 있음.
[12] www.st-bonifatius-funcity.de/aktuelles.
[13] www.ndweb.org/confier-sa-priere/.

(The Divine Office) 애플리케이션은 기도하는 사람이 이 애플리케이션을 통해 동시에 기도하는 다른 이들을 일견(一見)할 수 있게 해 준다. 즉, 기도하는 다른 사람들은 전(全) 지구상에 작고 동그란 점으로 된 불빛들이 천천히 켜지는 형태로 나타나게 된다.

이보다는 조금 덜 기발하지만, 공동체에 대한 못지않게 생생한 느낌이 이 애플리케이션에 의해 구동되는 기도 공동체의 소리 풍경 사운드 스케이프에 의해 생성된다. 여러 가지 목소리들이 각각 들리는데 함께 노래하는 소리와 시편을 교송하는 소리, 그리고 한목소리로 다 함께 주기도문으로 기도하는 소리 등이다.

이 사운드 스케이프는 매일의 기도를 함께 드리는 예배하는 사람 중의 소그룹의 것이다. 규칙적으로 사용하게 되면 이 애플리케이션의 목소리들이 익숙해져서 특별히 내 마음에 드는 소리를 쉽게 분별하게 해 준다.

디지털로 매개되는 기도하는 교회 공동체의 이런 다양한 형태들은 어떻게 이해될 수 있을까?

예배하는 사람들의 디지털로 매개되는 기도 생활과 관련하여 이전 장(章)에서도 강조한 적이 있는데, 먼저 가상과 실제 사이의 명확한 구분은 무의미하다는 점이 역시 온라인교회 공동체에도 적용된다.

공동체로서 온라인으로 예배한다는 것은 근본적으로 환상인 것이며, 또한 육신을 벗어난 것이라기보다는 그 나름의 특정한 몸의 적절성(proprieties), 혹은 적절한 몸가짐을 수반하는 것이다.

이것들은 미디어 기술들이 촉진해 주는 것에 의하여, 그리고 디지털로 매개되는 거룩한 공간에 모이는 예배하는 사람들의 몸의 세부 사항에 의하여 지배를 받게 된다. 그러나 온라인교회 공동체들은 주의가 필요한 부차적 질문들을 분명 제기한다.

이 가운데 두 가지 질문이 두드러진다.

첫째, 온라인 모임을 공동체로 만들어 주는 것은 정확하게 무엇이냐는 질문으로 새로운 미디어 이론들의 도움을 받아 고찰해 보는 것이 적절할 것이다.

둘째, 본질적으로 신학적인 질문으로서 신학적 응답을 요구하는 것인데 기도하는 그 공동체를 교회 공동체로 만들어 주는 근본적인 것은 무엇이냐는 것이다. 혹은 더욱 단순하게 말하자면, 온라인에서 교회를 만드는 것은 무엇이냐는 질문이다. 나는 온라인 공동체 형성에 대한 새로운 미디어 성찰들과 함께 나의 탐구를 시작하고자 한다.

2. 온라인 공동체와 사회성의 확장

최초의 메일링 리스트, 게시판, 그리고 채팅룸이 만들어진 이래 미디어 이론가들은 온라인 공동체 형성과 관련된 질문들에 에너지를 쏟아 왔다. 온라인 공동체들이 실제의 것으로 여겨질 수 있는지, 그리고 어떻게 그렇게 여겨질 수 있는지에 관한 논쟁들은 수년 동안 상당히 변화해 왔는데 나날이 점점 더 세련되어 가는 사이버 공간에 함께 모이는 방식에 대해서 특히 그러했다.

온라인 그룹들을 '공동체'라고 간주할 수 있는 판단 기준이 무엇인가에 대한 학문적 주장들이 급증해 왔다. 온라인상의 종교 공동체들에 대한 견해와 함께 발전해 온 하나의 예(例)만 들어 보자면, 론 도슨(Lorne Dawson)

이 제안한 것으로 가상 공동체는 다음과 같은 판단 기준이 분명하게 드러나 보이는 정도에 따라 존재한다는 것이다.

그 판단 기준은 쌍방향성, 멤버십의 안정성, 정체성의 안정성, 네티즌십(인터넷 시민권), 그리고 사회적 통제, 개인적 관심의 표명들, 그리고 공공장소에서의 발생 등이다.[14] 이런 기준들은 온라인 공동체 형성에 관한 사고에는 유익하긴 하지만, 온라인상의 교회 공동체에 관한 생각에 대해 충분한 안내를 제공하는 것 같지는 않다.

스스로 맹세하고 실행에 참여하는 기독교인들과 기독교 신학자들에게 있어서, 결국 교회란 특별한 류(類)의 공동체인데 이는 하나님에 의해 유지되는 우주라는 비전과 관련된 주장에 그 뿌리를 둔 것이다.

가상 공동체를 실제 공동체로 확증하기 위한 일반적 판단 기준보다 더 유익한 것이 새로운 미디어 이론가들의 연구에서 비롯된 또 다른 통찰인데, 이는 온라인 공동체의 형성이라는 현상은 사회성의 더욱 넓은 문화적 변형이라는 콘텍스트 안에서 이해되어야 한다는 인식이다.

이 주장의 핵심은 사회적 관계들과 공동체 형성이란 것이 온라인에서뿐만 아니라 오프라인에서도 역시 심대한 변화를 겪어왔으며, 또한 이 변화들 가운데 많은 것은 디지털 통신 기술의 출현 이전에 이루어진 것이라는 인식이다.

따라서 디지털로 매개되는 소셜 네트워크의 급증은 상당한 동안 이미 오프라인과 온라인 모두에서 발생했던 더 큰 사회성의 변형들에 속한다는

---

[14] Lorne L. Dawson, "Do Virtual Religious Communities' Exist? Clarifying the Issues," in *Religious Communities on the Internet*, ed. Gorän Larson, Studies on Inter-Religious Relations, 29 (Uppsala: Swedish Science Press, 2006), 30-46; and "Religion and the Quest for Virtual Community," in *Digital Religion: Understanding Religious Practice in New Media Worlds*, ed. Heidi A. Campbell (New York, NY: Routledge, 2013), 75-89.

것이다. 이런 결정적 인식에 따라 미디어 이론가들은 최근 몇 년 동안 디지털 공동체 형성에 관한 이전의 해석들을 수정해 왔다.

특히, 온라인 종교 공동체에 관한 연구에 있어서 학자들은 온갖 의심들과 부정적 반응들로부터 사이버 공간에서 출현해 온 종교적 사회성을 해석해 주는 사소하지만 중요한 차이를 점점 더 고려하는 방식으로 옮겨갔다. 디지털 종교에 대한 많은 이론가는 오늘날 온라인상에는 실제로 종교 공동체가 형성되어 존재한다고 기본적으로 인정한다.[15]

디지털로 매개되는 커뮤니케이션의 세부 사항들은 실제로 온전한 진보는 아닐지라도 공동체적 개방성과 나눔을 지원해 줄 수 있다. 이 세부 사항 중에는 클릭 한 번으로 공유 공간에 들어갈 수 있을 만큼 문턱이 낮은 점, 더 넓은 범위의 대중들 참여, 공동체의 더욱 유연한 경계들, 위계 질서와 신분에 대한 전통적 표식들이 약해지는 점, 그리고 점증하는 익명성의 가능성 등이 있다.

이 중에서 마지막 사항 익명성은 공동체 안에서의 개인기도 실행을 특히 쉽게 해 줄 것으로 보인다. 성 보니파티우스인터넷교회의 지도신부들이 언급해 왔듯이 익명성은 놀라운 개방성을 촉진해 준다.[16] 특히, 실제로 지도신부들은 기도가 온라인에서 쉬워졌다고 주장한다.

---

[15] 예를 들어, 다음을 보라. Heidi Campbell, *Exploring Religious Community Online: We Are One in the Network*, Digital Formations 24 (New York, NY: Peter Lang, 2005). 그리고 그녀의 편집본인 *Digital Religion* (2013)도 보라.

[16] Gelhot, "Beten mit Bits und Bytes," 67. 또한 St. Bonifatius에 대한 Theresa Haas의 연구에서 이 특별한 특징에 대해 분석한 내용도 보라. "Virtuelle Transzendenz: Religiöse Vergegenwärtigungspraktiken am Beispiel der Online-Kirche St. Bonifatius," Universität Koblenz-Landau의 석사(M.A.) 논문 (2016), www.st-bonifatius-funcity.de/aktuelles/, 79-81, 106f.

중보기도를 위한 '게시판'에는 기존과는 다를 뿐만 아니라 예배의 관행도 따르지 않지만, 한 개인의 깊은 필요에서 비롯된 이 온라인 성소의 하나님과 다른 사람들 앞으로 가지고 나오는 기도들로 가득하다.

이런 기도들이 가능한 요인은 온라인 성소들이 제공하는 문턱이 오프라인 성소들이 제공하는 문턱보다 상당히 낮은 것으로 보이는 점이라 하겠다. 지도신부들이 말했듯이 "익명성의 보장은, 그것이 없었더라면 공개적으로 자신의 개인적인 기도를 드리려고 할 때 오히려 걱정으로 가득했을 그런 기도를 가능케 해 준다."[17]

3. 사이버 공간 예배: 공간적 근접성 없는 동시성

이 콘텍스트에서 오프라인교회들과 온라인 공동체들 사이에는 명확한 구분이 없다는 점을 기억하는 것이 중요하다. 비록, 성 보니파티우스인터넷교회의 지도신부들이 그들의 온라인 교구민의 다수가 지역의 교구들로부터, 혹은 교회 자체로부터 거리가 먼 곳의 사람들로서 놀라운 정도의 신앙심을 가지고 성 보니파티우스인터넷교회로 왔다고 말하고 있음에도 불구하고 그러하다.

대부분의 온라인 신앙 공동체들은 온라인상에만 존재하는 것이 아니며, 연구들이 보여 주듯이 예배하는 사람들의 대다수가 오프라인교회를 완전

---

[17] http://www.st-bonifatius-funcity.de/unser-angebot/bretter/. 유사한 결론에 도달했던, 온라인에 포스팅된 기도들에 관한 이전의 대규모 연구에 대해서는 Anna-Katharina Lienau, *Gebete im Internet: Eine praktisch-theologische Untersuchung*, Studien zur christlichen Publizistik 17 (Erlangen: Christliche Publizistik Verlag, 2009)를 보라.

히 떠나 온라인 성소로 오는 것도 아니고, 저들은 하나 이상의 영역에서 적극적으로 활동하고 있을 뿐이다.[18]

예배학자들에게 있어서, 특히 디지털 통신 기술들이 널리 사용되기 전에 이미 성년이 된, 그래서 디지털 이민자가 된 예배학자들에게 있어서, 예배하는 사람들이 직접 함께 출석하는 것에 기반을 두지 않는, 디지털로 매개되는 예배 모임의 형식들이 출현했다는 사실은 깜짝 놀랄 만한 발전이다.

기도와 예배를 위한 그런 모임들이 공간적 근접성보다는 먼 거리를 가로질러 시간을 공유하는 동시성에 근거를 두고 있다는 사실은 기존의 예배 연구를 향해 중요한 개념적 문제들을 제기한다. 만일, 직접 함께 참석하는 일이 더 이상 예배를 위해 모이는 일을 위한 기반이 되지 못하는 현실이라면 예배신학의 기본 좌표들은 이제 새로운 여행을 위하여 닻을 올린 듯 하다.[19]

오네에 따르면, 여기서 제기되는 결정적인 신학적 문제를 다른 말로 표현하면 기독교 예배의 주요 동력으로서의 인간 행동을 지나치게 강조한다는 점이다. 로마 가톨릭교회의 탁월한 비평가인 요셉 라칭거 추기경(Joseph Cardinal Ratzinger, 전 교황 베네딕도 16세, 역주)은 이런 강조가 예배에서의 하

---

[18] Tim Hutchings, "Real Virtual Community," 158f. 이 점은 2012년에 수행된 CARA 조사에서 나타난 결과와 부합하는데, 그 내용은 다음과 같다. "자신의 신분을 밝히는 성년 가톨릭 신자들이 정기적으로 가장 많이 방문하는 가톨릭 웹사이트는 그들의 교구 웹사이트이다. 현재 10명 중 1명(9%)이 한 달에 한 번, 혹은 그 이상을 방문한다고 응답한다. 이는 총 530만 명에 해당된다." (p.2). CARA 보고서는 다음의 사이트에서 볼 수 있다. www.usccb.org/about/communications/upload/Catholic_New_Media_Use_in_United_States_2012.pdf.
[19] Michael B. Aune, "Liturgy and Theology: Rethinking the Relationship, Part I." *Worship* 81 (2007), 47-50.

나님과 만남에 있어서 하나님의 주관이라는 최고의 개념을 약화시킨다고 주장한 적이 있다.

추기경 라칭거는 이 문제를, '자축'(autocelebration), 즉 '교회가 스스로 거행한다'는 용어로 표현했다.[20] 라칭거도 오네도 이 사실을 밝히지는 않았지만, '예배에서 우리가 하는 것'에 대해 강조하는 일은 눈에 보이는 회중에게 프리미엄을 주는 일이며, 직접 함께 출석하는 일과 공간적 근접성에 대해서도 프리미엄을 주는 일이다.

디지털로 매개되는 기도하는 공동체들의 출현과 함께 혼란에 내던져진 것은 바로 공의회 이후의 예배신학의 이와 같은 강조다. 이들 온라인 공동체들이 모이는 방식들은 공의회 이후에 확립된 이런 강조를 위협할 수밖에 없기 때문이다. 여기에 디지털 이전 세계에 근거를 둔 기존의 예배 분석 범주들이 새롭게 나타나는 공동체들을 다루기에는 그 능력에 한계가 있으며 따라서 명백한 문제가 발생한다는 사실이 더해진다.

그 명백한 문제란 공의회 이후의 예배 발전들에 대체로 호의적이었던 사람들과 그들의 비판자들도 온라인의 기도 공동체들을 그 어떤 심도 있는 신학으로도 다루지 못했다는 것이다. 기존의 범주들이 이런 신학적 도전에 적절치 못했다는 점을 고려할 때 다음과 같은 질문이 제기된다.

이것이 공간적 근접성, 혹은 예배하는 사람들의 공동 출석 없이 동시성 속에서 일어난다는 점을 고려할 때 디지털로 매개되는 예배 모임들을 적절하게 읽어낼 수 있는 해석적 접근법은 무엇인가?

---

[20] 라칭거 추기경이 이 개념을, 사제가 제단에서 기도할 때 동쪽을 향하는 문제와 연관 지은 점은 유명한데, 이에 대해서는 다음을 보라. Joseph Cardinal Ratzinger, *The Spirit of the Liturgy*, trans. John Saward (San Francisco, CA: Ignatius Press, 2000), 특히 74-84.

나는 다음과 같은 가능성을 강조하고자 한다.

① 우선 예배하는 사람들이 직접 함께 참석하는 일이 예배 공동체를 보장해 주지는 않는다는 점을 인정하는 것이 중요하다.
② 사람들의 몸이 예배에 출석해 있으나 마음은 모여든 회중 가운데가 아닌 다른 곳에 가 있을 수 있다.
③ 또 어떤 사람들은 예배가 아닌 다른 이유로 모여든 회중들 속에 있을 수도 있다.
④ 심지어 어떤 사람들은 뿌리 깊은 반감이나 소외감 속에서 예배에 직접 함께 참석할 때도 있다.

나아가 소셜 미디어 이론가인 네이선 유르겐슨(Nathan Jurgenson)이 말했듯이 공간적 근접성은 "중요성이 있는 유일한 근접성의 형식 …, 즉 인간들이 가까워질 수 있는 유일한 방식"이 아니다.[21]

유르겐슨은 그런 공동 출석이 "공간 안에서의 근접성에만 의존"할 때 공동 출석에 대해 병적으로 집착하게 된다고 비판하고 있다. 그는 그러한 병적 집착이 "스크린으로 매개되는 인간들이 가까워지는 많은 다른 순간들"의 가치를 떨어뜨린다고 주장한다.[22]

유르겐슨은 이렇게 "인간들이 가까워질 수 있는 다른 순간들" 가운데는 서로에게 주목하는 순간, 서로에게 공감하는 순간, 그리고 서로가 영향을 주

---

21 Nathan Jurgenson, "Fear of Screens," New Inquiry (January 25, 2016), http://thenewinquiry.com/essays/fear-of-screens/.
22 Jurgenson, "Fear of Screens."

고받는 순간이 포함된다고 말하는데, 이 순간들은 모두 먼 거리에서 경험될 수 있는 것들이다. 요컨대, 유르겐슨은 "얼굴을 맞대고"와 "실제 생활에서"라는 말은 "같은 공기를 숨 쉰다"라는 것 이상의 의미를 가진 표현이라고 주장한다.[23]

디지털과 실재에 대한 이해를 서로 다른 것이라기보다는 얽혀 있는 것으로 이해하는 태도를 견지하는 것으로 알려진 유르겐슨은 실제로 예배 전통 안에서 나온 통찰들과 공명하는 태도를 밝히고 있다. 예배 전통에 대해 20세기만 건너뛰고 그 이전을 뒤돌아보면 예배 공동체에 소속하는 형태가 직접 함께 참석하는 것에 얽매이지 않았다는 것을 즉각 알게 된다.

나는 순교자 유스티누스(Iustinus), 성 베드로 다미아노(St. Peter Damian), 그리고 아시시의 성녀 클레어(Sancta Clara Assisiensis) 등의 사례들을 통해 이전 장(章)에서 직접 함께 출석하는 것을 넘어서서 예배 공동체에 소속하는 것에 대한 이와 같은 개념들을 논한 바 있다. 직접 함께 출석하는 일을 넘어서는 교통에 관한 넓은 개념들을 보여 주는 보다 일상적인 예(例)는 성찬기도에서 '성도들과 교통'(communion)을 언급하는 대목 등에서 찾아볼 수 있다.

여기서도 역시 교회의 공동체성, 곧 성자들, 교황, 지역의 주교들과 함께 하는 교통은 공간적 근접성과 직접 함께 출석하는 일을 넘어 수행된다. 혹은 더욱 최근의 예(例)를 보자면, 교황청의 의료 관련 사회복지사가 2016년 성 금요일 저녁에 로마 거리를 걸으며 노숙인들을 심방 했던 이야기를 들 수 있다.

교황청이 발표했듯이 이날의 심방은 이 심방과 같은 시간에 행해진 "콜로세움에서 거행된 교황의 '십자가의 길'(*Via Crucis*)과 영적으로 연합된 십

---

[23] Jurgenson, "Fear of Screens."

자가의 특별한 길"로서 거행된 것이었다.²⁴ 교황청 의료 관련 사회복지사들은 프란치스코 교황으로부터의 온 작은 선물과 침낭들을 로마 거리의 노숙인들에게 나누어 주었다.

이 사례에서도 역시 직접 함께 참석하지 않고도 기도와 예배가 동시에 이루어졌다. 실제로 혹자는 교회의 보편성이라는 개념 자체가 공동체의 교통이 아니라 공간적 근접성에 근거한 것이라고 주장할 수도 있을 것이다.

이 점과 함께, 제2차 바티칸공의회 이후 모인 회중에 대해 과도하게 강조했던 점을 유념하게 되면, 디지털로 매개되는 예배 공동체들은 적어도 공간적 근접성을 넘어선 모임이라는 점에 있어서는 그다지 놀랍거나 신기하거나 터무니없는 것은 전혀 아니라고 말할 수 있을 것이다. 더욱이 디지털 통신 기술들의 발전, 특히 그중에서도 스마트폰을 이용한 지오로케이션(geo-location, 위치 정보 추적, 역주) 기능들의 발전은 '참석' 대(對) '결석'(부재)이라는 이분법을 넘어서, 혹은 그 이분법 사이에 공간에 대한 추가적 개념을 생성해 내었다.

가톨릭의 탁월한 사이버 이론가인 예수회 소속 안토니오 스파다로(Antonio Spadaro, SJ)는 예를 들어, 그의 책 『사이버신학』(Cybertheology)에서 "근접성에 관한 유동적인 버전"이라는 개념을 만들어 내었다.²⁵ 최근의 예배 실행들이, 모임에 관한 혼합된 형식들을 차용함으로써, 출석과 결석의 개념들을 의도적으로 흐리게 만들 때, 그 예배 실행들은 유동적인 접근성의 공간들에 거주하게 되는 것이다.

---

24   www.news.va/en/news/papal-almoner-conducts-via-crucis-to-help-homeless.
25   Antonio Spadaro, *Cybertheology: Thinking Christianity in the Era of the Internet,* trans. Maria Way (New York, NY: Fordham University Press, 2014), 34. 이 텍스트는 영어로 번역되는 과정에서 그 명료성이 사라졌다.

그 한 예(例)가 "최초의 가톨릭 페이스북 예배"라고 알려진 2012년 쾰른에서의 예배이다.[26] 이 예배를 만든 사람들은 당시 그 도시에 있던 한 작은 오프라인 예배소로 모이거나, 혹은 페이스북에 접속하도록 사람들을 초청하였는데 이렇게 함으로써 온라인과 오프라인이 혼합된 예배 공동체가 창출된 것이었다.

페이스북을 통해 참여한 예배하는 사람들은 그 작은 예배소로부터 실시간으로 중계되는 예배[말씀의 예배]를 팔로우하면서 채팅을 통해 중보기도에 참여하거나 혹은 설교에 대한 성찰을 포스팅하는 등 능동적으로 참여할 수 있었다.

마지막으로, 다른 모든 것들 못지않게 중요한 것 한 가지를 언급하자면, 만약 모인 예배회중에 대한 제2차 바티칸공의회 이후의 과도한 강조가, 디지털 공동체 형성에 대한 염려들을 최소한 부분적으로라도 부추기는 것이 사실이라면, 이제는 예배 전통 안에서 어떤 다른 대안적 강조들이, 디지털로 매개되는 기도와 예배 실행들에 대한 신학적 성찰에 유익한 자원을 제공할 수 있을지를 물어야 할 것이다.

원천(전통)으로 돌아가 찾을 수 있는 다른 대안적 이해의 하나는, 각각의 예배 회중이란 광대하고, 심지어 우주적인 예배의 비전 안에 자신들의 자리를 갖게 된다는, 예배에 대한 한 이해이다. 이브 콩가(Yves Congar)는 1966년 발표한 기획 논문 제목에서 다음과 같이 언급하였다.

---

[26] Christoph Meurer, "Der Heilige Geist weht auch im Internet." *Domradio.de*, March 31, 2012, www.domradio.de/nachrichten/2012-03-31/erster-katholischer-face-book-gottesdienst.

교회(*Ecclesia*) 공동체, 혹은 기독교 공동체가 하나의 전체로서 예배를 거행한다.[27]

이와 같은 예배의 비전에 근거해서 보자면, 직접 함께 출석하는 일과 근접성은 분명 그 교회 공동체가 진정한 것인지를 결정하는 요인이 될 수 없다. 오히려 기도하는 교회, 즉 '에클레시아 오란스'(*ecclesia orans*)가 신자들의 각각의 모임들과 '성자들의 총연합'(the entire communion of saints) 둘 다에 관한 것이라면, 모든 예배는 각각 모인 회중을 더 큰 전체 속에 새겨 넣는 것이어야 한다. 그리고 이런 더 큰 전체는 항상 시간과 공간을 초월한다.

눈에 보이고 한 자리에 모인 실제의 공동체 자체가, 이 고귀한 비전에 대한 반론으로 너무나 쉽게 사용될 수 있다는 점은, 더 이상 비밀도 아니다. C.S. 루이스(C.S. Lewis)는 그의 책 『스크루테이프의 편지』(*Screwtape Letters*)에 나오는 기억할 만한 구절에서 이 점을 묘사하였다. 루이스는 선배 악마인 스크루테이프의 입을 통해 다음과 같은 말들로 후배 악마인 웜우드에게 최근에 개종한 사람(환자)을 유혹하여 그가 새롭게 발견한 기독교 신앙으로부터 그를 떼어놓는 방법에 대해 충고하고 있다. 스크루테이프는 웜우드에게 다음과 같이 썼다.

현재로서는 우리의 가장 큰 동맹군 중 하나가 바로 교회일세. 내 말을 오해하지는 말게. 나는 우리가 그동안 보아왔던 대로, 모든 시대와 공간으로 퍼

---

[27] Yves Congar, "The Ecclesia or Christian Community as a Whole Celebrates the Liturgy," now available in *At the Heart of Christian Worship: Liturgical Essays of Yves Congar*, trans and ed. Paul Philibert (Collegeville, MN: Liturgical Press, 2010), 15-67.

져서 영원에 그 뿌리를 두고 군기를 높이 쳐든 군대만큼이나 무시무시한 그런 교회를 말하는 것은 아닐세.

그런 교회는 내가 고백하건대 우리 중 가장 대담한 유혹자조차도 불안하게 만드는 대단한 모습이지. 그러나 다행히 이런 모습은 인간들에게는 잘 보이지는 않는다네. 자네의 환자가 보는 것이라곤 새로운 부지에 높이 솟은 반쯤만 완공된 가짜 고딕 구조물이라네.

그가 교회 안으로 들어가면 동네 식료품 주인이 얼굴에는 기름기 가득한 표정을 지으며 두 사람 모두 이해하지 못하는 예배순서가 담긴 작고 반짝이는 작은 책 한 권과 타락한 텍스트인 종교적인 시(대부분은 나쁜 시편이지만) 여러 편이 들어있는 작은 글씨로 인쇄된 낡아빠진 작은 책 한 권을 건네려고 부산을 떠는 모습을 보게 될 걸세.

회중석으로 가서 주위를 둘러보면 하필이면 이제까지는 피해왔던 이웃들을 뽑아서 모아놓은 것 같은 모습을 보게 될 걸세. … 그의 마음을 "그리스도의 몸" 같은 표현과 옆자리에 앉아있는 실제 얼굴들 사이를 왔다 갔다 하게끔 하게나.[28]

교회에 대한 루이스의 이런 표현, 즉 "모든 시대와 공간으로 퍼져서 영원에 그 뿌리를 두고 군기를 높이 쳐든 군대만큼이나 무시무시한"이라는 교회에 대한 표현은 '신전(神戰)교회'(*ecclesia militans*, 전투하는 교회, 역주)와 같은 옛 이미지를 불러일으킨다. 이를 통해 루이스는 교회란 인간이 만들어 낸 것이 아니라고 주장하고 있는데, 이는 지금의 우려들과 관련하여 더

---

[28] C.S. Lewis, *The Screwtape Letters* (Glasgow: Collins, 1977), 12–13. 이 책은 1942년에 처음으로 출판되었다.

욱 중요한 관점이다.

  교회는 인간들이 한 장소에 직접 함께 출석하는 일로 만들어지는 것 또한 아니다. 교회를 '만드는' 이는 궁극적으로 성령의 힘 안에서 그렇게 하시는 하나님이다. 따라서 바로 그 하나님이 예배를 구성하는 일차적 동력이다. 물론, 신학적으로 새로운 소식이 아니라 교회론적 기초일 뿐이다. 그러나 우리가 이 확신들과 오늘날의 현실이 대화할 수 있도록 허락만 해 준다면, 이러한 근본적 확신들은 디지털 시대에도 놀랍게 잘 들어맞을 것이다.

4. 시각적 증거: 공간적 근접성을 넘어서는 영적 교감

  이전 장(章)에서 나는 예배 출석과 참여에 관한 넓은 개념들을 위한 증거로서 과거로부터 들려오는 많은 목소리를 강조한 바 있다. 이 목소리들 대부분은 이 장(章)에서 다루게 될 무엇이 예배 공동체를 구성하느냐는 문제에도 해당한다. 이는 어느 주일 회중 모임에 출석하지 못한 사람들에게 부제가 성찬을 가져다주었다는 순교자 유스티누스의 주장에도 물론 해당한다.

  이 공동체에서는 교회에 소속되는 일과 성찬 나눔에 참여하는 일이 직접 함께 출석하는 일에 분명코 근거하지 않았다. 한 사람의 은둔자뿐만 아니라 전(全) 교회가 성령으로 묶여서 그 은둔자의 독방에서 거행되는 예배도 전 교회 예배에 출석하는 것이라는 다미아노의 주장 역시 같은 의미다.

  중세의 여성 신비가인 아시시의 클레어 또한 교회의 교제와 신비한 성찬 나눔을 특정한 공간적 좌표를 넘어서는 환상으로 경험한 것에 대한 또 하나의 증인이다.

오프라인 출석을 넘어서는 교회의 교제에 대한 텍스트적 증인들을 추가로 강조하기보다는 나는 여기서 두 개의 시각적 증거들을 돌아보고자 하는데, 이 두 가지 모두는 예배라는 콘텍스트에서 가지고 온 것이다.

첫째, 14세기 피렌체에서 온 제단 장식이다.
둘째, 캘리포니아주 LA에 새로 건축되는 '천사들의모후대성당'(Cathedral of Our Lady of the Angels)에 걸린 태피스트리(Tapestries, 직조기에 손으로 짠 직물 예술의 한 형태입니다, 역주) 작품이다.

두 가지 증거 모두 나름의 예술적 방식으로 시간과 장소를 가로지르면서 예배를 통한 교통이라는 다분히 복잡한 개념들에 말을 걸어온다. 이 중에 특히 최근의 작품은 디지털로 매개되는 형식들을 포함하고 있다.

1) 치아리토 타버나클

첫 번째 증거인 '치아리토 타버나클'(Chiarito Tabernacle, 1340년 이탈리아에서 제작된 제단 장식용 그림)이라고 알려진 제단 장식물은 1340년대 피렌체에서 치아리토 델 보글리아(Chiarito del Voglia)가 의뢰하여 파치노 디 부오나귀다(Pacino di Bonaguida)가 제작한 것이다.[29]

---

[29] 이 이미지는 이제 J. Paul Getty Museum in Los Angeles, CA.에 속해 있고, 다음의 사이트에서도 볼 수 있으며, 또한 내려받을 수도 있다. www.getty.edu/art/collection/objects/773/pacino-di-bonaguida-the-chiarito-tabernacle-italian-1340s/.

결혼한 부자 평신도였던 치아리토는 강력한 환상과 치유를 경험한 후 수도원 여성들에게 자신의 삶을 의탁했다. 그가 제작 의뢰한 제단 장식물은 아마도 그 수도원의 예배당 장식을 위한 것이었으리라.

그 장식물의 가운데에 있는 판들의 주요 주제는 시간과 공간을 가로질러 성찬에 임재하시는 그리스도이고, 아래쪽 판에는 성찬식에 대한 치아리토의 환상들이 표현되어 있다. 가운데 있는 판들은 그 성찬의 주제를 대단히 특이한 방식으로 표현하고 있다.

위쪽의 더 큰 판은 이 제단 장식물의 중심인데 장신(長身)의 부활하신 그리스도가 그 배꼽으로부터 황금빛 광선을 비추는 모습이 조각된 금으로 도금된 부조(浮彫)다. 열두 개의 이 광선은 그리스도를 둘러싸고 그분을 향해 손을 들어 뻗치고 있는 사도들의 입속으로 직접 들어가고 있다.

열세 번째의 광선은 바로 중앙에 있는데 위쪽 판의 경계를 넘어 아래쪽 판의 중앙부로 연결된다. 아래쪽 판들은 템페라 물감으로 칠해져 있어서 열세 번째 황금빛 광선은 어두운 배경을 가로질러 움직이면서 특히, 눈에 띄게 된다. 아래쪽 판들은 치아리토의 성찬식에 대한 환상들과 경험들을 묘사하고 있다.

왼쪽 판에서는 치아리토가 그것으로부터 '밀의 광선'(race of wheat)들이 나오는 성체를 높이 들고 있는 사제 뒤에 무릎을 꿇고 있다. 오른쪽 판에서는 치아리토가 역시 무릎을 꿇고 있는데 한 사제가 성체를 높이 들고 있고 그 성체로부터 아주 작은 십자가에 달리신 그리스도가 치아리토를 향하여 내려오고 있다.

중앙에 있는 판은 사제의 손에서 성체를 받는 치아리토를 묘사하고 있다. 위에 있는 그리스도의 몸에서 나오는 열세 번째의 황금빛 광선이 내려

와서 가닿는 곳이 이 제단 장식물 전체의 바로 한 가운데인 이 성체다.

미술사학자들은 이 광선들이 피스툴라라고 불리기도 했던 예배에서 성찬 포도주를 받아 마실 때 사용하던 빨대를 표현한 것이라고 설명한 적이 있다. 이 학자들은 가운데에 있는 판이 사도들의 성찬을 표현한 것이라고 해석한다.

사도들의 성찬에 해당하는 시각적 요소들은 분명 중앙의 판에 나타나 있지만, 조각되어 금으로 도금된 석고와 허공에 있는 부활한 그리스도와 그분께로 손을 뻗치고 있는 사도들의 모습은 사도들의 성찬을 표현한 다른 작품들보다 훨씬 더 환상적인 느낌을 준다. 치아리토 타버나클은 그 가운데 판에 새겨진 묘사가 환상이라는 점을 부가적 방식들로 제시한다.

그 판은 주변의 평면적이고 이차원적인 이미지들과는 눈에 띄게 다르다. 왜냐하면, 금으로 도금된 높은 석고 부조가 그리스도와 열두 사도에게 3차원의 입체성을 부여하기 때문이다. 이와 같은 3차원의 입체적 이미지들은 중세의 사람들에게는 "단순한 그림보다는 훨씬 더 높은 실재성"을 부여해 주는 것이었다.[30]

이 부조는 그 황금색 때문에 다른 판들보다 두드러지게 보인다. 흥미롭게도 금으로 도금된 이 중앙의 판은 닳아버린 상태인데, 아마도 그 판이 지녔던 강화된 사실성 때문에 예배하는 이들에게 그 부조를 만져보도록 초청했을 가능성이 제기된다.[31]

---

[30] Jeffrey F Hamburger, "Seeing and Believing: The Suspicion of Sight and the Authentication of Vision in Late Medieval Art and Devotion," in *Imagination und Wirklichkeit: Zum Verhältnis von mentalen und realen Bildern in der Kunst der frühen Neuzeit*, ed. Klaus Krüger and Alessandro Nova (Mainz: Philipp von Zabern, 2000), 47-69, 여기서는 p. 53을 보라.

[31] Christopher R. Lakey는 그의 글 "The Curious Case of the *Chiarito Tabernacle*: A New Interpretation," *Getty Research Journal* 4 (2012), 13-30, 특히 p. 22f에서 이 가능성을 제기

부가된 감각적 측면은 제작자인 파치노가 이 제단 장식물을 특별한 시선(視線) 즉 예배하는 자들이 무릎을 꿇고 위에 계신 그리스도를 바라보는 그 시선으로 볼 수 있도록 제작했을 가능성에 무게를 실어준다.[32]

그 위치에서 보면 조각되어 금으로 도금된 그리스도와 열두 사도가 그쪽을 바라보는 사람 쪽으로 돌출되어 일어서서 볼 때보다 더욱 확연하게 그 모습이 드러난다. 따라서 "무형의 것이 여기서는 더욱 유형의 것으로 강조된다."[33] 그리하여 실제로 너무나 사실적이라서 무릎을 꿇고 예배하는 이들은 그 부조에 가까이 다가가 만지고 싶은 유혹을 받았던 것이 당연하다고 하겠다.

치아리토 타버나클의 감각적 시각성(visuality), 즉, 사회적으로 구성된 보는 방식은, 이는 14세기 피렌체에서의 경우인데, 보는 이를 예배로 초청하였을 뿐만 아니라 나아가 사도들과 행한 그리스도의 최후의 만찬, 부활하신 주님의 임재, 성찬식 환상, 그리고 '실제 시간에서' 성체를 받는 것 등이 모두 혼합된 시간성의 융합으로 초청하였다.

이 제단 장식물이 가리키고 있는 성찬을 받는 "실제의 시간"이란 치아리토 자신이 성체를 받았던 시간뿐만 아니라 이 제단 장식물이 놓인 수도원에서 거행되었던 모든 미사에서 성체를 받았던 시간을 의미한다. 예배하는 사람들에게 있어서 이 제단 장식물의 시각적 중요성은 그 수도원 여성들 자신이 모든 미사 때마다 성체를 받지는 않았을 것이라는 사실로 인해 더욱 강화된다. 이는 성체를 직접 받는 것보다는 영적으로 받는 것이 당시의 일반적 표준이었기 때문이다.

하고 있다.

[32] 나는 여기서 Lakey의 견해를 따른다. "Curious Case of the *Chiarito Tabernacle*," 22-25.
[33] Lakey가 적합한 설명을 하고 있다. "Curious Case of the Chiarito Tabernacle," 24.

교회 공동체에 관한 현대의 디지털로 매개된 표현들과 관련하여 왜 이 중세의 제단 장식물을 숙고해야 하는가?

그 한 가지 이유는 치아리토 타버나클이 시간들과 장소들(1세기, 치아리토의 종교적 경험들, 그리고 수도원의 예배 생활 등)의 경계뿐만 아니라, 예배하는 몸들, 즉 그리스도의 몸과 몸들, 치아리토와 이 제단 장식물이 설치된 예배당에서 무릎 꿇고 예배하던 그 수도원의 여성들 사이의 경계마저 흐릿하게 하는 멀티미디어적이고 쌍방향적인 예배 장소를 대표하기 때문이다.

이처럼 멀티미디어적이며 시간과 장소를 전환해 주는 예배의 세계로 들어가는 것이 디지털로 매개되는 거룩한 장소에서 일어나는 일과 그렇게 다른 것일까?

혹은 치아리토 타버나클은 역사적으로는 항상 다르지만, 교회의 공동체성을 구성하는 것이 우리 시대에서 그랬던 것만큼 직접 함께 출석하는 모여든 공동체에 의존하지는 않는 그런 시대에 대한 증거일까?

현대의 시각적 증거 또한 같은 점을 말해 주는데, 이제부터 이에 대해 살펴보겠다.

2) LA 대성당에 걸려 있는 태피스트리 작품 "성도들의 교통"(The Communion of Saints)

캘리포니아주 LA의 '천사들의모후대성당'(Cathedral of Our Lady of the Angels)은 2002년에 봉헌되었다. 할리우드 프리웨이(Hollywood Freeway)에 우뚝 서 있는 대성당은 건축학적으로 복잡하며 명백하게 현대적인 성소다. 그러나 내부 회중석의 중앙에는 '낡은 프레스코' 느낌이 나는 그리고 오래된, 25

장으로 된, 큰 규모의 태피스트리들이 걸려 있다.

아티스트 존 나바(John Nava)기 디자인한 이 작품의 주제는 성도들의 교통(通公)이다.³⁴ 실물보다 큰 100명의 성인과 복자(福者)들이 교회사의 전 시기로부터, 그리고 각 인생의 행보로부터, 그리고 지구의 모든 모퉁이로부터 와서 여러 가지 자세로 기도하며 예배드리는 모습으로 벽을 따라 서 있다. 그들은 모두 대성당 예배에 출석하는 이들이 그러하듯이 중앙 계단을 향하고 있다. 이 태피스트리의 성인과 복자들은 시간과 대륙을 가로질러 서로 엉켜있다. 19세기 우간다의 순교자인 찰스 롱가(Charles Lwanga)가 성 베드로 옆에 서 있다. 성녀 모니카(St. Monica)는 성녀 클레어 옆에 있다. 아빌라의 성녀 테레사(St. Teresa)는 투르의 성자 마틴(St. Martin of Tours)과 20세기 중반 크로아티아의 한 대주교 사이에 서 있다. 그리고 16세기 일본의 순교자인 폴 미키(Paul Miki)는 리지외의 성녀 테레사(St. Therese de Lisieux) 옆에 서 있다.³⁵

---

34 이에 따르는 상세한 내용은 "Cathedral of Our Lady of the Angels"의 유익한 웹사이트를 보라. www.olacathedral.org/. 여기서는 태피스트리 작품 전체를 볼 수 있다.
35 성도들의 교통을 위한 대표적인 인물들의 선정은 어느 것도 완벽하지 못하다. 크로아티아의 대주교가 아빌리아의 성녀 테레사 옆에 서 있는데, 알로이시우스 스테피나츠(Aloysius Stepinac)는 1937년부터 1960년 그가 죽을 때까지 자그레브의 대주교였다. 교황 요한 바오로 2세(John Paul II)는 열렬한 반공주의자였던 이 대주교를 축성하였는데 그는 공산 치하의 유고슬라비아에서 여러 해 동안 투옥되고 가택 연금을 당한 바 있다. 그러나 세계 제2차대전 당시에 그 대주교가 행했던 일들 특히, 나치에 협력했던 우스타샤(Ustaše) 정권과의 유착으로 인해 비판이 제기되었고, 프란치스코(Francis) 교황은 2015년 그 대주교를 위한 시성식을 중단시켰다. 태피스트리에서 빠진 중요한 성인들을 추천하라고 한다면 나는 교회학박사(Doctor of the Church)이며, 본명은 에디트 슈타인(Edith Stein)인 빙엔의 성녀 힐데가르드를 제시할 것이다. 어쩌면 언젠가는 증강 현실 안경(augmented reality glasses)을 통해 예배하는 사람들이 최초의 태피스트리 작품에는 등장하지 않았던 중요한 성인들이 이 작품 속에 포함된 모습을 보게 될지도 모르겠다.

이렇듯 이름만으로도 알 수 있는 거룩한 사람들 한가운데 누군지 알 수 없는 십여 명의 인물들이 서 있는데 그 가운데는 갓난아기를 팔에 안고 있는 여성과 나이와 인종이 다양한 아이들이 있고 그중 한 아이는 운동화를 신고 서 있다.

치아리토 타버나클에 나타나는 열세 개의 광선과 유사한 방식으로, 이들 동시대의 신분을 알 수 없는 사람들은 작품 속에 (재) 표현된 현존과 실생활에서 예배를 위해 모여든 실제 공동체의 현존 사이의 경계를 흐릿하게 만들어 준다. 기도하기 위해 모인 공동체의 콘텍스트에서 그 이미지들은 그들을 에워싸는 듯한 분위기를 연출하면서 "증강된" 예배 현실이라고 불릴 수 있는, 육안으로는 보이지 않는 그 무엇을 열어 주게 된다.

성도들의 교통이라는 대성당 태피스트리의 주제는 오랜 것일지 모르나 태피스트리의 제작 자체는 현대의 기술과 디지털 기술에 의존한 것이다. 성인들을 표현하기 위해 존 나바는 디지털화에 의존하였고 어떤 경우, 예를 들어 교황 요한 23세와 마더 테레사의 경우는 사진 증거를 사용하기도 하였다. 나아가 나바는 자신의 모든 디자인을 디지털로 짤 수 있는 파일로 만들었다.

이런 파일들이 벨기에에 있는 '플랜더스 태피스트리 사(社)'(Flanders Tapestries)로 전송되어 이곳에서 실제 태피스트리로 제작되었다. 각 태피스트리의 배경으로 사용된 돌 문양은 1세기의 유적지인 예루살렘의 비아 돌로로사(*Via Dolorosa*) 발굴 현장에서 스캔하여 제작한 것이다. 그 결과 태피스트리의 배경에서 '낡은 프레스코' 느낌이 날 수 있었다.

이 모든 일은 세련된 디지털 기술 없이는 불가능했을 것이다. 달리 말하자면, 성도들의 교통이라는 오래된 비전이 디지털 기술을 통해 대성당의 회중석에 모여 있는 현대의 예배하는 이들에게 나타난 것이라 하겠다.

그러나 디지털 기술로 형성된 것은 회중석뿐만이 아니다. 예배하는 이들에게는 잘 눈에 띄지 않지만, 신학적으로는 심오한 뜻을 지니는 것이 대성당의 큰 제단 뒤에 있는 태피스트리들의 세부 묘사이다. 회중석에 있는 태피스트리들에 그려져 있는 모든 성인과 복자들이 이쪽을 향하고 있다.

전체적으로 황금색을 띠고 있는 제단의 태피스트리들에는 오늘날의 도시인 LA 거리의 지도가 원형으로 짜 넣어져 있다. 여기에 요한계시록에 나오는 새 예루살렘의 비전에서 인용한 성서 본문이 짜 넣어져 있다(계 21:3).

> 보아라, 하나님의 집이 사람들 가운데 있다. 하나님이 그들과 함께 계실 것이요 그들은 하나님의 백성이 될 것이다. 하나님이 친히 그들과 함께 계실 것이다.[36]

오프라인 성소에서 예배로 모인 전(全) 교회에 대해서 이보다 신학적으로 더 적합하고, 이보다 예술적으로 더 표현적이며 이보다 디지털로 세련되게 표현된 것을 생각하기는 어렵다. 그러나 '천사들의모후대성당'에 있는 이 공간은, 디지털로 매개되는 교회적 교통의 형식들이란, 마치 오프라인 성소들로부터 분명하게 분리된 완전히 별개의 영역이라는 지나치게 단순화시킨 그 어떤 개념도 사뭇 복잡하게 만들어 준다..

이 현대적 성당에는 시간과 공간을 가로질러 디지털로 표현된 교회의 교통, 하나님의 임재라는 비전들, 그리고 오프라인교회당 건물이 그저 얽혀 있기 때문이다.

---

36 이 영어 텍스트는 성당의 웹사이트 www.olacathedral.org/.에서 인용한 것임.

5. 무엇이 교회를 만드는가?

무엇이 어떻게 예배 공동체를 구성하는가에 대한 폭넓은 개념들의 시각적 증거들 두 가지, 즉 전(全) 시대에 걸친, 그리고 디지털과 비(非)디지털 영역을 가로지르는 시각적 증거들 두 가지에 관한 이야기는 여기서 그치기로 한다. 그러나 교회의 공동체성에 대한 해석은 시간과 공간에 따라서 달라진다. 뿐만 아니라 이 해석은 서로 다른 그리스도교파 사이에서, 저들의 신학적 신념들에 따라 달라질 수 있다..

오순절교회의 신학자는 은둔자가 그 독방에서 홀로 거행하는 미사에 대한 다미아노의 해석과 설명에 대해 설득력이 있다고 반드시 생각하지는 않을 것이다.[37] 칼빈주의자는 중세 신비주의자들이 보았던 성찬식 환상들을 신학적으로 구성할 만한 증거라고 인정하지 않을 수도 있다.

이 다양한 입장들에 숨어 있는 핵심 논점은 '교회임을 알려 주는 어떤 표식들'이, 다시 말해 어떤 판단 기준들이 스스로 "교회"라고 주장하는 하나의 신앙 공동체를 다른 공동체들과 구분할 수 있게 해 주는가 하는 점이다. 계속되어 온 이런 신학적 논쟁은 디지털로 매개되는 기독교 공동체들에 대한 논의에서도 더 쉬워지지는 않는다.

---

[37] 모든 가톨릭 신자들이 그렇게 하는 것은 아니다. 가톨릭 전통은 "사제 홀로 거행하는 미사"(misa solitaria)의 적절성에 대한 계속되는 논쟁으로 점철되어 있다. 더 자세한 정보는 다음 최근의 블로그상 논의를 보라. www.praytellblog.com/index.php/2016/06/26/can-a-priestcelebrate-mass-alone-voices-from-antiquity-and-the-middle-ages/. 최초의 포스팅은 다음의 웹사이트에서 독일어로 출간되었다. http://populocongregato.over-blog.com/2016/02/kann-einpriester-die-messe-alleine-feiern-stimmen-aus-dem-mittelalter.html.

신학자 자나 베넷(Jana Bennett)은 "인터넷교회가 존재할 수 있는가?"라고 묻는 것은 질문 자체가 틀렸다고 주장한다.[38]

교회 공동체가 온라인으로 존재할 수 있는가에 관해 논의하는 것을 포기해야 한다고 주장한 점에서 베넷은 옳다. 온라인교회 공동체가 이미 거기 존재한다는 사실을 모든 지표들이 가르쳐 주기 때문이다.

또한, 하나의 특정한 공동체가 C. S. 루이스(C.S.Lewis)가 말한 대로 "모든 시대와 공간으로 퍼져서 영원에 그 뿌리를 둔" 교회라는 개념에 속하는지에 대한 질문은 그 공동체가 오프라인에 살고 있는지, 온라인에 살고 있는지, 혹은 일종의 혼합 상태로 살고 있는지를 묻는 말에만 제한될 수 없다.

그러나 베넷은 신학자들을 향하여 "우리 기독교인들도 온라인에 있다는 점을 고려할 때 우리는 어떤 사람들이 되어야 하는가?"

또한, "우리는 온라인상에서 어떻게 그리스도께 신실할 것인가?"를 물어야 한다고 초청한다.[39]

그 답은 쉽게 얻어지지 않는다. 베넷은 기독교 공동체들이 오프라인에서 2000년 동안 무엇을 해 왔는지를 비추어 보면 그 질문에 대한 답을 분별해 낼 수 있다고 주장한다. 물론, 이는 적어도 신학에 대한 가톨릭의 비전 안에서는 옳은 말이다.

하지만, 그레이엄 워드(Graham Ward)가 새로운 미디어를 다루려고 노력하는 신학자들에게 던진 다음과 같은 경고는 매우 중요한 통고(通告)로 받아야 할 것이다.

---

[38] Jana Marguerite Bennett, *Aquinas on the Web? Doing Theology in an Internet Age* (New York, NY: T&T Clark, 2012), 113.
[39] Bennett, *Aquinas on the Web*, 115.

기독교 신학자들은 '사람들,' '공동체들,' '관계들,' 그리고 '마땅함'과 같은 도덕적 실체(moral entity)들을 향수에 젖은 태도로 언급해서는 안 된다. 이런 것들이 역사도 없이 계보도 없이 존재하는 안정적인 개념이라도 되는 듯이 그렇게 언급해서는 안 된다.[40]

베넷 자신은 2000년 동안 지속한 기독교인 공동체들의 매우 번잡한 역사에서 찾을 수 있는 도움이 될 만한 일련의 판단 기준들을 제공하지 않고 있다. 중요한 점은 온라인과 오프라인에서 "우리는 어떤 사람들이 되어야 하는가?"라는 그녀의 질문이 제2차 바티칸공의회 이후의 예배신학이 "우리가 하는" 일에 과도한 강조를 했었던 점을 비난한 일부 비평가들의 비판에 초점을 맞춘 것으로 보인다는 것이다.

인터넷에 기초한 기독교인 공동체들의 교회적 본질에 관한 구성적 논의는 대안적 계통을 따라 전개되어야 할 것이다. 나는 그러한 논의들은 한 공동체를 "교회"로 만들어 주는 것의 신학적 핵심은 무엇인지에 그 뿌리를 두어야 한다고 제안한다. 이 질문에 대한 많은–특히 서로 다른 교회 전통들로부터 나오는 다양한–답들에도 불구하고 스스로가 교회라는 공동체의 주장은 하나님의 주권에 대한 저들의 응답에 근거해야 할 것이다.

여기서 하나님의 주권이란 만인의 구원을 위한 성사인 그리스도의 몸 안에서의 일치에로의 하나님의 부르심을 말한다(제2차 바티칸공의회 교회 헌장 "인류의 빛" 1항 참조).

---

[40] Graham Ward, "Between Virtue and Virtuality," *Theology Today* 59 (2002), 55-69. 여기서는 p.56을 보라.

안토니오 스파라도(Antonio Sparado)가 "신비로운 몸, 그리고 연결하는 (connective) 몸"에 관한 그의 성찰에서 말했듯이 "교회의 교제는 근본적으로 싱링의 선물이다."[41] 따라서 교회의 교제는 신자들이 직접 함께 출석하는 것에만, 혹은 그것에만 주로 속박될 수 없다.

이는 내가 이번 장(章)에서 보여 주고자 하는 내용이기도 하다. "교회"로서의 인터넷에 기초한 공동체들을 무시하는 태도에는 여러 가지 이유가 있을 수 있으나 신자들 사이의 공간적 근접성이 빠져 있다는 점이 그 이유 중 하나는 아니다.

교회의 교제는 하나님에 의해 유지된다는 본질과 이 점이 온라인 예배 실행에 신학적으로 어떤 의미가 있는지는 제6장에서 계속 탐구해 볼 것이다. 그러나 지금은 디지털로 매개되는 기도 및 예배 실행들이라는 콘텍스트 안에서 주의를 필요로 하는 온라인 공동체 형성의 한 특정한 측면 곧 예배의 권위라는 질문으로 들어가 보고자 한다.

6. 사이버 공간에서의 권위

크게 변화해 왔고 그중 일부는 디지털 통신 기술의 결과로서 그렇게 변화된, 공동체 형성의 한 요소가 권위의 행사다. 이는 특히, 예배의 권위에 있어서 그러하다.

제2차 바티칸공의회 전례헌장이 다소 빈약하기는 하지만, 교회 안에서 예배의 권위를 행사하는 범위를 넓혀주었다는 점에서 50년 전에는 칭찬

---

[41] Spadaro, *Cybertheology*, 42.

을 받을 만했지만 이런 정도의 범위 확대는 디지털로 매개되는 사회적 공간 안에서는 예배의 권위의 전통적 형식들이 전례 없이 평준화되고 있다는 점에 비추어 볼 때 그 빛을 잃고 만다.

디지털로 매개되는 사회적 공간은 본질적으로 민주적이라는 무비판적 찬사가 부적절하다고 하더라도 최소한 전통적인 전문성과 권위는 분명 재(再)형성되고 있다. 이 점은 온라인과 오프라인 영역 모두에서 그렇지만, 이런 발전이 지니는 상호 연결된 두 가지 특징들은 디지털 기술과 밀접한 연관이 있다.

> **첫째**, "디지털 매개가 전통적인 텍스트와 지도자들의 권위를 감소시킨다"라는 것이다. 이렇듯 전통적인 권위가 평준화되는 것은 디지털로 매개되는 사회적 공간의 두 번째 특성과 직접 연결된다.
>
> **둘째**, 미디어 콘텐츠를 만들고 유포하고 사용하며 재(再)사용할 수 있는 접근성이 넓어졌다는 점이다.[42]

이런 확장은 매우 오래된, 그리고 오늘날에는 세계화된 위계적 구조들 안에서 신앙 생활을 해 왔던 사람들에게는 신기한 것으로서 로마 가톨릭 교회가 가장 적절한 예라고 할 수 있다.

이런 온라인 현실은 네트워크화된 사회에서의 권위의 경험 안에서 일어나는 더욱 넓은 문화적 변화들과 연결되어 있다. 미디어 이론가인 하이디

---

[42] Esther McIntosh, "'Belonging without Believing': Community as Church in an Age of Digital Media," *International Journal of Public Theology* 9.2 (2015), 131-155, 여기서는 p.137을 보라.

캠벨(Heidi Campbell)과 폴 튜스너(Paul Teusner)는 다음과 같이 말한 바 있다.

> 인터넷이 발전하기 이전에도 사람들의 삶의 방식은 점점 더 유동적으로 되어가고 있었고 또한 스스로가 개(個)교회나 교파의 일원이라는 생각이 이전보다 약화하는 경향이 있었다. 그들의 종교적 정체성은 그들이 텔레커뮤니케이션 기술을 통해 알게 된 친구나 지인들로 이루어진 개인화된 네트워크에 점점 더 묶이게 되었다.[43]

그렇기는 하지만, 캠벨과 튜스너는 공동체에 대한 기존의 위계적 이해의 폭을 넓혀줌을 통해, 또한 철저한 검토를 광범위하게 실행함을 통해, 나아가 반대 의견을 허용함을 통해, 그리고 종교적 권위의 통제로부터 자유로운 공동의 종교적 공간들을 창출해 냄을 통해, 인터넷이 종교적 권위의 변화에 이바지하는 특정한 방식들을 밝혀내고 있다.[44]

이러한 더 큰 경향의 주요한 부분으로 예배 전문 지식과 권위를 가진 목소리들이 디지털로 매개되는 사회적 공간에서 점점 더 커져 왔다. 그것이 디지털 도메인에서 예배에 관한 문제들에 대한 전문적인 권위자 역할을 감당하는 사람들의 출현이든지(예를 들어, 전문 블로거들, 웹마스터들, 그리고 포럼 인도자들), 혹은 여성들의 안수식에 대한 유튜브 비디오들이든지, 혹은 온라인으로 미사포를 판매한다고 광고하는 전통주의자들이든지 간에, 예배 관

---

[43] Heidi A. Campbell and Paul Emerson Teusner, "Religious Authority in the Age of the Internet," *Virtual Lives: Christian Reflection* (2011), 59-68, 여기서는 p.64를 보라; 텍스트는 다음의 웹사이트에서 찾아볼 수 있다. www.baylor.edu/content/services/document.php/130947.pdf.

[44] Campbell and Teusner, "Religious Authority."

련 정보의 공유 및 관련 지식의 생산은 전(全) 방위로 급증해 왔다.

중요한 점은 이런 급증이 전통적인 목소리를 단순히 교체함으로써 일어난 것이 아니라 그 목소리들의 다양화를 통해 일어났다는 점이다. 오래도록 유지되어 온 기존의 권위들도 역시 온라인에서 활동 중인데 교황청의 활기 넘치고 계속 업데이트되는 미디어 플랫폼이 이를 증명하고 있다.

이 기존의 목소리들이 일단의 새로운 목소리들과 온라인상에서 만나고 있는데, 그 새로운 목소리들 가운데는 "삶, 예배, 그리고 거룩함의 추구"(Life, Liturgy, and the Pursuit of Holiness)라는 블로그를 운영하는 "리터지 가이"(liturgy guy),[45] 그리고 가톨릭 남성 신자를 위한 그의 블로그에서 "남성성과 가톨릭 예배"를 숙고하고 있는 "가톨릭 젠틀맨"(The Catholic Gentleman) 등이 있다.[46]

어떤 경우에는 교회적 권위의 전통적인 목소리가 웹의 대단히 다양한 문화 속에 들어설 때 복잡한 교섭들이 일어나기도 한다. 교황청이 2009년 자체 공식 유투브 채널을 신설했을 때, 비디오 공유 사이트에 많이 사용하는 코멘트 모드와 순위 매기기 기능은 정지시켰는데, 이는 교황청이 포스팅한 비디오에 대해 뷰어들이 코멘트를 포스팅하거나 등급을 매기는 일을 막고자 함이었다.

반면, 3년 뒤 신설된 교황의 트위트 계정인 '@Pontifex'는 온갖 방식의 피드백에 개방되었고 어떤 코멘트도 막지 않았다. 이에 따라 교황의 트윗에 대한 응답들은 깊은 감사로부터 확고한 무시에 이르기까지 다양하게 드러났다.

---

[45] https://liturgyguy.com/.
[46] www.catholicgentleman.net/2013/09/masculinity-and-the-liturgy/.

비디오들에 대한 코멘트 및 트윗에 대한 코멘트와 관련하여 교황청이 서로 다른 선택을 하게 된 이유는 교황청의 많은 비디오의 주제가 예배나 기도 이벤트들과 관련이 있기 때문일 것이다. 이 비디오들은 교황의 트윗과는 달리 여전히 '울타리가 쳐진' 상태로 있다.

예배의 권위가 인터넷을 통해 점차 널리 확장되어 가는 일, 다시 말해 권위를 부여받은 소수의 손으로부터 권위를 부여받지 않은 다수로 확장되어 가는 일은 전방위로 진행됐는데, 특히 가톨릭교회에서 그러하였다. 2002년 문서인 「교회와 인터넷」은 이미 다음과 같은 우려를 표명한 바 있다.

> 자신들을 가톨릭이라고 부르는 웹사이트들이 급증하는 일은 문제를 일으키고 있다. … 조금도 과장하지 않고 "가톨릭"이란 레이블을 달고 행해지는 비상식적인 교리 해석들, 기이한 기도 실행들, 그리고 이념적 변호 등을 교회의 정통 입장들과 구분하지 않는 것은 혼란스럽다.[47]

교회의 정통 입장들이 정확하게 무엇이냐는 점도 문제다. 온라인에서 상당히 능동적으로 활동하고 있는 로마 가톨릭 전통주의자들은 현 교황청이 발표하는 선언들이 진정한 가톨릭교회의 정통 입장이라고 여기지만은 않을 것이다. 오히려 그들은 제2차 바티칸공의회 이후의 예배 개혁들에 반대하며 이제는 온라인상에서나 볼 수 있는 트리덴티노 미사경본(Tridentine Mass)을 계속하여 극찬하고 있다.

---

[47] The Church and Internet, #8.

한편, 전통주의자들의 트리덴티노 미사들, 다른 한편으로는 여성 안수식의 비디오들 사이에서 가톨릭 공동체 형성에 대해 상상이 가능한 모든 혼합이 웹상에서 번창하고 있다.

예를 들어, 자신을 "소셜 미디어에 잠입한 온라인 공동체이며 … 정통한 힙합 프로덕션 기업"이라고 밝히는 '팻매스'(PhatMass)는 대중 문화의 요소들과 "기독교가 갖는 가르침의 권위에 전적으로 그리고 완전히 순종하는 채로 남아 있을" 책임을 결합하고 있다.[48] 그 이름이 이런 혼합을 완벽하게 표현해 준다. "Phat"는 '쿨하다'(cool)를 뜻하는 은어인데 풀어 쓰면 "거룩한 사도성의 진리를 설교하며"(Preaching Holy Apostolic Truth)가 된다.[49]

인터넷은 끊임없이 확장되어 가는 거대한 예배 관련 정보의 저장고인 동시에 온라인상의 예배 관련 가짜 뉴스들과 같은 새로운 현상들의 저장고이기도 하다. 예배 관련 정보의 공유는 그날의 성인이 누구인지에 대한 질문, 혹은 주일 미사를 위한 본문에 대한 기초적 문의로부터 "가톨릭의 신자들은 성모 마리아를 숭배하는가?"[50]

"만일 내가 낙태를 하면 파문당하나요?"[51]

이런 질문에 이르기까지 그 범위가 광대하다.

---

[48] www.phatmass.com/about/.
[49] 이 가톨릭 소셜 미디어 사이트에 대한 더 많은 정보는 Margaret Mullan의 가상 민족지학(virtual ethnography)을 보라. "Constructing an Identity Online: Logging-On as 'Catholic,'" *Journal of Religion, Media & Digital Culture* 4 (2015), 96-125.
[50] 예를 들어, 이 질문에 대한 응답으로 Devin Rose가 유튜브에 올린 비디오 팟캐스트 www.youtube.com/watch?v=GZjOUHiOVKs, 혹은 FallibleBlogma에 올린 "Do Catholics Worship Mary?"를 보라. http://fallibleblogma.com/index.php/do-catholics-worship-mary/. 물론, 온라인에서 그 질문에 대한 긍정적인 답들도 찾아볼 수 있다!
[51] 그 질문에 대한 한 대답은 EWTN website: "Abortion - Excommunication,"에 나타나 있다. www.ewtn.com/expert/answers/abortio2.htm.

많은 질문이 그 예배가 옳고 타당한가에 관한 정보를 묻고 있긴 하지만 기도와 예배의 기본적 실행들에 관한 많은 정보도 온라인에서 얻을 수 있다. 이에 해당하는 사례가 "커피와 찬송가"(Coffee and Canticles)라는 블로그인데 이는 다리아 소키(Daria Sockey)가 "시간 전례를 사랑하는 보통 가톨릭 신자들"이라는 모토로 운영하는 블로그다.[52]

여기에 포스팅된 것들은 '성무일과신병훈련소'(Breviary Bootcamp)에 나오는 기본적인 정보로부터 「수도원성무일도서」(Monastic Diurnal)의 사용에 대한 자세한 정보에 이르기까지 다양하다.

더욱 폭넓은 예(例)가 온라인 「에큐메니컬 성인 사전」(Okumenisches Heiligenlexikon)이다.[53] 이 웹사이트는 현재까지 거의 18년 동안 독일어로 된 기독교 정보 웹사이트들 가운데 방문 횟수가 가장 많은 것인데, 여기에는 그럴 만한 이유가 있다.

「에큐메니컬 성인 사전」과 그 애플리케이션은 동방 정교회, 알미니안, 콥틱, 그리고 시리아의 성인들까지를 포함한 그날의 성인에 관한 정보는 물론, '수호성인들의 가호와 특성들'(patronages and attributes), 이미지들, 음악, 그리고 비디오들의 목록들을 제공하고 있다. 또한, '성인들의 축일력'(sanctoral cycle)에 따르는 예배의 리듬이 잘 흐르도록 돕기 위해 「에큐메니컬 성인 사전」은 '그날의 성인'을 매일 아침 각 사용자의 '메일함'(inbox)으로 보내 주고 있다.

교구들, 주교구들(dioceses), 그리고 예배에 관한 연구소들과 같은 공식 사이트들에 의해 예배 관련 정보와 성례전 관련 정보들이 어떻게 온라인

---

[52] http://dariasockey.blogspot.com/.
[53] www.heiligenlexikon.de/.

상에 제시되는지에 대한 최근의 연구에서 자료들의 제시에 대한 두 가지의 서로 다른 강조점이 드러났다.[54] 이 두 가지의 강조점들은 예배-성례전의 성찰을 위한 서로 구분되는 신학적 출발점을 선명하게 비추어준다.

첫째, 신학적 진리의 주장과 함께 '위로부터' 시작되는 접근 방식이다.
둘째, 인간 삶의 투쟁들과 함께 '아래로부터' 시작되는 접근 방식이다.

공식 웹사이트로 바뀐 대다수의 웹들은 그 웹상에서 정보를 찾을 것이라고 기대되는 사람들의 경험과 함께 '아래로부터,' 인류학적으로 오픈함으로써 예배-성례전에 관한 정보를 제공하고 있다. 예를 들면, 교회에서의 세례에 대한 성찰은 세례와 관련된 정보를 웹 기반으로 찾는 일보다 부차적인 일이라는 전제하에 한 아이의 출생에 대한 기대나 출산 경험과 함께 시작될 것이다.

두 번째는 공식적인 예배-성례전 정보를 제시하는 더욱 덜 실행되는 접근 방법으로서 신학적 진리의 주장과 함께 시작되는데, 예를 들면 세례는 교회의 일곱 가지 성례전 가운데 하나며 훨씬 후에 와서야 세례와 연관된 인생의 구체적인 이벤트들로 옮겨 갔다고 이야기하는 것이다.

그러나 예배와 예전에 대한 공식적인 정보의 공유조차도 대단히 다양하게 이루어지고 있으며 당연히 '위로부터,' 혹은 '아래로부터'의 신학적 접근 태도 어느 하나를 고집하지는 않는다.

---

54 Henning Klingen, "45 Cent für ein Taufgeschenk: Liturgie und Sakramententheologie im Netz," *Heiliger Dienst* 69 (2015), 75-79, 여기서는 p.76을 보라.

기술적으로 세련된 흔치 않은 사례가 '스위스 로마 가톨릭 미디어 서비스'(Swiss Roman Catholic Media Service)와 '스위스예배연구소'(Swiss Liturgical Institute)가 내놓은 성찬식의 거행에 대한 쌍방향적 온라인 설명이다.[55]

이 웹사이트는 예배하는 실제의 다양한 공동체들의 비디오 클립들을 통해 '가톨릭 성찬 생활,' '가톨릭 실행,' 그리고 '가톨릭신학'에 대한 성찰을 제공하는데 이때 실시간으로 중계되는 실제의 성찬식 거행이 있다는 암시를 주지 않도록 주의한다.

디지털의 사회적 공간에서 권위의 목소리가 바뀌어 가고 있는 지금의 콘텍스트 안에서 젠더와 관련된 실행들에 대해 여기서 언급하고 넘어가는 것이 옳을 것이다. 온라인에서는 젠더가 표시되지 않은 사용자 이름, 혹은 젠더가 모호한 아바타 등을 통해 다른 젠더의 사람으로, 혹은 젠더가 불분명한 방식으로 살아갈 수 있다는 점을 고려한다고 하더라도, [56]예를 들어 어떤 블로거들은 '가이,' 혹은 '젠틀맨'을 통해 그들의 젠더를 분명히 밝히고 있다는 점을 고려한다고 하더라도 디지털로 매개되는 사회적 공간은 특정한 방식으로 여성들의 예배에 대한 관심과 우려들을 환영해 왔다.

오프라인의 남성 예배 전문가들과 '교회의 상징을 독점한 사람들'(ecclesial symbol-bearers)의 배경을 반대하고 그 반대를 넘어서서 다양한 교회 전통에서 온 여성들이 온라인상의 공간을 차지해 왔다. 예를 들어, 분명히 여성들의 삶과 연결된 온라인 사이트들이 있다. 소위 '맘 블로그'(Mom blog) 들

---

55 www.die-messe.org를 보라. 이 웹사이트에 대한 더 많은 정보는 다음을 보라. Peter Spichtig, "Hinführung zu liturgischen Vollzügen übers Internet?" *Heiliger Dienst* 69 (2015), 87-95.

56 Veronika Schlör, "Cyborgs: Feminist Approaches to the Cyberworld," in *Cyberspace – Cyberethics – Cybertheology*, ed. Erik Borgman et al., Concilium (London: SCM Press, 2005), 60-67, 특히 p.64를 보라.

이 여기에 해당한다. 미국만 해도 약 400만 개 정도의 '맘 블로그'들이 존재한다.

또한, 전체 엄마들의 15% 가까이가 하나의 블로그를 유지하거나 읽거나 이바지한다.[57] 신앙의 실행들은 맘 블로그의 한 부분인데, 특히 복음주의 여성들과 몰몬교 여성들이 그러하다. 그러나 웹상에는 가톨릭, 유대교, 이슬람교도, 그리고 다른 신앙에 근거한 '맘 블로거'(Mom blogger)들도 있다.

반면, 아빠들의 블로그는 드물다. 젠더에 따라 달라지는 신앙의 수행은 오프라인교회 생활의 지배적 현실들과는 대비를 이루면서 번창해 왔다. 맘 블로그들에서 여성들의 목소리는 그들의 신앙 실행들을 정확하게 설명하고 또 해석하고 있다.

실제로 어떤 학자들은 전통적인 종교의 형식들이 여성들에게 닫혀 있었기 때문에 여성들이 새로운 미디어 사용에 있어서 개척자가 되었다고 주장한 바 있다.[58] 한 연구자는 신앙에 관해 글을 쓰는 동시대 '맘 블로거'들에 대해 다음과 같이 썼다.

> 종교적인 맘 블로거들이 종교에 대한 새로 생겨나는 권위 있는 목소리들을 구성하고 있다.[59]

---

[57] Deborah Whitehead, "Mom Blogs and the Religion of Everyday Life," in *Media, Religion and Culture: An Introduction*, ed. Jeffrey H. Mahan (New York, NY: Routledge, 2014), 47-48.

[58] 이에 대한 더 많은 정보는 다음을 보라. *Media, Religion and Gender: Key Issues and New Challenges*, ed. Mia Lövheim, Media, Religion and Culture (New York, NY: Routledge, 2013), 184-185; and Ruth Page,"Gender and Media Use," in *The Johns Hopkins Guide to Digital Media*, ed. Marie-Laure Ryan et al. (Baltimore, MD: Johns Hopkins University Press, 2014), 228-231.

[59] Whitehead, "Mom Blogs," 47.

그 이유는 공식 텍스트들과 제도적 공표들에 의지하는 경향이 있는 기존 권위의 목소리와는 대조적으로 맘 블로거들은 "일상 생활의 소재들에서 나오는 신학적 숙고들"을 제공하기 때문이다.[60]

메타 사이트인 '가톨릭 맘 블로거들'(Catholic Mom Bloggers)에 나타난 신앙의 실행들과 일상 생활의 실행들 사이의 융합이 그 한 예(例)인데 이 사이트는 안내 책자, 무료 마케팅, "그들의 하루를 버티게 해 줄 하루 분량의 영감, 기도, 기술, 홈스쿨링 팁, 그리고 유머 등을 가톨릭 엄마들이 찾을 수 있도록 돕는 공유 공간"을 제공한다.[61]

이 웹사이트에서는 '가톨릭기도를 곁들인 몸 만들기 운동' 무료 체험과 '사순절에 대한 일반적인 질문에 대한 해답들'이 클릭 한 번으로 접근할 수 있다. 기도와 예배에 대한 새로운 형식의 전문지식이 어떻게 이들 디지털로 매개되는 종교적 어머니들의 목소리들을 통해 출현하는지를 보는 일은 어렵지 않다.

영성에 있어서 더욱 넓은 오프라인의 경향들과 발맞추어 이곳에서 기도와 예배에 영감을 주는 것은 "일상적인 신비들"[62]인 것이다. 또한, 대다수 어머니의 바쁜 일상 속에서 디지털로 매개되는 거룩한 공간은 적어도 통상 주중에는 분명 오프라인 성소보다 더 접근이 쉬울 것이다.

이번 장(章)에서 나는 예배 실행들에 특별히 주목하면서 디지털로 매개되는 교회 공동체의 형태들이 갖는 몇 가지 특징들에 대해 성찰하였다. 나

---

60 Whitehead, "Mom Blogs," 48.
61 www.catholicmommyblogs.com/about/.
62 이 표현은 Kathleen Norris가 사용한 것으로, 이에 대해선 다음 그녀의 저서를 보라. *The Quotidian Mysteries: Laundry, Liturgy, and "Women's Work,"* 1998 Madeleva Lecture in Spirituality (New York, NY: Paulist Press, 1998).

는 신학적 확신들과 오늘날의 미디어 이론들로부터 나오는 통찰 모두에 비추어 그렇게 하였다.

결론적으로 나는 앞서 말했던 논점들을 고려할 때 사이버 공간에서 출현하는 예배 모임의 형식들에 대해서는 작지만 중요한 차이를 고려하면서 경계를 늦추지 않으면서 신중하게 환영하는 것이 합당하다고 제안한다. 이런 형식들이 절대 모호하지 않은 것은 아니다.[63] 그러나 오프라인 예배 모임의 형식들 또한 모호하지 않은 것은 아니다.

---

63 Rachel Wagner는 God wired, 127에서 중요한 모호성을 간결하게 설명해 놓았다. 이처럼 공유되는 가상의 영역 속에서 추구되며 또한 광고되는 공동체 의식에도 불구하고, 이런 네트워크에 있어서 한 가지 핵심은 개인 자신일 뿐인데, 이 개인은 선택의 바다를 독자적으로 움직여 가며 소속감이나 공동체 의식을 제공해 줄 수 있는 접촉 가능성을 만나기는 하지만, 그들 자신은 끊임없이 변화해 나가는 그런 존재들이다.

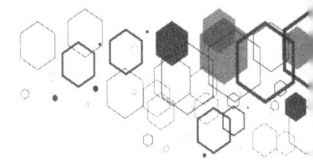

제4장

가상의 물질: 물질성-시각성-사운드 스케이프

최근 뉴욕시에 있는 '성 패트릭대성당'을 방문했다가 나는 성당이 전통적인 초 봉헌(奉獻)대를 제공할 뿐만 아니라 방문객이 '가상 촛불'을 켜도록 초청한다는 사실을 알게 되었다. 성당으로 들어가는 출입문 중 하나에 이 초청이 담긴 디지털 디스플레이가 있었고 거기엔 스마트폰으로 스캔할 수 있는 QR코드가 있었다. 어떤 방법으로든 성당의 초를 하나 켜겠다고 생각한 나는 QR코드를 스캔하기 위해 나의 스마트폰을 꺼내 들었다.

가상의 초를 밝히라는 초청이 담긴 디스플레이의 텍스트에는 한 달에 한 번씩 1년 동안 각 기도 제목들을 기도할 것이라고 약속하고 있었다. 이는 '가상이 아닌 초'가 약속할 수 있는 것 이상의 약속이다. 그런데 바로 다음 순간 생각지도 못한 일이 일어났는데 이는 나름의 흥미로운 사실을 드러내 주었다.

내가 QR코드를 스캔하려고 하자 무시무시하게도 '404'라는 에러 메시지가 내 스마트폰 화면에 뜨면서 내가 찾는 웹페이지는 찾을 수 없다고 알려주는 것이었다. 이 404라는 에러 메시지와 함께 "페이지를 찾을 수 없습니다!"라는 알림 메시지가 도착했던 것인데 이는 받을 만한 가치가 있는 것이었다.

널리 알려진 잃어버린 모든 것의 수호성인인 파두아의 성 안토니우스 (St. Anthony of Padua)의 모습을 전통적으로 묘사한 사진이 스크린에 나타나면서 그 옆에 다음과 같은 기도가 떴기 때문이다.

친애하는 안토니우스 성자님, 제발 돌아오세요!
이 페이지는 실종되어 찾을 수가 없네요.[1]

결국, 그날 오후 잃어버린 웹페이지를 찾는 데 안토니우스 성인이 도움이 되지는 않았다. 나는 그날 저녁 다시 온라인에 접속하여 가상 촛불을 켜야만 했고, 나는 그 성당의 웹사이트에서 "인터넷상의 신앙 공동체로부터 요청받은 모든 가상의 초들을 상징하고 기념하기 위해" 그 성당 안에 실제로 불이 켜진 큰 초가 있다는 사실을 알게 되었다.[2]

달리 말하자면, 나의 가상 촛불은 오프라인 성소에서 비(非)가상 촛불로 표현되고 있었다. 나는 결국, 그날 오후에, 성 패트릭대성당에서 비가상 초에 불을 밝혔어야 했다는 결론에 도달하였다.

이번 장(章)을 이 이야기로 시작한 이유는 이 이야기가 오프라인과 온라인에서의 "사물"(stuff)[3]들 사이의 복잡한 상호 작용을 잘 보여 주기 때문이다. 이 중 후자는 디지털 시대의 기도, 예배, 신심 생활 등을 형성한다. 이 상호 작용이 이번 제4장(章)의 초점이다.

---

[1] "404 Prayer to St. Anthony," http://saintpatrickscathedral.org/light. 잃어버린 것들(웹사이트에서 잃어버린 것을 포함하여)을 위해 St. Anthony에게 바치는 여러 가지 기도들은 종종 밈에 삽입되어 온라인상에서 순회하고 있다. St. Patrick's Cathedral의 웹사이트에 나타난 한 기도문을 가톨릭 학교들에서 사용하고 있다.

[2] http://saintpatrickscathedral.org/light.

[3] http://mavcor.yale.edu/material-visual-cultures-religions.

나는 가톨릭 물질성의 더 큰 역사적 콘텍스트를 스케치 해 봄으로써 나의 탐구를 시작하려고 한다. 이렇게 하는 것이 동시대의 디지털 '사물'에 관한 질문들을 다룸에 있어서 대단히 중요하기 때문이다. 그렇게 한 뒤 그들이 갖는 전통적 시각성에 특별히 주목하면서 디지털로 매개되는 기도 및 예배 실행들의 특성을 살펴볼 것이다.

이번 장(章)의 남은 부분에서는 두 가지의 사례 연구를 살펴볼 것인데 디지털 시대에서 고백의 실행들, 그리고 더욱 간략하게 디지털로 매개되는 예배 음악의 '사운드스케이프'(Soundscape)에 관한 사례들이 그것이다.

디지털 물질성에 의해 형성되는 오늘날의 예배 실행들에 대해 성찰해 보기 위한 배경 지식을 제공하기 위해 나는 기독교 물질성의 역사적 궤적을 되돌아보는 것으로 시작하겠다.

1. 예배의 물질 문화

기독교 전통은 물질성 혹은 더욱 간단하게는 '사물'을 다루어온 길고 복잡한 역사를 보여 준다. 나는 '예일대학교 부설 종교 물질 시각 문화 연구 센터'(Center for the Study of Material and Visual Cultures of Religion at Yale)에서도 이 표현을 사용한다는 사실에 용기를 얻어 "이것 저것"(stuff) 같은 구어적 표현을 사용하게 되었다.

가톨릭교회는 이 센터가 제공하는 '사물들'의 일부 목록 중 거의 모든 것들에 대해 소유권을 주장하고 있다. 그 가운데는 다음과 같은 것들이 있다.

의류, 보석, 직물, 신체 개조(body modifications), 혹은 장식, 풍경과 조경, 건축, 회화, 판화, 사진, 엽서 필름, 텔레비전, 그리고 인터넷과 디지털 기술들, 장난감과 게임들, 지도들, 만화들, 조각, 조각상, 작은 조각상, 자수와 바느질 제품, 교육용 소모품, 동전과 화폐들과 우표들, 의례를 위한 물건들, 가구, 두루마리들과 책들, 범퍼 스티커, 열쇠고리와 대시보드 장식품들, 성탄절 장식물들, 행렬들, 통과 의례, 혹은 성취를 기념하기 위한 증명서 혹은 다른 물건들, 광고, 포스터, 입간판들, "내적 감각들"로 느끼고 보는 이미지와 대상들, 즉 환상 경험의 산물이거나 혹은 감각적 상상의 산물들 ….[4]

확실히 가톨릭교회는 그 온갖 형태의 물질성 특히, "거룩한 것"으로 인식되는 것들이 지니는 물질성의 진가를 깊이 인정해 왔다.[5] 이 점에 있어서 그동안 부침(浮沈)도 있었고, 베네딕도수도회의 잘 알려진 부유함에 반대하는 시토수도회의 내핍(耐乏) 생활과 같은 서로 다른 입장들도 있었지만, 물질성의 진가를 깊이 인정한 점이 수세기 동안 기독교의 삶을 형성해 왔다는 사실은 분명하다.

이러한 인정은 대중적인 기도들, 예를 들면 날마다이고, 감각적이며, 또한 풍부하게 물질적인 가톨릭 신앙의 실행들에서 특히 두드러지게 나타난다. 이 실행들은 16세기 트렌트공의회가 결정했던 의식들(rites)의 법전화(codification)에 따라 교회에서 행해지던 공식적이고 공인된 예배와는 날카

---

[4] 리스트 전체는 이 센터의 소개문에서 찾아볼 수 있다. http://mavcor.yale.edu/material-al-visual-cultures-religions.

[5] 이 용어는 Caroline Walker Bynum이 그녀의 저서 *Christian Materiality: An Essay on Religion in Late Medieval Europe* (New York, NY: Zone Books, 2011) 전체를 통해 사용하고 있다.

롭게 구분되는 것이었다. 그러나 합당한 예배란 교회의 권위자가 공식적으로 지정한 기록된 텍스트들에 따르는 예배라는 개념이 부여되었음에도 대중적 기도들은 드렌트공의회 이후의 교회에서 실제로 번창하였다.

이 대중적 기도들은 미사 중에 드리는 묵주기도, 미사 밖에서 드려지는 성체조배, 그리고 예수 성심, 성모 마리아, 점점 많아져 가는 성인들에게 바치는 기도에 이르기까지 다양하다.

교회의 권위자들이 대체로 이들 대중적 실행들을 지지하기는 하였으나 예전 갱신 운동은 "가톨릭의 대중적 경건함에 대해 대단히 비판적인 관계"를 유지해 왔다.[6] 특히, '20세기 예전 갱신 운동' 안에서 대중적 기도 실행들의 풍부함은 지속해서 의심을 받아 왔다.

대중적 기도들은 감상적이고 개인주의적이며 사치스럽고 저속한 취향의 시각성을 지닌다고 여겨졌다. 이런 판단에는 무엇이 합당한 교회 예술인가에 대한 계급적 개념들이 작용했다. 예전 갱신 운동의 지지자들이 보기에 대중적 경건함의 실행들은 교회의 더 금욕적이고 엄격한 예배를 압도하는 것이었다. 이로부터 야기된 문제를 단번에 볼 수 있게 해 준 표징이, 미사가 진행되는 동안, 개인적으로 묵주기도를 드리고 있는 왜소한 노파들의 모습이었다.

예전 운동은 이렇게 인식된 문제들에 대한 대응으로 공식적이고 공인된 교회의 예배를 강조하였고 그렇게 함으로써 대중적 기도 실행들에 반대하며, 동시에 그것을 극복하고자 노력하였다.

---

6   Mark R. Francis, *Local Worship, Global Church: Popular Religion and the Liturgy* (Collegeville, MN: Liturgical Press, 2010), 134.

교황 비오 12세는 1947년에 발표한 그의 회칙 「하나님의 중재자」(Mediator Dei)⁷에서 이런 입장을 분명하게 비판하였으나 제2차 바티칸공의회는 전례헌장에서 예전 운동의 이런 입장을 포용하였다.

전례헌장은 "대중들의 기도"를 실제로 권고하였으나 이런 권고는 즉시 울타리가 쳐졌다. 즉, 대중의 기도들은 "교회의 법과 규범에 부합"해야만 하고, 또한 교황청 혹은 지역의 주교들에 의해 승인받는 것이 가장 좋다고 전제했던 것이다.⁸ 이와 관련하여 무엇보다 중요하다고 밝힌 내용은 다음과 같다.

> 그런 기도들은 예배의 절기들과 조화를 이루고 거룩한 예배와도 부합하도록 실행되어야 하며, 어떤 면에서는 거룩한 예배로부터 나온 것이어야 하고, 또한 신자들을 거룩한 예배로 이끌어야 한다. 왜냐하면, 사실 예배는 그 본질상 다른 어떤 실행들보다도 훨씬 우월한 것이기 때문이다.⁹

이렇듯 대중적 경건함을 교회의 공식 예배에 확실히 굴복시킨 것과 함께 제2차 바티칸공의회는 공적 예배를 단순화하고 순화하는 개혁을 승인하였다. 중요한 마지막 한 가지는 전례헌장이 거룩한 이미지들을 경배하는 것과 관련하여 제시한 한 문단으로 다음과 같이 주장했다.

---

7   더 상세한 정보는 Francis, Local Worship, 140-142를 보라.
8   Constitution on the Sacred Liturgy, Sacrosanctum Concilium, #13, in Vatican Council II: The Basic Sixteen Documents. A Completely Revised Translation in Inclusive Language (Collegeville, MN: Liturgical Press, 2014), 여기서는 p. 123를 보라.
9   Sacrosanctum Concilium, #13, in Vatican Council II: The Basic Sixteen Documents, 123.

그 이미지들의 숫자는 제한되어야만 하며 그 이미지들의 지위는 올바른 순서를 따라야 한다. 그렇게 하지 않으면 기독교인들 사이에 혼란을 일으키거나 의심스러운 정설에 헌신하도록 부추길 염려가 있기 때문이다.[10]

'전례헌장'은 대중적 신심에 대한 깊은 우려와 더불어 공교회의 예배에 대한 심오한 충성을 표명하고 있다. 이런 표명과 함께 전례헌장은 가톨릭의 기도 실행에 대해 트렌트공의회 이후에 둘로 나뉜 입장을 더욱 공고히 하게 되었다. 이는 제2차 바티칸공의회 이후의 예배에 각인되어서 이제는 단순화되고 순화되었으며, 또한 물질성을 확실히 다스리게 되어 곧 전례헌장이 "고귀한 단순성"이라고 그려놓은 것이 되었다.[11]

어느 한 나이 지긋한 신심 깊은 여성과 그녀의 기도 실행들에 관한 이야기는 제2차 바티칸공의회 이후 변화하고 있는 환경을 잘 설명해 준다.

이 이야기는 대략 다음과 같다.

나이많은 한 경건한 여성이 매일 아침 일찍 일어나 자신의 성당으로 들어가 흔히 볼 수 있는 마리아상 앞에서 기도하곤 하였다. 그러던 어느 날 성당의 대대적인 개축공사가 시작되었는데 교회의 내부 장식을 제2차 바티칸공의회 이후의 감수성에 맞추어 고치기로 하였다. 그로 인해 대중적 기도의 대상이었던 여러 물품들이 성당을 떠나게 되었다.

---

[10] *Sacrosanctum Concilium*, #125, in *Vatican Council II: The Basic Sixteen Documents*, p. 157.
[11] *Sacrosanctum Concilium*, #34, in *Vatican Council II: The Basic Sixteen Documents*, p. 129.

마리아상은 근처에 있는 미술관으로 가게 되었는데 그날 이후 사람들은 그 나이 많은 경건한 여성이 매일 아침 이제는 박물관으로 가서 유리 벽 뒤에 전시된 마리아상 앞에서 무릎을 꿇고 침묵기도를 드리는 모습을 보게 되었다.

2. 화상(pixels)의 세상에서 예배 기호들 재(再)매개하기

제2차 바티칸공의회 이후 50년이 지난 오늘날 문화적 콘텍스트는 결정적으로 변화하였다. 1963년, 전례헌장이 "감각으로 지각할 수 있는 기호들"[12] 아래서의 예배에 관해 말했을 때와 그 헌장이 의식들(rites)의 단순화를 옹호하였을 때는 웹과 그것의 "순수한 기호들의 세상"[13]이 아직 나타나기 전이었다. 따라서 가상 촛불들, 잃어버린 웹 페이지를 찾아달라고 안토니우스 성인에게 드리는 기도들, 그리고 인터넷교회들은 '예배적 허구'(liturgical fiction)의 영역이었다.

그러나 공의회 이후 반세기가 지나자 화상(pixels)과 디지털 기호들이 온 세계에 쇄도하여 들어왔고, 문화적 상상을 지배하기 시작하였다. 미디어 이론가인 닐 포스트만(Neil Postman)은 이런 변화를 다음과 같은 인상적인 말로 묘사하였다.

---

[12] *Sacrosanctum Concilium*, #7, in *Vatican Council II: The Basic Sixteen Documents*, p. 121. 라틴어 원전에서는 "*signa sensibilia*"에 대해 말하고 있다.

[13] Ken Hillis, *Online a Lot of the Time: Ritual, Fetish, Sign* (Durham, NC: Duke University Press, 2009), 103.

글쓰기의 마법으로부터 전자(electronics)의 마법으로의 거대하고 전율스러운 전환이다.[14]

이 전환은 직접적인 대체 혹은 폐기로 해석되어서는 안 되며, 오히려 글쓰기의 마법을 디지털 미디어의 마법 안에서 "재매개"(remediation)한 것으로 이해되어야 할 것이다.

데니스 포드(Dennis Ford)는 다음과 같이 말한다.

> 디지털 미디어는 단어들, 이미지들, 그리고 몸을 포함하는 미디어의 모든 이전 형식들을 포용(encompass-sic)하는 것, 즉 재매개하는 것이다.[15]

특히, 글쓰기는 오늘날의 문화 속에서 이미지들의 영향력이 커짐에 따라 주로 이미지 속에 단어들을 엮어 넣는 방식으로 재매개되었다.

애플사는 2016년, 새로운 문자 전송 방식을 발표하였는데 이는 사용자가 그들의 문자 메시지를 이모지화(emojify) 할 수 있게 해 준 것으로 이는 이러한 더 큰 전환에 있어서 가장 최근에 일어난 발전일 뿐이다. 애플사의 새로운 문자 전송 방식은 이모지화 할 수 있는 모든 단어를 제시하고 있고 터치 한 번으로 다채로운 그림(pictorial) 상징들을 끼워 넣을 수 있게 되어 있다.

---

[14] Neil Postman, *Amusing Ourselves to Death: Public Discourse in the Age of Show Business* (New York, NY: Penguin Books, 1986), 13.
[15] Dennis Ford, *A Theology for a Mediated God: How Media Shapes Our Notion about Divinity* (New York, NY: Routledge, 2016), 12.

애플사가 이를 발표했던 시기는 이모지의 표준화를 위해 구성된 컨소시엄이 72개의 새로운 이모지를 발표했던 시기와 우연히 일치하였다. 그리 놀라운 일이라고 말할 수 없지만, 이모지성경 또한 이미 사용할 수 있다. "Scripture 4 Millennials"라는 이름의 이 이모지성경은 더 적은 수의 단어들로 그 내용을 표현하고 있으며 단어들 대신 유니코드가 인정한 이모지, 인터넷 속어, 그리고 약어들을 사용하고 있다.[16]

140자 한도의 글자 기반으로 운영되는 SNS인 트위터조차 GIF(Graphic Interchange Format) 키보드를 도입하여 사용자가 '트윗에 대한 감정 반응 라이브러리'(a library of emotional reactions)로부터 선택할 수 있게 하고 있다.

페이스북과 틴더(Tinder)도 이미 그 사용자들을 위해 유사한 GIF 라이브러리들을 제공하고 있다. 오늘날 홀로 서 있는 문자는 의사소통의 세계에서 시각적으로 먹여 주고 보살피는 일이 절실하게 필요한 고아처럼 여겨지는 듯하다. 물론, 문자 그 자체들이 늘 시각적 기호들로 기능했던 것은 아니라고 말하려는 것은 아니다. 디지털 미디어는 단지 시각적인 것들을 명백하고도 핵심적인 특징으로 만들 뿐이다. 오늘날 문자를 통한 커뮤니케이션에 있어서조차 그러하다.

교회는 이처럼 더 큰 문화적 발전 속에서 살고 움직이고 존재한다. 또한, 그것들에 의해 그 나름의 의사소통 방식들이 형성되고 있다. 이 점은 2016년 제50회 세계 커뮤니케이션의 날(World Communication Day)을 위해 프란치스코 교황이 손으로 쓴 글에 잘 나타난다. 교황은 교황용 편지지 위

---

[16] 더 많은 정보는 Elle Hunt, "The Emoji Bible has arrived ... and 😊 has yet to declare it 👍," Guardian (May 30, 2016)을 보라. www.theguardian.com/technology/2016/may/30/emoji-bible-arrived-god-king-james.

에 '위대한 디지털 공동체'(the great digital community)라고 썼는데, 교황의 인스타그램 계정에서부터 시작하여 SNS를 통해 퍼진 것은 그가 손으로 쓴 편지의 내용이 아니라 이미지였다.

이전의 의사소통 방식을 재매개하는 디지털 미디어에 대한 또 하나의 예(例)는 재의 수요일을 지키는 의식과 관련된 전개에서 볼 수 있다. 교회력에서 이 특별한 날은 최근 유행하는 소셜 미디어 이벤트로 형성되기 시작하였다. 사람들은 재를 찍은 자신의 사진들을 포스팅한다. 또한, 가상의 '재의 수요일' 경험들을 온라인에서 구할 수도 있다.[17]

청장년들은 '애쉬태그'(#Ashtag)를 받기 위해 교회로 오라는 초청을 받는다.[18] 디지털 영역에서 말들(words)이 점점 더 이미지를 고집하게 되어, 결국 이미지가 되고 마는 방식은 '성 보니파티우스인터넷교회'에서 나온 2016년 대림절 명상들에 잘 나타나 있다. 짤막한 명상들이 전자메일을 통해 전송되었는데 날마다 다른 단어에 초점이 맞추어졌다.

그러나 그날마다 단어는 이미지의 형태로 각자의 '메일함'으로 전송되었는데, 예를 들면 장난감 블록 쌓기나 견과류로 된 이미지, 혹은 밀가루로 된 이미지 등을 사용하여 다양한 방식으로 그 글자를 시각화한 것이었다.

---

[17] 예를 들어, Dallas Metropolitan Community Church가 유튜브에 포스팅한 30분짜리 공들여 만든 비디오를 보라. www.youtube.com/watch?v=WIEF9G2Wmho. 그녀의 안락한 사무실(따뜻한 색상의 커다랗고 편안한 의자, 꽃들, 풍경화, 그리고 티슈 한 상자로 둘러싸인 사무실)에서 시청자들에게 말을 하는 한 목회자, 함께 기도하는 여러 사람의 목소리, 그리고 필름과 오디오 클립들을 흥미롭게 융합한 이 비디오는 분명 전문적으로 제작된 것이다.

[18] 이러한 실행들에 대한 비평에 대해서는 다음을 보라. www.patheos.com/blogs/david-henson/2015/02/imposing-hashtags-the-problem-with-ashtag-on-ash-wednesday/.

말할 필요도 없이 동시에 숨기지 않아야 할 만큼 중요한 점이 있으니 교회의 시각성은 인종, 민족, 계급 등과 같은 차이를 보여 주는 더 광범위한 문화적 표식들과 교차한다는 사실이다. 내가 때때로 함께 예배하기도 하고, 페이스북에서 팔로우하기도 하는 한 히스패닉 회중은 자신들의 페이지에 늑대, 혹은 코요테로부터 격렬한 공격을 당하고 있는 선한 목자로서의 예수 이미지를 띄우고 있다. 목자는 옆에서 겁을 먹은 양 떼를 자신의 몸과 팔로 막으며 이 공격자로부터 보호하고 있다.

미국 내의 '히스패닉 공동체'(Hispanic congregation)에게 법을 집행하는 개들과 '코요테들'(터무니없이 비싼 가격에 사람들을 국경 너머로 데려오는 인간 밀수업자)이라는 익숙한 이 이미지는 강력한 메시지를 전하고 있다.

'지배적으로 말-중심' 가상(imaginary)에서 '압도적으로 이미지-중심' 가상으로의 오늘날의 전환은 가톨릭의 예배 및 기도의 전통들에 좋은 소식을 가져온 것으로 보이는 듯하다. 결국, 가톨릭교회는 기독교회의 전통 안에서 형성된 우상 파괴의 흐름과는 대비를 이루며 그 풍부한 물질적이고 시각적인 문화로 알려져 왔다. 그러나 오늘날 예배의 발전이라는 관점에서 볼 때 그 상황은 '전통적 단층선'(traditional fault line)이 구분하고 있는 것보다 훨씬 복잡하다.

한편에서는 역사적으로 칼빈주의 계승자들과 같은 우상 파괴주의에 경도된 많은 공동체가 지난 반세기 동안 그들의 예배 생활에서 더 풍부한 물질성과 시각성을 포용해 왔다. 반면, 가톨릭교회는 제2차 바티칸공의회와 그 후에 이루어진 예배 개혁에 따라 자신들의 물질적이고 시각적인 집을 청소하는 쪽으로 움직여 갔다.

지금에 와서는 수많은 교회들이 예배 관련 '잡동사니들'을 치워버리던 열정에서 벗어나, 보다 광범위한 문화적 콘텍스트를 향해 그 방향을 전환하고 있다. 그리고 오늘날의 가톨릭교회는 새롭게 이미지로 넘쳐나는 세계 속에서 의사소통의 방법을 찾다가 이미지들의 힘이 부활한 사실을 알아차리고 있다. 예를 들어, 2016년 3월 교황의 인스타그램 계정이 열렸을 때 교황청은 말을 거부하면서 동시에 말을 넘어서는 이미지의 힘을 강조했다.[19] 그리고 교황은 그의 계정을 시작한 지 12시간이 채 지나지 않아 100만 명의 팔로워를 얻음으로써 이 분야의 기록을 깼다.[20]

교황의 인스타그램 계정인 '프란치스쿠스'(Franciscus)는 교황의 개인 이름으로 교황의 공식 트위터 계정인 'Pontifex'와는 대비되는 이름이다. '프란치스쿠스'는 그 어느 계정보다 빠르게 성장하는 인스타그램이 되었다. 이 글을 쓰는 지금 이 시각에도 전(全) 세계 390만 명의 사람이 프란치스코 교황의 이미지 공유 계정을 팔로우하고 있으며, 나도 그중의 한 명이다.

평론가들은 수많은 사진과 비디오들에 포착된 교황의 온유함을 나타내 보여 주는 선명한 몸짓들이 이 디지털 시대에 얼마나 강력하게 의사소통하고 있는지를 지적했다.[21]

기도 및 예배와 관련하여 나타난 이런 문화적 전환들과 예배 실행들의

---

[19] Catholic News Service의 보고서를 보라. www.catholicnews.com/services/english-news/2016/social-engagement-pope-breaks-record-on-instagram.cfm.
[20] Catholic News Service와 다음의 인스타그램에서 가지고 온 정보에 따른 것이다:www.catholicnews.com/services/englishnews/2016/social-engagement-pope-breaks-record-on-instagram.com
[21] Catholic News Service에 인용된 Antonio Spadaro를 보라. www.catholicnews.com/services/englishnews/2016/social-engagement-pope-breaks-record-on-instagram.cfm.

디지털 세상으로의 이주를 어떻게 이해해야 하는가?

새로운 미디어 세계들에는 이미지들, 기호들, 그리고 상징들이 어수선하게 잡동사니처럼 널려 있다는 사실로부터 예배의 실행들은 어떻게 형성되고 있는가?

디지털의 사회적 공간은 중세 대성당의 '하이퍼미디어 환경'(hypermedia environment)과 비교됐다.[22] 특히, 기독교인들은 초월을 향하는 온라인 몸짓들과 이를 다루는 방식들 사이에 평행한 유사점에 주목하였다.[23]

이런 주장들이 설득력이 있다고 생각하든, 그렇지 않든, 디지털로 매개되는 기도 및 예배의 실행들은 다른 모든 예배가 그렇듯이 물질적 기호와 상징들을 포함한다. 그러나 이 두 영역에 속하는 물질성의 종류는 어떤 면에서 서로 다르다. 오프라인과 온라인 모두에서 인간의 몸은 예배의 핵심 물질성이지만, 온라인 실행에 있어서 이 인간의 몸은 인터넷 접근 기기와 인터페이스로 접속하고 있다. 이때 다른 예배하는 사람들과 반드시 직접 함께 참석할 필요는 없다.

동시에 온라인과 오프라인에서의 기도 및 예배의 실행들 사이에 일어나는 상호 작용은 분명 상승세에 있다. 내가 이 장(章)을 열 때 언급했던 '성 패트릭대성당'에서의 가상 촛불과 비(非)가상 촛불에 관한 이야기가 바로 여기에 해당한다.

이런 상호 작용은 그 성소가 역사적으로 그리고 문화적으로 특별한 장소일 때 현저하게 나타난다. 그 한 예(例)가 독일에 있는 로마네스크 양

---

[22] *The New Media Handbook*, ed. Andrew Dewdney and Peter Ride, Media Practice (New York, NY: Routledge, 2006), 293.

[23] Rachel Wagner, *Godwired: Religion, Ritual and Virtual Reality*, Media, Religion and Culture (New York, NY: Routledge, 2012). 5.

식의 '슈파이어대성당'인데, 이는 순례지이며 슈파이어 주교가 담당하는 성당일 뿐만 아니라 유네스코가 지정한 세계 문화유산이기도 하다. 수많은 방문자가 찾아오는 이 성당을 위해 온라인 접속이 가능하도록 지원한 재단 덕분에 2011년 이후 이 성당은 가상 세계에서도 방문할 수 있게 되었다.[24]

이에 대해 공언된 목표는 온라인 방문자들이 "그 성당을 정서적으로 경험할 수 있도록" 해 주자는 것이었다.[25] 온라인 접속이 처음에는 '무엇인가 빠진' 느낌을 줄지도 모르나 일반적으로는 대중에게 공개되지 않는 지역까지를 경험할 수 있게 해 준다. 이는 사실이다.

성구 보관실(sacristy)로 들어가려고 하면 지하 묘소에서 1902년 살리 왕가의 황제들을 재(再)매장할 때 사용하였던 매우 특별한 검정-보라 제의(祭衣)를 보게 되는데 이것이 그 한 예(例)이다. 또한, 대성당 주변의 다른 장소들은 각 장소에 적합한 오디오 클립들과 짝을 이루고 있다.

11세기의 유명한 회랑묘지로 들어갈 때는 이에 적절한 '그레고리안 성가,' 즉 중세시대 성모 마리아에게 봉헌된 미사 입례송 '그레고리안 성가'가 대성당의 성가대가 부르는 소리로 흘러나오고, 회중석으로 들어갈 때는 성당 오르간에서 연주되는 '바흐의 푸가'가, 그리고 성당 주변의 정원으로 들어갈 때는 '새들의 노래' 등이 들린다.

대성당의 다른 공간을 가상으로 옮겨 다니면서 마우스 클릭 한 번으로

---

[24] The Foundation "Initiative Kaiserdom Speyer Visuell"은 다양한 교회 단체, 문화 단체, 그리고 시민 단체들 사이의 제휴로서 이에 대해서는 다음의 사이트를 보라. www.kaiserdomvirtuell.de/. 유명한 성소를 가상으로 방문하는 일에 대해 이보다는 덜 성공적인 하나의 예가 Sistine Chapel의 "Virtual Tour"인데, 이에 대해서는 다음 사이트를 보라. www.vatican.va/various/cappelle/index_sistina_en.htm.

[25] "Für Besucher emotional erlebar zu machen."

여러 장소에 대한 추가적 정보들에 접속할 수도 있고, 2011년 대성당 봉헌 950주년 기념 예배의 비디오 클립에도 접속할 수 있다. 이제는 전(全) 세계의 온라인 방문객들이 가상으로 이 대성당을 방문하고 있다.

이와 같은 온라인 방문의 이유는 고대의 거룩한 장소에서 그리고 이 장소와 함께 기도하겠다는 소망에서부터 단순한 관광에 이르기까지 다양할 것이다. 물론, 이 유명한 대성당을 오프라인으로 방문하는 이유도 이와 같을 것이다.

그러나 이 대성당의 가상 세계에서의 개방이 갖는 매력에는 디지털 종교가 갖는 명백한 특징이 또한 포함될 수 있다. 이는 온라인 시각성이란 적어도 기독교 예배에 대해서만큼은 놀랄 정도로 전통적이라는 사실이다. 이 특징은 더 자세히 살펴볼 가치가 있다.

1) 디지털의 시각성: 오래된 친숙함으로서의 새로운 가상

처음에는 직관적 판단과 반대되는 것으로 보일지 모르나 온라인기도 및 예배의 장소들이 갖는 시각성은 가톨릭의 경우, '교회'를 가리키는 전통적이고 시각적인 표식들에 크게 의존하고 있다.

이 점은 특별히 주목할 만한 것인데 가상의 세상들은 중력, 기후, 소재의 부족, 그리고 또 다른 제한 요소들에 의해 제약을 받지 않는 덕분에 시각적 스타일들을 위한 새로운 가능성을 제공할 수 있기 때문이다.[26] 그런

---

[26] Stefan Gelfgren and Tim Hutchings, "The Virtual Construction of the Sacred – Representation and Fantasy in the Architecture of Second Life Churches," *Nordic Journal of Religion and Society* 27 (2014), 59-73.

데도 디지털로 매개되는 예배의 새로운 시각성은 매우 전통적인 의복을 입고 나타난다.

예를 들어, 독일의 성 보니파티우스인터넷교회는 그 채팅룸을 이탈리아 토스카나(Tuscany)의 시토회 수도원에 있는 '산갈가노교회'(San Galano Church)의 내부를 본떠서 만든 것이다. 이 수도원 교회는 이제는 폐허가 되었지만 13세기 시토수도회의 건축물이 지녔던 단순성과 명료성을 잘 나타내 주는 건물이었다.

그 특별한 시각성이 대중들의 상상 속에서 바로크 양식 건축물의 화려함이나 신고딕 양식 건축물의 다채로움 없이 오래되고 자연스러운 '교회'를 쉽게 떠올리게 해 준다.

성 보니파티우스인터넷교회에서는 중세 초기의 이 시각성이 전유되어 다른 시각적 요인들과 재혼합 되어 있다. 이제는 성 보니파티우스인터넷교회의 채팅룸으로 사용되고 있는 산갈라노교회의 내부는 오늘날의 교회의 회중석 모습을 포함하고 있다. 반면, 성 보니파티우스인터넷교회 웹사이트의 로고는 평범한 지역의 교구 성당에서 따옴으로써 또 다른 교회적 시각성을 사용하고 있다. 아마도 '고향'에 가까운 정서적 공감을 불러일으키기 위한 것일지도 모른다.

그 로고의 시각적 표식들에는 십자가가 달린 평범한 종탑이 있고 시각적 기호들을 따라가 보면 그 문이 열린 채로 있는 평범한 작은 교회당이 보인다. 또한, 열린 문들은 신고전주의 양식의 문틀처럼 보이는 것으로서 강조가 된 듯하다.[27] 전체적으로 볼 때 이 로고는 정서적 친밀함과 가식 없

---

[27] 대서양 건너편에서 안식년 휴가를 보내던 중에 이런 상세한 내용을 나에게 알려준 나의 동료 Vasilis Marinis 교수에게 감사한다.

는 환영 모두를 나타내 준다.

또 하나 다른 점은 웹사이트의 '톱 배너'(top banner)가 갖는 시각성인데, 이 톱 배너는 웹 디자인에서 매우 중요하다. 성 보니파티우스인터넷교회의 톱 배너는 명백히 화려하게 장식된 성소의 회중석 위에, 열린 채로 놓여 있는 노트북 컴퓨터를 보여주고 있다. 뷰어의 시선은 램프가 켜진 도금된 높은 제대를 향하게 되어 있는데 이는 가톨릭 신자들에게는 예배당에 성찬의 주님이 현존한다는 분명한 시각적 기호다.

열린 노트북 컴퓨터의 화면에는 회중석 쪽 창문의 상이 떠 있다. 성 보니파티우스의 톱 배너가 갖는 상징성은 강력한 '혼성 모방'(pastiche)을 제공한다는 점이다. 화려하게 장식된 금도금 제대와 매끈한 노트북 컴퓨터가 예배 공간을 공유하고 있고 그 노트북 컴퓨터에는 교회 바깥으로 향해 난 창문 하나가 떠 있다.

이것은 마이크로소프트사의 윈도우 시스템을 의식적, 혹은 무의식적으로 원용한 것일지도 모른다. 이렇게 전통적인 교회다운 요소와 새로운 디지털적 요소가 '혼성 모방'이 된 한가운데 그리스도가 현존하신다. 제대(祭臺) 등불이 그렇게 말해 준다.

다른 온라인 성소들도 이와 유사한 시각 프로그램들을 제공하고 있다. 온라인 실험교회인 '바보들의 교회'(Church of Fools) 창립자 중 한 사람은 자신들이 행했던 초기의 디자인 결정에 관해 다음과 같이 언급하였다.

우리는 보자마자 '교회다'라고 말해 줄 수 있는 그런 교회를 원했다. 이는 역사적인 교회 건축으로부터 가져온 끝이 뾰족한 아치들, 스테인드글라스,

회중석, 그리고 다른 익숙한 아이템들을 의미하는 것이었다.[28]

결국, 바보들의 교회 성소는 전통적인 예배 장소를 그대로 반영하여 디자인되었다. 회중석에는 나무 걸상이 놓였고 또한 오늘날의 것이긴 해도 여섯 개의 십자가의 길이 설치되었다. 약간 높이 돋아진 강단에는 제대, 강론대, 독서대 등이 놓였다. 그러나 바보들의 교회가 컴퓨터 게임들을 매개로 하여 고안되었기에 이 사이트는 더 비형식적인 모임들을 위한 공간도 제공하고 있는데 '지하실'이라고 불리는 공간에서 사람들이 모여 채팅을 한다.

전통적 시각성은 온라인 성소들을 넘어서 디지털로 매개되는 다른 예배 실행들에까지 확장된다.[29] 예를 들어, "성무일도"(Divine Office) 애플리케이션은 "성무일도서"를 거울로 비춘 듯 시각적으로 그대로 옮겨놓고 있는데 사용자들이 텍스트를 가지고 시간 전례를 직접 실행하는 것처럼 느낄 수 있도록 페이지들의 이미지를 제공하고 있으며 거기에 덤으로 책갈피 리본들까지 제공하고 있다.

인쇄된 「성무일도서」에는 그런 리본들이 중요한 역할을 감당하는 데 그것은 기도하는 이들이 매일의 성무들의 여러 다른 기도들 사이에서 길을 찾을 수 있도록 돕는 것이다.

---

[28] Simon Jenkins, "Rituals and Pixels: Experiments in Online Church," Online: Heidelberg Journal of Religions on the Internet 03.1 (2008), 95-115, 특히 p.101을 보라.

[29] 나는 다루고 있지 않으나, 이 콘텍스트에서 탐구할 가치가 있는 한 분야가 방대한 게임의 세계라는 가상 현실이다. 이 주제와 그 중요성에 대한 더 많은 정보는 다음의 자료들을 보라. Heidi A. Campbell et al., "Gaming Religionworlds: Why Religious Studies Should Pay Attention to Religion in Gaming," Journal of the American Academy of Religion 84 (2016), 641-664.

그러나 디지털로 매개되는 성무일도에서는 그 리본들에 어떤 방향을 찾는 기능과 목적을 부여하지는 않는다. 대신에 이 리본들은 디지털로 매개되는 성무일도가 그 페이스북 페이지에 나와 있듯이 "교회의 오랜 전통을 따르려고" 애쓴다는 것을 보여 주는 시각 기호로서 작용한다.

이런 메시지는 성무일도 웹사이트의 톱 배너로도 증명이 되는데 그것은 인쇄된 책의 이미지들을 보여주고 있으며 이 책을 열면 만도(Vespers) 시간에 불리는 전통적인 라틴어 "마리아 찬가"(*Magnificat*)가 들리는 가운데 작은 천사가 페이지를 넘길 준비가 된 모습으로 나타난다. 그리고 왼쪽에는 깃펜(quill pen)을 들고 있는 필경사의 손이 있다.

분명히 이 톱 배너의 시각성은 고대로부터 디지털 시대에 이르기까지 성무기도의 단절되지 않은 흐름을 보여 준다. 이렇게 전통을 불러내는 시각성은 대중적 기도의 실행이 온라인으로 이주해 올 때, 특히 두드러진다.

예를 들어, '가상의 성 요셉 제단'(Virtual St. Joseph Altar)은 본질적으로 성 요셉을 기념하는 음식이 차려진 전통적인 식탁의 시각성을 복제한 것인데 이는 이탈리아 가톨릭 신자들 사이에서 널리 퍼져 있다. 온라인 제단에서는 생선, 페이스트리, 꽃, 초, 그리고 고기 등의 전통적인 예물을 디지털 이미지들로 봉헌할 수 있다.

성 요셉의 축일인 3월 19일을 전후하여 온라인 방문자들은 가상의 예물을 드릴 수 있다. 그 이외의 날들에는 이 제단을 방문하여 기도를 요청할 수 있다. 또한, 방문자들은 메달, 기도 카드, 그리고 축성된 물품들이 들어 있는 가상의 '선물 주머니'를 제단에서 가져갈 수도 있고, 혹은 '미니 3D 입체 가상 성 요셉 제대'를 내려받을 수도 있다.[30]

---

30 www.thankevann.com/stjoseph/index.html.

이러한 '전통적으로 보이는 가상의' 시각성은 온라인묘지와 같은 보다 넓은 종교적 장소에도 해당한다.

1995년에 개상한 '전(全) 세계 공동묘지'(World Wide Cemetery)는 그 웹사이트에다 전통적인 유럽식 공동묘지를 올려 놓았다.[31] 오프닝 이미지에는 오랜 세월을 겪은 비석들이 서 있는, 수풀이 우거진 녹색 공원 같은 공동묘지의 사진이 나온다. 비록, 십자가 표식으로 그가 기독교인임을 알 수 있는 비석은 스무 개 가운데 두 개뿐이지만 말이다.

무덤들은 잘 관리되고 있고 주변에는 나무들이 있어 웹사이트의 햇살 뜨거운 여름날에 그늘을 제공하고 있다. 통로도 있고 그 위에 앉을 수 있는 벤치도 있다. 이 웹사이트의 오프닝 이미지 중앙에는 돌로 만든 분수가 있고, 그 옆에는 물뿌리개가 놓여있다. 고요하고 평화스러운 망자들의 장소로서의 오랜 세계를 이보다 더 잘 불러낼 수는 없다.

이러한 가상의 공동묘지에서의 망자들에 대한 디지털 추모는 초기에는 텍스트 기반이었으나 이제는 꽃, 이미지, 그리고 비디오 등과 같은 시각적 자료들이 점증하고 있다. 더욱 광범위한 온라인 추모 사이트는 종교 전통들보다는 각 개인에 대한 기억과 어떤 경우이든 그들 삶의 시각성에 초점을 맞추고 있다.[32]

하지만, 기독교 추모 문화의 전통적 시각성은 강조되지 않는다. 애도하는 사람들은 통상 고인의 사진이나 비디오 등을 업로드하고 회상하는 글을 남기며 가상의 꽃을 바치고 가상의 초에 불을 밝힌다.[33]

---

[31] http://cemetery.org/.
[32] www.memory-of.com/Public/, or www.virtualmemorialgarden.net/index.php.
[33] 디지털로 매개되는 추도식의 실행들에 대해서는 다음을 보라. *Digital Death: Mortality and Beyond in the Online Age*, ed. Christopher M. Moreman and A. David Lewis (Santa

오랜 기간을 지나며 형성되어 두고두고 존중받고 있는 시각성이 지배하게 된 것은 전통에 매인 실행들과의 관계에서 뿐만이 아니다. 디지털로 매개되는 종교적 실행들의 스펙트럼 그 반대쪽 끝에서조차 전통은 선호된다.

다소 놀랍게도 가상 세계 속에서 아바타들의 종교적 실행들 또한 전통적인 종교적 기호와 상징들 쪽으로 끌리고 있는데, 이 점에 대해 외르겐 스트라룹(Jørgen Straarup)은 다음과 같이 적고 있다.

> 가상 현실의 환경에서 이루어진 연구들은 아바타의 독실한 종교성이 교회의 전통적 상징들과 활동 형식들과 연결이 강한 사이트들 (장소들과 활동들) 주변에서 특히 강렬하다는 점을 보여 준다. 가상의 대성당들, 전통적인 종교적 상징들, 그리고 전통적인 예배나 기도 모임들이 여기에 해당한다.[34]

분명 친숙함 즉 종교적 시각성의 관점에서의 친숙함은 디지털로 매개되는 기도 및 예배의 실행들에서 중요하다. 디지털 종교에 관해 연구하는 학자들이 반복하여 말했듯이 종교적 실행들이 새로운 디지털 공간으로 이주해 감에 따라 이 이주를 둘러싼 모호성을 경감시키는 일에서 전통적인 상징체계가 중요하다. 학자들은 이런 전통적 시각성이 식별 가능성과 정서적 안도감에 이바지하는 것으로 이해하고 있다.[35]

Barbara, CA: Praeger, 2014).
[34] Jergen Straarup, "When Pinocchio Goes to Church: Exploring an Avatar Religion," in *Digital Religion, Social Media and Culture*, ed. Pauline Hope Cheong et al., *Digital Formations* 78 (New York, NY: Peter Lang, 2012), 97-111, 특히 p.104를 보라.
[35] Tim Hutchings은 그가 연구했던 온라인 공동체와 관련하여 이 점을 밝히고 있다. 이에 대해서는 그의 다음 논문들을 보라. "Creating Church Online: Networks and Collectives

나는 기도와 예배의 온라인 실행들에 있어서 전통적인 시각 표식들이 널리 사용된 이유에는 이것들만 있는 것이 아니라고, 적어도 가톨릭 콘텍스트에서는 그렇다고 주장한다. 디지털 이주에 있어서 정서적 친숙함에 대한 욕망은 더욱 넓은 오늘날의 경향 즉 전통적 실행들에 대한 열망, 특히 젊은 가톨릭 신자들의 열망과 겹친다.

가톨릭 블로그인 "Sick Pilgrim"은 이러한 경향을 "전통적인 가톨릭교회의 물질적 면모와 주술"을 향한 밀레니엄 세대의 열망이라고 묘사하고 있다.[36] 9일 기도(novena)에 참여하기, 성체축일(Corpus Christi) 행렬에서 함께 걷기, 교회에서 촛불 밝히기, 성 요셉 제단에 예물 드리기, 그리고 여성들의 긴 '만틸라 베일'(mantila veil) 쓰기 등과 같은 전통적인 실행들에 대한 이런 열망은 분명히 여기에 해당한다. 디지털로 매개되는 기도와 예배 실행에 정기적으로 참여하고 있는 밀레니엄 세대인 두 블로거는 다음과 같이 강조한다.

> 성례전, 준성사(sacramentals), 그리고 종종 모호하고 때로는 당혹스럽기도 한, 이제는 모두 잊힌 우리 이전의 많은 사람의 신앙을 형성하고 또 지켜 주었던 가톨릭의 관습들을 실제로 체험해 보고 싶어 한다.[37]

---

in Contemporary Christianity," in *Digital Religion, Social Media and Culture*, 207-223, 특히 p. 214; "The Politics of Familiarity: Visual, Liturgical and Organisational Conformity in the Online Church," *Online: Heidelberg Journal of Religions on the Internet* 04.1: Special Issue on Aesthetics and the Dimensions of the Senses, ed. Simone Heidbrink and Nadja Miczek, 63-86.

[36] Jonathan Ryan, "Bringing Catholic Magic Back," www.patheos.com/blogs/sickpilgrim/2016/04/bringing-catholic-magic-back/.

[37] Ryan, "Bringing Catholic Magic Back."

그들은 "가톨릭의 어떤 마력을" 다시 불러오고 싶다는 희망에서 "보물 찾기를 하기 위해 교회를 습격"하려고 하는 셈이다.[38] 방대한 범위로 뻗어 나가고 있는 디지털 통신 기술들이 분명 이런 습격을 가능케 해 주고 있다.

전통-이후 세계에서의 전통적인 것에 대한 열망이 가톨릭 밀레니엄 세대에게만 국한되지는 않는다는 점은 주목할 만한 가치가 있다. 성소 안의 여러 공간에 대한 '바르나 그룹의 2014년 보고'(The Barna Group's 2014 report)는 밀레니엄 세대들은 그들이 교회에 관심이 있는 때에만 대체로 더 전통적인 종교적 장소들에 끌린다는 점을 밝혀냈다. 대부분의 밀레니엄 세대들에게 교회에 출석한다는 일은 대체로 중요한 일이 아니었으나, 그들이 외관상 보다 전통적인 성소들을 선호한다는 점은 분명하게 나타났다.[39]

동시대의 세속 문화에서도 전통적인 기호들은 기호들의 힘을 인정하는 디지털 물질성 안에서 재(再)매개되어 살아남고 있다. 그 한 예(例)가 2011년 애플사의 공동 창립자인 스티브 잡스(Steve Jobs)의 죽음을 애도하기 위해 모여든 사람들이 아이폰과 아이패드를 높이 들어올렸던 일이다.

그들이 들어올린 기기들의 스크린에는 깜빡거리는 촛불들이 떠 있었다. 이런 모임들이 갖는 전반적인 시각성은 이제는 애플사의 특정한 표현 양식 안에서 표현된, 전통적인 촛불 철야기도(candlelight vigil)에 해당하는 것이었다. 분명 전통적인 물질성과 오늘날 예술적 시각성은 서로 포용할 수 있고

---

38 Ryan, "Bringing Catholic Magic Back." 나는 이 인용문에서 물질성에 대한 열망뿐만 아니라, 예배 실행들 – 성례전(sacraments), 준성사(sacramentals), 그리고 대중 신심(popular piety) 등 – 에 대한 강한 의식(sense)도 발견한다.
39 조사 결과들은 다음 사이트에서 찾아볼 수 있다. www.barna.org/barna-update/millennials/689-designing-worship-spaces-with-millennials-in-mind#.Vw0T7fP2app.

또 포용하고 있다.

그들은 실제로 놀랄 만큼 함께 잘 어우러지고 있다. 가톨릭 모임들 안에서 오프라인에서의 기도 생활이, 전통적인 실행들을 향한 온라인에서의 열망 보다 침체한 듯 보일 때가 이런 상황에 해당할 것이다. 이런 실행들과 그것들의 전통적인 시각성은 가상의 성 요셉 제단에서 보았듯이 사이버 공간이야말로 존재하기에 좋은 곳이다.

결국, "보물을 찾아 교회를 습격하여 가톨릭의 어떤 마력을 되찾아오고" 싶어하는 가톨릭의 밀레니엄 세대에게 그들 인근에 있는 오프라인 성소는 이와 같은 장소를 제공하지 못할 것이다. 오프라인교회의 문들이 잠겨 있는 것을 생각해 보면 공간적 거리나 시간적 제한이 전혀 장애가 되지 않는 사이버 공간에서는 전통적인 가톨릭의 보물들을 찾으러 교회를 습격하는 일에 한계는 거의 없다.

잃어버렸거나 먼 곳에 있는 보물들을 찾아 이처럼 교회를 습격하는 일은 디지털 기술이 매우 오래된 예배 장소들에 들어가 이곳저곳을 걸어 다닐 가능성을 열어 주었거나 혹은 회복해 놓을 경우 더욱 흥미진진해진다. 수세기 동안 폐허가 된 채 남아 있던 성소들도 여기에 해당한다. 그 노력은 대개 문화유산들을 복원하거나 유지하려는 더 큰 시도인 경우가 많은데 그렇다고 해서 이것이 예배 전통을 (되) 찾는 하나의 방식으로서 적합하지 않다는 이유가 되지는 않는다.

이 점에 대한 아주 초기의 예(例)가 로마의 비아 살라리아(Via Salaria)에 있는 프리실라의 카타콤(Catacombs of Priscilla)이다. 풍부한 장식이 있는 이 지하 공간은 2세기경 기독교인들이 사용했던 것인데 이제는 구글 맵과 함께 협업한 '교황청 고고학 위원회'(Pontifical Commission for Sacred Archeology)

덕분에 가상으로 그곳에 들어가 볼 수 있게 되었다.[40]

비아 살라리아에 있는 실제 카타콤 또한 주중의 몇 시간 동안은 대중에게 개방되지만 로마 교외에 있는 이 카타콤에 실제로 들어가 본 사람들은 거의 없다. 그러나 온라인상으로는 200만 명 이상의 사람들이 이미 방문하였다. 초기 기독교를 연구하는 학자인 웬디 메이어(Wendy Mayer)는 다음과 같이 쓰고 있다.

> 카타콤을 반복하여 이리저리 돌아다니면서 이 지하 장소에서 예배드리는 것은 어떠했을지를 잘 느껴보는 시각적 경험은 중요하다.
>
> 이는 카타콤과 연결된 감각적 경험 중 어떤 것들은 아직 가상 현실로 전환되지 못했다고 하더라도 그러하다.
>
> 없어진 것은 지하 회랑들의 습한 느낌이다. 그리고 이 지하 회랑들에는 강력한 현대적인 조명들이 켜져 벽 장식을 비추어 그 그림자를 드리우고 있는데 이는 1세기 기독교의 예배하는 사람들이 사용했음 직한 횃불이나 등잔불과는 매우 다른 방식이다. 또한, 빠진 것은 후각, 혹은 제한된 공간과 덜 제한된 공간들로 소리가 어떻게 움직여 가는지에 대한 경험이다.[41]

---

40 https://plus.google.com/+CatacombediPriscilla Roma/about.
41 Wendy Mayer, "The Changing Shape of Liturgy: From Earliest Christianity to the End of Late Antiquity," in *Liturgy's Imagined Past/s: Methodologies and Materials in the Writing of Liturgical History Today*, ed. Teresa Berger and Bryan D. Spinks (Collegeville, MN: Liturgical Press, 2016), 275-302, 특히 p.299.

다른 디지털로 매개되는 경험들과 마찬가지로 프리실라 카타콤을 온라인으로 방문하는 일은 실제로 카타콤을 방문한 것과 비교할 때가 아닌 그곳을 방문하지 않거나 보지 않는 경우와 비교할 때 그 힘을 발휘한다. 이는 디지털 기술이 수세기 동안 폐허로 남아있던 곳을 복원한 경우에서처럼 성소를 가상으로 방문하는 것이 그곳을 방문하는 유일한 가능성일 때 특히 그러하다.

나는 여기서 12세기 클뤼니수도원교회의 가상 재(再)건축을 생각해 본다. 이 교회는 16세기 로마의 새로운 '성 베드로대성당'이 건축될 때까지 400년 동안 가장 큰 기독교의 성소였는데 프랑스 대혁명 와중에 폐허가 되어 돌무더기로 남고 말았다. 이제 디지털 프로젝트로 파괴된 수도원의 90%가 가상으로 복원되었다.[42]

이 프로젝트는 아직도 남아 있는 그 수도원 교회 건물의 좌우 날개 안에서 디지털 스크린을 통해 나머지 10%를 복원하기 위해 현장에서 함께 작업하고 있다.

이제는 시판되고 있는 바이저(visor)를 가지고 클뤼니를 직접 방문하는 사람들은 현장을 방문하는 동안 디지털로 복원된 성소를 걸어 다닐 수 있게 될 것이다.[43] 오래된, 잊힌 예배 장소들로 들어가는 것을 허락해 주는 증강 현실(augmented reality)을 기술이 가능하게 해 줌에 따라 여기서 가상은 실제를 다시 살려내고 있다.

---

[42] Dailymotion – Cluny Numérique, "Extrait Maior Ecclesia 2010" (2011). www.dailymotion.com/video/xich3a_extrait-maior-ecclesia-2010_tech#.UZ43U7XCb To: and Dailymotion – Cluny Numérique, "Extrait Maior Ecclesia," (2009). www.dailymotion.com/video/x9j9cn_extrait-maior-ecclesia_tech.

[43] Wagner, *Godwired*, 90.

유사한 사례로 브라질의 과학자팀이 보존된 두개골을 디지털로 맵핑(mapping)함으로써 로마 가톨릭의 성인들 몇 사람의 얼굴을 복원하고 있다.[44] 이 팀은 최근 17세기의 리마의 성녀 로사(St. Rosa of Lima)의 실물 크기의 흉상을 만들어 냈다. 여성 성인들에 대한 정형화된 묘사에 대해 우려해 오던 사람이라면 그 누구라도 이런 가상(the virtual)이 여기에서처럼 그 실제를 다시 보게 해 주는 방식을 환영할 것이다.

나는 이제까지 이 장(章)의 주제에 대한 여러 가지 측면들을 조명해 주는 다양한 장소 및 사이트들과 작업해 왔다. 이 장(章)의 나머지 부문에서는 그 범위를 좁혀 보다 구체적인 탐구로 들어가 볼 것이다.

이 탐구는 디지털로 매개되는 기도 및 예배의 실행 중 두 가지의 특정한 분야에 집중할 것이다.

첫째, 고해성사의 실행에 관한 것인데 이는 디지털 시대에서 재(再)매개되고 있기 때문이다.

둘째, 디지털로 매개되는 기도와 예배의 사운드 스케이프에 대한 것이다.

---

[44] Janet Tappin Coelho, "Scientists bring saints back to life with imaging technology," athttp://religionnews.com/2016/07/18/these-scientists-bring-saints-back-to-life-using-the-latest-imaging-technology/.

(1) 사례 1: 디지털 시대의 고해성사

① 동시대의 문화적 구현

디지털 시대의 고해성사 실행들을 탐구하기 위해서는 먼저 오늘날 행해지는 고해성사의 전반에 대해 들여다볼 필요가 있다. 이것들은 더욱 넓은 문화적 콘텍스트 안에 존재하기 때문이다. 이 고해성사들의 연출은 많은 특징을 분명하게 보여 주는데 그 가운데 세 가지가 나의 특정한 관심을 끌고 있다. 세 가지의 특징은 다음과 같다.

첫째, 기독교 뿌리들로부터 대체로 닻을 올렸다는 것
둘째, 기독교의 과거 흔적들을 가지고 있다는 것
셋째, 디지털로 매개되는 사회 공간에서 번성하고 있다는 것

특히, '죄'에 대한 기독교 개념들이 더는 힘이 없다는 것이 명백하다. '죄 많음'(sinfulness)은 단지 사라진 것이 아니라 다른 곳(sites)으로 이주했거나 혹은 그 뜻이 완전히 뒤집힌 채 쓰이고 있음에도 불구하고 말이다. 예컨대, 여성들의 "일곱 가지 끔찍한 피부 미용의 죄," 또는 어떤 디저트가 "죄 많게 맛있다"(sinfully delicious)라는 긍정적 표현 등이 이에 해당한다.[45] 하지만, 오늘날의 사람들은 고해할 것이 많다. 결국, 지금은 디지털 '과다공유'(oversharing)의 시대다. 따라서 고해성사의 세속적 연출들이 매우 많이 출현하게 된 것은 놀라운 일이 아니다.

---

[45] 두 인용 모두 여성지에서 임의로 선택한 광고에서 가지고 온 것임.

이 연출들은 신중하게 대본이 만들어진 공개 사과들과 그것들을 분석하는 웹사이트로부터[46] "리얼리티 TV" 고해성사라는 새로운 장르들, 수많은 고해성사 비망록들, 그리고 가장 최근에는 온라인 고해성사 사이트들에 이르기까지 다양하다.

후자들 가운데 하나인 포스트시크릿(PostSecret)은 2005년 오프라인 공동체 예술 프로젝트로 시작된 것이었다. 이 프로젝트의 창안자인 프랭크 워렌(Frank Warren)은 우편엽서의 한쪽 면에 비밀리에 고해성사할 내용을 무기명으로 적어 자신들에게 우편으로 보내달라고 요청하였다.

이 프로젝트는 대단한 성공을 거두었고 이에 관한 여러 저서가 출판되었으며 "포스트시크릿 공동체"가 생겨났고 워렌은 이곳저곳에서 강사로 초청받았다. 포스트시크릿은 이제 웹사이트를 가지고 있으며 트위터 및 페이스북과 같은 소셜 미디어 플랫폼에도 존재한다.

2011년에는 애플리케이션을 개설하였는데 개설 후 처음 3개월 동안 200만 이상의 댓글이 달렸다.[47] 이 애플리케이션을 설치하게 된 이유는 비밀스러운 고해성사가 폭주하여 조정팀을 압도해 버렸기 때문이다.

그러나 이 프로젝트는 계속하여 우편으로 들어오는 고해들을 받아 주일마다 그 엽서들의 일부 이미지를 웹사이트에 공개하고 있다. 이 비밀스러운 고해성사의 주제는 우스꽝스러운 판타지, 혹은 부끄러운 습관을 고백하는 것에서부터 성적 학대나 결혼 생활에서의 불륜을 고백하는 것에 이르기까지 대단히 광범위하다. 고해성사의 내용과 관련된 조건은 단 두 가지다.

---

[46] www.sorrywatch.com/. 이는 "뉴스, 미디어, 그리고 역사와 문헌에 나타난 변론들을 분석하기" 위한 사이트이다.

[47] http://postsecret.com/.

하나는 이 비밀스러운 고해성사가 진실한 것이어야 한다는 점과 다른 하나는 이 비밀스러운 고해성사가 이전에는 고백 된 적이 없어야 한다는 점이다. 포스트 시크릿의 매력은 적어도 세 가지의 조합에 있는 듯하다. 익명성의 보장, 고해성사의 내용을 생각하며 이를 쓰고 설명하고 우편으로 부치는 일정한 의례(ritual), 끝으로 자신이 보낸 익명의 고해성사가 온라인에서 높은 시각성을 갖게 된다는 유혹이 그 세 가지다.

또 다른 오늘날의 고해성사 사이트도 유사한 방식으로 기능하고 있다. 이 사이트도 그 시작은 오프라인이였다. 어느 화랑에서 실행한 참여적 기획전인 '고해성사'(Confessions)는 일본의 신사에 있는 기도의 벽, 로마 가톨릭의 고해성사 실행들, 그리고 앞에서 언급한 포스트 시크릿에 영감을 받은 것이었다.

예술가 캔디 장(Candy Chang)은 라스베이거스 스트립(Las Vegas strip-라스베이거스의 가장 번화한 거리, 역주)에 있는 한 화랑에 '고해성사 부스들'을 설치하고 참여자들에게 나무 조각판에다가 자신들의 고해를 은밀히 적어 내도록 초청했다. 캔디 장은 이 익명의 나무 판들을 벽에 전시하였고 엄선된 반응들은 캔버스에 그려놓았다. 이 전시가 끝날 때쯤, 1500개 이상의 고백들이 전시되었고 이제는 이 프로젝트의 웹사이트에서 온라인으로 볼 수 있다.[48]

이 고백들은 대단히 충격적인 것에서부터 다소 우스꽝스러운 것에 이르기까지 다양하였다.

> 나는 내 친구에게 헤로인을 팔았고 그것이 그의 인생을 망쳐 버렸습니다. 내가 일하는 회사에서 15,000달러 이상을 훔쳤습니다. 나는 치즈를 너무 많이 먹습니다.

---

[48] http://candychang.com/confessions/.

이와 같은 오늘날의 고해성사 실행들의 예(例)는 쉽게 많아질 수 있을 것이다.⁴⁹ 고해성사를 위한 애플리케이션들은 특히 꽤 대중적으로 확산되어 왔다. "용서가 주는 치유의 힘 및 건강상의 유익"으로 가는 길목으로서의 "용서 훈련"을 제공하는 워크숍들도 인기가 있다.⁵⁰

오늘날의 문화는 사용자의 IP주소를 가림으로써 보장되는 고해성사의 익명성, 높은 시각성, 그리고 이에 수반되는 웰빙 증진의 약속 등의 조합을 높이 평가하는 듯하다.

사회학자 한넬로어 부블리츠(Hannelore Bublitz)는 교회에 설치된 고해소와 대비되는 미디어에서의 고해소로 들어간다는 것이 무슨 의미인지에 대해 연구해 왔다.

이런 의례들(rituals)은 '자기'(the self)가 하나의 한정되고 고착된 정체성으로서가 아니라 지속하는 프로젝트로서 이해되어야만 하는 바로 그 시점에서 자기의 수행을 창의적인 것으로 만들어 주고 향상하기 위한 것들이라고 주장한다.⁵¹ 따라서 디지털로 매개되는 고해성사는 자기 안에 문제가 있는 구석을 탐구하고, 또한 자신의 진정한 중심을 찾아 나감에 있어서 그 한계를 시험해 보도록 허용한다. 여기서는 용서 혹은 화해를 허락하는 그 어떤 권위도 쉽게 보이지 않는다.

---

49 독일어 콘텍스트에 대해서는 다음 글에서 개괄된 내용을 보라. Viktoria Bolmer, "Beichten per Mausklick," in *Neue Kirchenzeitung* (September 28, 2012), www.neue-kirchenzeitung.de.
50 아홉 단계로 구성된 용서의 방법은 "더 큰 소망, 평화, 동정심과 자신감"으로 나아가도록 이끌 수 있다고 약속한다: http://learningtoforgive.com/.
51 Hannelore Bublitz, *Im Beichtstuhl der Medien: Die Produktion des Selbst im öffentlichen Bekenntnis* (Bielefeld: transcript Verlag, 2010).

그러나 포스팅된 반응들이나 코멘트들, 혹은 코치들의 충고가 이런 권위로 기능할 수 있다. 환경 윤리학자인 사라 프레데릭스(Sarah Fredericks)는 '환경에 대한 죄'(eco-guilt)를 고백하는 온라인 고해에 대한 반응들이 일상적인 환경 운동가들의 삶에서 어떻게 의례의 부분으로 나타나는지를 보여 주었다.[52] 환경에 대해 지은 죄를 고해성사한 내용에 대한 반응들은 대체로 온라인 환경주의자 공동체로부터 오는 위로, 안심시키기, 그리고 희망 등을 제공한다.

독일의 웹사이트인 '참회의 집'(Beichthaus)은 한 걸음 더 나아가 사용자들에게 익명의 고해성사를 할 가능성과 함께 인생 상담사(life coach)에게 접속할 수 있는 권한을 제공할 뿐만 아니라 방문자들이 다른 이들의 고해성사에 반응하고 실제로 '등급'(별 하나에서 다섯 개까지)을 매기도록 허용하고 있다.[53] 획득한 별의 개수에 따라 '핫 탑'(Hot Top) 고해성사의 목록이 웹사이트에 포스팅된다. '참회의 집'(*Beichthaus*) 관련 통계 수치는 주목할 만하다.

2016년 여름 이 웹사이트에는 2만 5천 개 이상의 고해성사가 포스팅되었고, 20만 이상의 사용자를 보유하게 되었으며, 40만 개 이상의 코멘트가 달렸다. 위에서 언급했던 두 가지 미술 관련 프로젝트인 포스트 시크릿과 '고해성사들'(Confessions)과는 대조적으로, '참회의 집' 웹사이트는 고해성사에 참여하는 사람이 자신의 죄를 고백하는 대상인 그 '주님'(Lord)을 실제로 그려 보여 준다.

---

[52] Sarah E. Fredericks, "Online Confessions of Eco-Guilt," *Journal for the Study of Religion, Nature and Culture* 8 (2014), 64–84.

[53] www.beichthaus.com/index.php?h=index.

자신의 죄를 타이핑하여 이를 '공격성'(Aggression)과 같은 A 범주에서부터 '불화'(Zwietracht)와 같은 Z범주에 이르기까지 해당 범주에 태그한 뒤 다음과 같은 문장이 자동으로 타이핑되는 빨간 버튼을 클릭한다.

"주여, 저는 죄를 지었습니다. 용서하여 주소서!"

그러나 온라인 고해성사의 접수는 자동이 아니다. 내가 '참회의 집'에서 고해성사를 하려고 시도했을 때 웹사이트는 나의 고해성사가 너무 짧기 때문에 접수 불능이라고 알려 주면서 계속하여 나의 기도를 방해하였다. 그리고는 내가 지은 죄에 대해 더 자세히 고백하라고 요청해 왔는데 나는 이를 거절하였다.

'참회의 집'에 포스팅 되는 고해성사의 범위는 광범위하였는데 이는 포스트 시크릿의 경우와 유사하였다. 어떤 고해성사들은 18세 이하 관람 불가라는 표식이 달려 있을 정도였다.

이와 같은 고해성사의 더 폭넓은 문화적 구현들 한 가운데서 실제 가톨릭의 고해성사 실행들은 어떠한가?

교회의 이런 실행들은 이제껏 개괄해 본 더 넓은 콘텍스트 안에서 분명 일어나며 그 콘텍스트와 함께 구성된다. 또한, 이 문화적 콘텍스트와 가톨릭의 실행들 사이의 경계선들은 쉽게 흐려지며 디지털 영역에서 특히 그러하다. 이렇듯 경계가 흐려지는 한 예(例)가 독일의 웹사이트이며 애플리케이션인 "온라인 참회"(Beichten Online)이다.[54]

이 웹사이트의 시각성은 전통적인 가톨릭의 고해성사 실행들과 연계된 것이 분명하다. 홈페이지의 전면(全面) 이미지는 전통적인 고해소의 나무로 된 격자무늬 창살을 제시한다. 색채는 전체적으로 어둡다. 십자가 무늬

---

[54] www.beichte.de/beichtstuhl.php

의 창살이 붉은 포도주색 베일을 배경으로 검은 그림자로 나타난다. 전통적인 시각성은 여기서 그치지 않는다.

웹사이트의 톱 배너에는 휘갈겨 쓴 라틴어 문구가 나타난다.

> 성부와 성자와 성령의 이름으로 아멘(*In Nomine Patris, et Filii, et Spiritus Sancti. Amen*).

전통적인 가톨릭의 고해성사 의식(*rite*)에서는 "너의 죄를 사하노라"(*Ego te absolvo*)는 사제에 의해 선포되는 라틴어로 된 용서의 선언이 이 의식을 끝내는 문장이다. 그러나 "온라인 참회" 뒤에는 전통적인 사제도 공식적인 교회 조직도 없다. 다만, 한 개인이 있을 뿐이다.

그리고 온라인 고해성사의 단계마다 전통적인 의식의 요소들을 그대로 비추고 있긴 하지만, 거기에는 빠진 것들이 있는데 그중 가장 중요한 것이 '사죄의 확신'(assurance of forgiveness)이나 '용서의 선언'(absolution)이다. 실제로 "저는 죄를 지었고 참회합니다"라고 인정하기 위해 클릭하는 버튼 아래에는 상당히 모호한(tentative) 선언이 역시나 작은 글자로 프린트되어 있다.

> 만일, 당신이 당신의 죄를 진실로 뉘우치면 아마도 용서를 받을 것입니다.[55]

이제 이처럼 명백하게 가톨릭의 실행들을 드러내 보여 주는 오늘날의 디지털 문화의 사례들로부터 오늘날의 가톨릭 고해성사 실행들 자체를 더욱 자세히 들여다보는 쪽으로 넘어가고자 한다. 이를 위해 의례, 음악, 그

---

[55] www.beichte.de/beichtstuhl.php

리고 미술과 관련된 실행들에 특별히 초점을 맞추어 보겠다.

② 가톨릭 실행들: 의례, 시각, 소리

"온라인 참회" 웹사이트가 보여 주었듯이 가톨릭의 고해성사 실행들에 대한 전통적인 이미지는 교회의 가구인 고해소다. 고백과 화해의 성례전적 실행은 예배 역사에서 상당히 나중에 나타난 이 가구인 고해소를 넘어서는 그 나름의 강력한 시각성을 찾아내지 못하였다.[56]

이는 가톨릭교회 안에서 고해성사의 시각성을 다시 생각해 보려는 20세기의 시도들이 있었음에도 여전히 그러한데, 예를 들면 고해소를 세례반(baptismal font) 가까이에 배치한다든지 고해성사를 위한 새로운 공간들을 디자인해 본다든지 등의 시도가 있었다.

오늘날 가톨릭의 실행들에 대해 세 가지 논점들이 강조되어야 할 것이다.

첫째, 화해의 성례전적 실행들은 급격히 쇠퇴하였다는 점이 이제는 상식이 되었다.[57] 인터넷 경매 쇼핑몰인 '이베이'(eBay)에서 전통적인 고해소의 정기적 판매가 이루어지고 있는 현실은 이런 상황 전개를 보여 주는 하나의 표시에 불과하다. 공의회 이후의 개혁들을 통해 고백과 화해 의례들의 네 가지 다른 형식들을 포함하는 일련의 의례들을 창안해 냈음에도 불구하고(이 가운데 세 가지 형식은 좁은 의미의 '성사적'인 것으로 간주하고 있음) 이

---

[56] 더 많은 정보는 다음을 보라. Albert Gerhards, *Wo Gott und Welt sich begegnen: Kirchenräume verstehen* (Kevelaer: Butzon & Bercker, 2011), 120-123.

[57] 2008(!)년 이후 가장 최근의 미국 관련 통계는 모든 가톨릭 신자들의 거의 절반 정도가 고해성사하지 않는다는 사실을 보여 준다. 이에 대해서는 다음 웹사이트를 보라. www.cruxnow.com/faith/2016/04/01/church-scrambles-to-save-endangered-sacrament-of-confession/.

런 쇠퇴는 일어났다.⁵⁸

둘째, 이러한 급격한 쇠퇴에 대한 교회의 공식 반응이 가장 잘 나타났던 일이 고백과 회해 의례의 전통적 실행들을 되살리려는 방법들을 미친 듯이(frantic) 찾으려고 시도했던 것이다.

프란치스코 교황이 이 상황에 해당한다. 그는 몸소 모범을 보임으로 이를 이끌었을 뿐만 아니라 여러 콘텍스트에서 용서를 구했고⁵⁹ 공개적으로 스스로 화해의 성사를 받음으로써 크게 보아 디지털 미디어 기술들을 통해 가능해진 새로운 실행들을 이끌었다.

2016년에 거행된 "24시간 주님을 위해"(24 Hours for the Lord)를 통해 전(全) 세계의 가톨릭 교구들이 24시간 동안 그들의 문을 개방하고 성체조배와 화해의 성사를 베풀도록 하였다. 같은 해 4월 프란치스코 교황은 100명이 넘는 사제들과 함께 성 베드로광장에 의자들을 배치하고 십대들을 위한 자비의 희년(Jubilee of Mercy for Teens) 행사를 위해 로마에 온 젊은 가톨릭 신자들의 고해를 들었다.

---

58 더 자세한 내용은 다음을 보라. David M. Coffey, *The Sacrament of Reconciliation, Lex Orandi Series* (Collegeville, MN: Liturgical Press, 2001), and Martin Riß, *Feiern der Buße und Versöhnung: Zur Reform des Bußsakraments nach dem Zweiten Vatikanischen Konzil*, Theologie der Liturgie (Regensburg: Pustet, 2016). 역사적 발전에 관한 탁월한 요약은 다음을 보라. Reinhard Meßner, *Feiern der Umkehr und Versöhnung*, Gottesdienst der Kirche. Handbuch der Liturgiewissenschaft 7/2 (Regensburg: Pustet, 1992).

59 미국의 한 유력지는 2015년 교황 프란시스가 "일종의 용서 투어" 중이라고 보도하였다. *New York Times* (September 27, 2015). 교황은 최근 하나님의 이름으로 저들에게 자행되었던 "심각한 죄악들"에 대해 볼리비아 원주민들에게 용서를 구하였다. 2016년 여름에 교황은 교회가 동성애자들, 가난한 사람들, 착취당하는 여성들, 그리고 노동 착취를 당하는 아동들에게 용서를 구해야 하고 또한 무기를 축성한 일에 대해서도 용서를 구해야 한다고 공공연하게 말하였다(아르메니아에서 돌아오는 기내에서 가진 기자회견에서 2016. 6. 26). 그 사이에 교황은 발도파 신자들, 프로테스탄트들, 이민자들, 성직자들에게 학대를 받았던 피해자들, 그리고 멕시코 원주민들에게 각각 용서를 구하였다.

야외에서 젊은 가톨릭 신자들과 담소를 나누며 그들의 고해를 듣는 교황의 이미지들이 소셜 미디어를 통해 널리 퍼졌다. 비록, 잠깐이었다고 하더라도 전통적 실행들이 건재했던 또 다른 교회적 콘텍스트들도 있다.

여기서 나는 2013년 브라질의 리우데자네이루에서 열렸던 세계 청년 대회(World Youth Day)를 생각하는데 여기서는 매끄러운 이동식 고해소가 설치되었다. 2016년 폴란드 크라쿠프(Krakow)에서 열렸던 '세계 청년 대회'에서도 이와 유사하게 '화해의 구역들'을 제공하였는데 100개 이상의 고해소가 설치되었다. 그러나 그것들의 시각성은 리우데자네이루의 고해소들보다는 다소 보수적인 것이었다.

셋째, 가톨릭의 고백과 화해 의례의 실행들이 디지털 공간으로 눈에 띄게 확장되었다는 것이다.

익명의 고해성사를 위한 애플리케이션들이 더 넓은 문화 속에서 대중적인 것이라고 한다면 가톨릭교회는 사제에게 실제로 고해성사를 하는 것을 대신하기 위해서가 아니라 의식(rite)의 준비를 쉽게 해 주며 의식을 따라가는 데 도움이 되도록 고안된 것들이기는 하지만, 나름의 고해성사 애플리케이션들을 가지고 있다.[60]

또한, 신문의 머리기사를 장식할 만한 조치로서 스코틀랜드 가톨릭교회는 '고해소 찾기'(confession finder) 애플리케이션을 최초로 개설하여 GPS 안내를 통해 고해를 위한 가장 가까운 장소를 찾아줄 뿐만 아니라 현재 위치에서 다소 떨어진 곳에 있는 교구라고 해도 고해할 수 있는 장소를 찾는

---

[60] Jennifer Kane, "Season for Confession (Lent) and these apps can help!," https://catholicapptitude.org/2016/02/20/season-for-confession-lent-and-these-apps-can-help/.

일도 도와주고 있다.⁶¹ 만일, 애플리케이션을 넘어서서 더 넓은 사이버 공간으로 들어가게 되면 소셜 미디어 플랫폼들에는 가톨릭의 고해성사 관련 자료들이 넘쳐나는 것을 보게 된다.

이런 자료들은 유튜브를 통해 성례전에 대한 나름의 "단계적 안내"(step-by-step guide)를 포스팅하고 있는 비레타 모자를 쓴 텍사스의 앤디 신부로부터⁶² 고해성사에 대한 '스트레이트 샷 설명'(straight shot explanation)이 필요한 젊은이들이나 또 다른 이들을 위한 다양한 해설 비디오들,⁶³ 그리고 은혜와 성례전의 힘에 대한 신자들의 간증⁶⁴에 이르기까지 다양하다.

가톨릭교회에서 수행되는 고해성사의 의례적 실행들은 성례전에만 국한되어서는 안 된다. 가톨릭교회는 '고백의 의례적 언어들'(ritual languages of confession)을 다양하고 폭넓게 가지고 있는데 가장 중요하게는 세례식에서 처음 하나님께로 향해 돌아서는 일에서이고 또한 예를 들어, 말씀의 선포와 성찬식의 거행에서도 그렇다. 고백은 전통적 고해소에서의 고백을 넘어선 교회의 콘텍스트에서 또한 일어난다.

인터넷교회의 채팅룸이 이런 더 넓은 고백의 교회적 사이트 가운데 가장 새로운 것이다.⁶⁵ 물론, 좁은 의미의 고백 의례적 언어 이외의 것들도

---

61 Harriet Sherwood, "Catholic confession-finding app launched by Scottish church, Guardian (November 22, 2016), www.theguardian.com/world/2016/nov/22/catholicconfession-finding-app-launched-by-scottish-church.
62 www.youtube.com/watch?v=mov93Q54HTY.
63 www.youtube.com/watch?v=tvo00Ccp600.
64 www.youtube.com/watch?v=399HfiW2Iq0.
65 Theresa Haas는 독일 인터넷교회인 St. Bonifatius에 관한 연구에서 이와 같은 채팅방 고해성사를 인용하고 있다. 이에 대해서는 그녀의 Universität Koblenz Landau, M.A.) (2016), "Virtuelle Transzendenz: Religiöse Vergegenwärtigungspraktiken am Beispiel der

있다. 예를 들어, 소리의 관점에서 보면 대단히 전통적인 예배 형식들이 오늘날의 문화 속에서도 결코 진부하지 않을 뿐만 아니라 그것들이 신앙을 오랜 옛 방식대로 침울하게(somber) 실행하도록 불러온다는 바로 그 이유로 공감을 얻고 있다.

아르보 패르트(Arvo Part)가 1997년 '쾰른대성당' 750주년을 기념하기 위해 작곡한 '회개의 캐논'(Canon of Repentance)이 여기에 해당할 것이다. 이 곡의 텍스트적 기초가 되는 것은 동방 정교회의 긴 회개와 고백의 기도이다. 이 '캐논'은 고해라는 주제를 둘러싼 오늘날의 디지털로 매개되는 사운드 스케이프에 대해 많은 것을 말해준다.

페르트가 작곡한 합창 부분은 교회에서 사용하는 슬라브어 가사로, 아카펠라로 불린다. 이 사운드 스케이프는 전통적이고 심각하며 명상적인 분위기를 불러일으킨다. 이런 분위기는 여러 편의 유투브 비디오들이 보여 주는 것처럼 공연을 통한 실행으로 강조될 수 있다. 가수들은 어둡게 연출된 공간 속에서 촛불을 따라 행렬을 지어 움직인다.[66]

그러나 패르트의 음악은 혹자가 생각하는 것처럼 오늘날의 청중을 소외시키기보다는 그것이 회개와 고백의 전통적 실행에 중심을 두고 있을 때조차도 문화적으로 대단히 매력적이다. 이런 매력을 지니는 것은 패르트의 음악만이 아니다. 대중 문화 안에서 그레고리안 성가에 크게 매료되는 것은 여기에 해당하는 또 다른 경우다.

Online-Kirche St. Bonifatius,"를 보라. 텍스트는 다음의 웹사이트에서 구할 수 있다. www.st-bonifatius-funcity.de/aktuelles/, 105.

66 예를 들어, Ode VII로부터 발췌한 것을 보라. 이는 다음 사이트에서 찾아볼 수 있다. www.youtube.com/watch?v=dtV03aEBRSA.

엄숙한 라틴어 성가인 "진노의 날"(Dies Irae)을 올린 하나의 버전이 유투브에서 거의 25만 뷰를 기록하였는데[67] "매우 차분하게 만들어 주는 힐링 음악" 등과 같은 표현을 달고 더 넓게 문화적으로 출현하는 그레고리안 성가는 더 말할 필요도 없을 것이다.[68]

물질적이고 특별히 건축학적 고해 장소들이라는 관점에서 볼 때, 가톨릭교회는 그 오랜 실행에 대한 오늘날의 강력한 시각 기호를 찾아내지 못한 듯 보인다.[69] 이는 가톨릭교회들에서 고해성사의 시각성을 다시 생각하려는 20세기의 시도들이 있었음에도 여전히 그러하다.

로마에 있는 소위 희년교회(Jubilee Church)와 같은 전위적인 교회조차도 고해성사에 관한 새로운 길을 건축학적으로 열어 주지는 못하고 있다. 이 희년교회는 저명한 유태계 미국인 건축가인 리차드 마이어(Richard Meier)가 설계하여 "하나님, 자비로우신 아버지"께 봉헌한 것이다.

이 성소는 마이어의 특징인 '희고 밝은' 스타일을 반영하고 있는데,[70] 고해성사를 위한 교회의 공간은 원래 대면(大面) 고해성사를 위해 디자인한 작은 방들 몇 개를 배치해 두었을 뿐이다. 여기에 보다 '전통적인' 고해

---

[67] www.youtube.com/watch?v=dsn9LWh230k.
[68] www.youtube.com/watch?v=W-hrBhA4XkM.
[69] 이는 전통적인 고해소가 동시대의 시각 예술 프로젝트의 중심이 될 수 없다는 뜻은 아니다. 이와 관련하여 Marcella Hackbardt의 일련의 아름다운 사진들을 보라. www.slate.com/blogs/behold/2016/08/05/marcella_hackbardt_photographs_italian_confessionals_in_her_series_true.html.
[70] Meier 자신이 이 교회에 대해 "빛 자체가 아이콘이며, 그 건축물은 침묵하고 있으나 궁극적으로는 무언가를 알게 해 주는 매개"라고 말한 바 있다. Richard Meier, "Jubilee Church," in Constructing the Ineffable: Contemporary Sacred Architecture, ed. Karla Cavarra Britton (New Haven, CT: Yale School of Architecture and Yale University Press, 2010), 148-157, 특히 p.157.

소가 추가되고 있다.

또한, 이탈리아 남부의 산 지오반니 로톤도(San Giovanni Rotondo)에 건축된 새로운 성 빠드레삐오(*St. Padre Pio*)성당이 보여 주는 것처럼 세계적으로 저명한 건축가들에 의해 지어진 가장 최신의 교회들에서조차 단조로운 고해소가 대세다.

렌조 피아노(Renzo Piano)가 설계한 성소는 2004년에 봉헌되었다. 이 성소는 피에트렐치나의 성 비오 신부의 무덤 주변에 전(全) 세계에서 두 번째로 방문객이 많은 가톨릭교회을 찾는 수백만 명의 순례자들을 수용하기 위해 지어진 것이었다.

비오 신부(1887-1968)는 가톨릭에서 말하는 매우 전통적인 성스러움(sanctity)의 여러 가지 특징을 체현한 남성으로 그 가운데는 고백을 듣는 일에 깊이 헌신했던 점이 포함된다.

비오 신부는 하루에 열다섯 시간 동안이나 고백을 들었던 날이 많았던 일화로 유명하다. 산타 마리아 델라 그라지에 있는 작고 오래된 성당에서 그가 수년 동안 사용했던 소박한 고해소는 그 자체가 순례의 장소가 되었다.

이제는 그 고해소가 유리로 만든 울타리 안에 들어있는데 이 고해소 앞 공간은 손으로 쓴 쪽지들, 사진들, 그리고 순례자들이 유리 벽 안으로 던져 넣은 동전들로 가득하다.[71] 달리 말하자면, 비오 신부의 고해성사는 그의 사목의 핵심 주제였고 그가 성자가 될 수 있었던 이유이기도 하다.

---

[71] 비오 신부가 실제로 이 고해소에 앉아 있는 사진들이 몇 장 존재한다. 이 사진들은 온라인에서 쉽게 구할 수 있는데, 예를 들면 Pinterest, 여러 가지 블로그들, 그리고 비오 신부에게 헌정된 웹사이트 등이 그것이다. 이 중 웹사이트에는 고해성사하려고 기다리고 있는 사람과 고해소 자리에 앉아 있는 비오 신부의 모습이 담긴 희귀한 비디오가 존재한다.

그러나 비오 신부의 전통적인 고해소에 대한 깊은 애착에도 불구하고 그에게 헌정된 새로운 성당은 그 지하로 내려가는 입구 근처에 30여 개의 고해소를 일렬로 늘어놓았을 뿐이다. 이 고해소들은 또한 비오 신부의 사역에 있어 핵심 장소였던 전통적인 고해소를 불러오거나 혹은 그 새로운 시각적 근거를 주장하기보다는 그저 공공 창고가 지니는 시각적 매력을 물씬 풍기고 있을 뿐이다.

고해성사에 관한 건축학적 시각성이 눈에 띄게 침체한 것과는 대조적으로, 고해성사에 관한 교회의 "미시 의례적 몸짓들"(micro-ritual gestures)이라고 부를 만한 것은 급증해 왔다. 여기서 미시 의례적 몸짓들이란 회개, 고해, 그리고 화해에 대한 오늘날의 기호와 몸짓들을 의미한다. 로완 윌리암스(Rowan Williams)는 이처럼 작고 '간소한'(modest) 몸짓들에 대해 묘사했다.

> 상징적인 무게는 무겁지만, 현실적으로는 제한된 행위 곧 다른 방식으로 실행되었을지도 모르는 것을 단순하게 선언해 주는 행위이다.[72]

이런 몸짓들의 이미지들이 디지털의 사회적 공간에서 빠른 속도로 퍼져 나감에 따라, 이런 몸짓들의 중요성이 결정적으로 증대되었다. 다음의 두 가지 사례가 이 점을 잘 설명해 준다. 2015년 6월 로마 가톨릭 교황으로서는 처음으로 한 발도파교회(Waldensian church)를 방문한 프란치스코 교황은 그 공동체에 다음과 같은 말로 용서를 구하였다.

---

[72] Rowan Williams, "Embracing Our Limits," *Commonweal* (October 9, 2015), 13-15, 특히 p.14.

가톨릭교회 편에서 여러분의 용서를 구합니다. 우리가 여러분에게 보여드렸던 기독교인답지 못한 것들과 비인간적이었던 태도와 행위들에 대해 용서를 구합니다. 주 예수 그리스도의 이름으로 저희를 용서해 주십시오.[73]

첫째, 교황의 이 발언만큼이나 중요했던 것이 그가 발도파 공동체의 성서를 보고, 그 성서에 입을 맞춘 행동이었다. 이는 경배는 아니더라도 존경을 표현하는 의례적 기호였다. 교황이 발도파성경에 입을 맞추는 사진들이 재빨리 퍼져나갔는데, 그 못지않게 감동적인 교황의 발언보다 훨씬 더 멀리 퍼져나갔다.

둘째, '간소한 몸짓'도 이와 유사한 수용사(reception history)를 지니고 있다. 그리스도의 세례(Baptism into Christ)를 기념하기 위한 어느 에큐메니컬 예배에서 로마 가톨릭의 보스턴 대주교인 션 오말리(Sean O'Malley) 추기경은 자신의 이마에 십자가 성호를 받았다. 그에게 성호를 그어준 사람은 한 연합감리교회의 여성 목회자인 앤 로버트슨(Anne Robertson)목사였다. 그녀가 했던 말은 간단한 것으로, 우리의 세례를 기억하고 감사하자는 기본적인 초청이었다.

그 발언보다 훨씬 더 큰 소리로 무언가를 말해 준 것은 예전복을 입은 한 여성으로부터 로마 가톨릭의 추기경이 머리를 숙이고 성호를 받는 이미지 자체였다. 이 이미지는 빠르게 소셜 미디어를 통해 퍼져나갔고 그에 대한 반응들은 대단히 다양하였다.

---

[73] Pietro De Cristofaro and Nicole Winfield, "Pope Francis: Forgive Catholic persecution of evangelical Christians," CTV News (June 22, 2015), www.ctvnews.ca/world/pope-francis-forgive-catholic-persecution-of-evangelical-christians-1.2434121.

(2) 사례 2: 기도와 예배의 디지털 사운드 스케이프

예배 실행들과 관련된 디지털로 매개되는 자료들의 증가에 대한 두 번째 보기는 예배 음악 비디오들의 출현과 증대이다. 이것들은 지금까지는 이를 인정한 학자들이 거의 없었던 그런 방식으로 기도 및 예배의 가톨릭적 실행들과 종횡으로 교차하고 있다.

예배 음악 비디오들은 복음주의적이고 카리스마적인 공동체들 안에서 그리고 이들의 연구에 전념하는 연구 분야에서 특히 두드러지지만,[74] 이런 종교 음악 비디오들은 가톨릭 콘텍스트 안에서도 존재하고 또 번성하고 있다. 모니크 잉갈스(Monique Ingalls)는 이런 비디오들을 다음과 같이 묘사하고 있다.

> 예배 음악 비디오들은 새로운 양식의 온라인 의례 실행 속으로 음악, 텍스트, 그리고 이미지들을 함께 가지고 오는데 이는 공적 경건함과 사적 경건함의 사이, 온라인 예배와 오프라인 예배의 사이, 그리고 시청각적 소비와 생산 사이를 구분하는 것에 도전하고 있다.[75]

이런 비디오들을 복음주의 공동체에 초점을 맞추고 연구하고 있는 잉갈스는 다음과 같이 말하였다.

---

[74] Monique M. Ingalls의 연구, 특히 그녀의 다음 논문을 보라. "Worship on the Web: Broadcasting Devotion Through Worship Music Videos on YouTube," in *Music and the Broadcast Experience: Performance, Production, and Audiences*, ed. Christina Baade and James A. Deaville (New York, NY: Oxford University Press, 2016), 293-308.
[75] Ingalls, "Worship on the Web, 293.

기독교인들의 새로운 시청각 예배 실행들에 영감을 주는 것이었다.[76]

이는 가톨릭 기독교인들에게도 마찬가지다. 복음주의적 기독교인들과 마찬가지로 가톨릭의 아마추어 작가들은 자신들의 사적인 혹은 상업적인 오디오 혹은 비디오 녹음들 위에 간단한 가사들에서부터 다양한 이미지들에 이르는 시각 효과들을 덧입힌 음악 비디오들을 포스팅하고 있다.

예를 들어, 유투브는 '가톨릭 찬양과 예배'(Catholic praise and worship)라는 플레이리스트를 제공하고 있는데 여기에는 115편의 뮤직비디오가 들어있고 75만 이상의 뷰를 기록하고 있다. 17개의 비디오가 들어있는 '가톨릭교회의 노래들'(Catholic church songs)은 거의 50만 뷰를 기록한 적이 있다. 이들은 가톨릭 영성을 불러오는 수많은 플레이리스트 가운데 두 개에 불과하다. '그레고리안'(Gregorian), 혹은 '미사'(Mass) 같은 용어를 포함하는 다른 것들도 있다. 소셜 미디어 사이트 하나만 더 언급하자면, 핀터레스트(Pinterest)도 가톨릭 음악과 관련하여 수많은 핀(pin)과 보드(board)를 가지고 있다.

유투브나 핀터레스트와 같은 소셜 미디어 사이트에 자신의 작품들을 쉽게 올릴 수 있는 점과 광범위한 접근성을 가지고 있는 점이 거대한 양의 음악 '프러섭션'(prosumption, 생산과 소비의 융합)을 발생시켰다. 또한, 이런 뮤직비디오들은 소리뿐만 아니라 그 정도와 깊이가 서로 다른 시각성도 담고 있다.

명백하게 인터넷 청중을 위해 고안된 가톨릭의 종교 음악 비디오의 한 예(例)가 '성녀 테레사의 영혼'(The Spirit of St. Teresa)이다. 이 뮤직비디오는 2015년 3월 아빌라의 성녀 테레사의 500회 생일을 기념하기 위해 제작되

---

76 Ingalls, "Worship on the Web, 293.

어 유투브에 포스팅되었다.[77]

전(全) 세계로부터 모여든 엄격한 수도원 생활을 하는 가르멜(Carmelite) 수도회의 수녀들이 가르멜수도회의 평신도 여성들과 함께 이 뮤직비디오를 위해 가상 성가대를 구성하였고 헤드폰과 웹캠이 장착된 컴퓨터를 사용하여 이 뮤직비디오를 제작하였다. 거의 100명에 달하는 가르멜수도회 사람들로 이루어진 이 가상 성가대는 그들의 창립자의 명상인 "두려워말라"(*Nada Te Turbe*)의 가사에 근거하여 작곡한 새로운 합창곡을 연주하였다.

그 결과로 나온 6분 30초 분량의 뮤직비디오는 다층적이고 정교하며 기술적으로 최상의 작품이다. 이 뮤직비디오는 성가대 구성원인 가르멜수도회 사람들이 등장하는 클립, 그리고 각 수녀가 자신의 이름과 소속 수도원을 소개하는 클립들로 열린다.[78]

이 클립들의 속도가 점차 빨라지면서 그 중심에 그저 밝은 빛이 있는 거대한 나선(spiral)형이 나타난다. 성가대가 노래를 부르기 시작함에 따라 비디오 클립들은 돋우어진 플랫폼 위에 지휘자와 함께 반원형의 합창대 형태로 나란히 배열된다. 성가대 양옆에 있는 가상의 무대 조명들이 현재 진행 중인 주요 합창 공연의 이미지를 강조해 준다.

---

[77] www.youtube.com/watch?v=Q8qkNLmkHLY. 가르멜수도회의 두 번째 가상 성가대는 성녀 테레사의 500회 생일을 기념하여 "성모찬미가"(*Salve Regina*)를 연주하였다. 이 가상 성가대는 전 세계로부터 참여한 가르멜수도회의 수녀들, (탁발) 수도사들, 일반 대중들로 구성되어 가르멜수도회의 다양성과 국제성(internationality)을 잘 보여주고 있다. 이에 대해서는 다음 사이트를 보라. www.youtube.com/watch?v=FxElBk8FZQc.

[78] 엄격하게 수도원 생활을 하는 가르멜수도회의 수녀들이 보여 주는 디지털로 매개되는 가시성(visibility)은 21세기에 수도원 울타리가 갖는 의미에 대해 질문을 제기한다. Isabelle Jonveaux는 종교 공동체와 인터넷에 관한 그녀의 책에서 이런 문제들을 일부 탐구하였다. 이에 대해서는 다음을 보라. *Dieu en ligne: Expériences et pratiques religieuses sur Internet* (Montrouge Cedex: Bayard, 2013), 특히 pp. 34-37, 82-92.

성가대가 노래를 부르는 동안 과거의 가르멜수도회 여성들의 이미지들이 그 배경에 천천히 나타난다. 그들은 연대기적으로는 역(逆) 순서로 나타난다. 가르멜수도회의 수녀가 되었고 아우슈비츠에서 살해당했던 유태계 독일인 철학자 에디트 슈타인(Edith Stein, 1891-1942)인 성녀 '십자가의 테레사 베네딕타'(St. Teresa Benedicta a Cruce)가 가장 먼저 나타나고 그 뒤를 이어 스페인 과달라하라의 가르멜수도회 소속인 세 명의 순교자들이 나타난다.

이 비디오를 보는 사람은 가르멜수도회 안에서 시대를 거슬러 올라가는 경험을 하게 된다. 이러한 '시간 거슬러 올라가기'는 테레사의 영성에 핵심이 되는 이미지를 압축하고 있는 정원에서의 어떤 장면과 같이 배치된다. 그 영성은 자신의 친구이며 신랑인 예수 그리스도를 향한 가르멜수도회 수녀의 영성이다.

마지막으로 시간을 거슬러 올라가는 이 여행은 성녀 테레사 자신에게로 도달하여 성녀의 이미지들과(이는 생애 후반기에 그려진 "실제의" 이미지와는 다른 것이지만) 중세 도시인 아빌라의 벽 사진이 스크린을 가득 채우게 된다. 그러다가 스크린을 가득 채운 붉은 색과 보라색의 선명한 저녁 색상들이 대낮의 선명한 녹색으로 바뀌면서 보는 이로 하여금 '성녀 테레사의 정신'(The Spirit of Saint Teresa)에 대해 숙고해 보도록 해 준다.

이상과 같은 표현에서 분명히 나타나듯이 이 뮤직비디오는 다층적이며 정교하다. 풍부한 기악곡과 성가대의 노래가 전체적인 시각적 경험의 배경이 되는 듯하다. 이런 인상은 뮤직비디오의 사운드 스케이프가 영화 음악과 비슷하다는 사실에 의해 강화된다.

사운드 스케이프는 전면적(sweeping)이며 애조(elegiac)를 띤다. 기악(器樂)곡이 강력한 기타 코드들을 반복적으로 사용하지만, 뮤직비디오의 시각성이 더 지배적인데 전자는 의심할 여지 없이 성녀 테레사의 스페인적 유산을 보여 주는 것이다.

이 종교 음악 비디오는 전통적인 음악의 공연 실행들을 사진들, 이미지들, 테레사파의 주제들(Teresian motifs)과 함께 디지털 기술들의 고급스러운 사용을 통해 재매개하고 있다. 유투브에서의 뮤직비디오의 수용사의 관점에서 볼 때 "두려워말라"의 다른 연주들은 특히 잘 알려진 '떼제'(Taizé) 버전보다 뷰와 댓글 수가 훨씬 더 많다.[79]

"두려워말라"가 연주된 그 범위는 개인적 연주에서부터 '세계 청년 대회'의 성가대들의 합창 비디오에 이르기까지 실로 넓다. 떼제 공동체로부터 가져와서 2009년에 업로드된 한 버전은 300만 이상의 뷰와 8,000개 이상의 코멘트가 포스팅되었다.[80]

그러나 "두려워말라"의 가장 대중적인 버전들보다도 훨씬 더 대중적인 것이 예전에 선호되던 가톨릭의 찬트, 찬송, 노래들이다. "아베 마리아," "성모 찬미가"(Salve Regina), "성령 찬미가"(Veni Sancte Spiritus), 그리고 "성체 찬미가"(Ave Verum Corpus) 등의 연주들은 유투브상으로 수백만 뷰를 기록하고 있다.

유투브상에서 단지 보는 것뿐만 아니라 구독하고 코멘트 하는 옵션을 가지고 열성적인 사용자들이 이 새로운 기술과 종교 아이템에 대한 경험들을 공유하고 토론함에 따라 전혀 새로운 공동체들이 이들 가톨릭 뮤직 비디오들 주변에서 형성되고 있다.[81]

---

79 여기서는 시간이 한 요소이다. "The Spirit of St. Teresa"는 2014년 8월 이후로만 온라인에 존재한다.
80 www.youtube.com/watch?v=go1-BODDZCI.
81 복음주의 예배 음악 비디오들과 관련하여 나타나는 이와 같은 공동체 형성에 대해

실제의 예배 이벤트들을 캡처하는 가톨릭 뮤직비디오들의 숫자도 적지 않다. 여기서 예배 실행들의 요소들이 큰 힘을 들이지 않고 사이버 공간으로 이주하고 있으며, 유투브를 들여다보는 사람들만이 알 수 있는 온라인상의 수용사를 가지고 있다.

이제 디지털 매개 안에서 가톨릭 음악의 개념은 결코 선명하게 구분되지 않는다. 명백하게 콘서트 공연인 온라인상의 "아베 마리아" 연주들이 있다. 비록, 오프라인에서의 예배 및 기도 음악의 콘서트 공연에서처럼 누구도 듣는 이로 하여금 이 거룩한 음악들과 함께 기도하는 일을 막을 수 없다 하더라도 그러하다.

이 스펙트럼의 반대쪽 끝에서는 수도원적인 사운드 스케이프를 '엠비언트 믹서'(Ambient Mixer)로부터 얻을 수 있는데 여기서 우리는 나름의 '잔잔한 종교적 분위기의 소리'(ambient religious sound atmospheres)를 믹스할 수 있다(Ambient는 '잔잔한'이란 뜻의 단어이지만, 앰비언트라 함은 일렉트로닉 뮤직의 한 장르이기도 함, 역주).[82]

이때 선택 가능한 소리에는 '천국, 노트르담, 드루이드의 거룩한 장소, 아즈텍의 희생 제사 사원, 그리고 이교도의 모닥불 뿐만 아니라 수녀원과 수도원의 소리까지가 포함된다.

디지털의 사회적 공간에서 더 분명하게 경계가 지어진 가톨릭의 사운드 스케이프로 돌아가기 위해 나는 결론으로서 이 사운드 스케이프가 얼마나

Daniel Thornton과 Mark Evans가 연구한 바 있는데 이 점에 대해서는 그들의 다음 논문들을 보라. "YouTube: A New Mediator of Christian Community," in *Congregational Music-Making and Community in a Mediated Age*, ed. Anna E. Nekola and Tom Wagner, Congregational Music Studies Series (Burlington, VT: Ashgate, 2015), 141-160.

[82] http://religion.ambient-mixer.com/.

방대한지를 강조하고자 한다. 이는 이 장(章)에서 언급할 수 있는 범위를 훨씬 넘어서는 것이다.

예를 들어, 성체조배의 유튜브 비디오들에 나오는 사운드 스케이프(시각성도 함께)나[83] 기도 애플리케이션에서 사용되는 음악, 혹은 디지털로 매개되는 가톨릭의 예배 실행들에서 종소리를 사용하는 것 등에 보다 주목할 필요가 있다.[84] 그러나 지금은 이 장(章)을 마무리해야 할 시간이 되었다.

요약해서 말하자면, 나는 '디지털 사물들'(digital stuff)의 방대한 영역들 가운데 일부 측면들을 그것이 오늘날의 기도와 예배 실행들을 형성해 주기 때문에, 특히 시각성과 사운드 스케이프에 주목하면서 강조하였다. 가톨릭의 물질성의 세계는 디지털 시대의 도래와 함께 상당히 확장되어 온 것이 분명하다.

이 확장의 많은 부분은 전통적인 것의 재매개나 재혼합을 통해서 이루어졌다. 어떤 경우에는 이 확장이 매우 오래된 예배의 물질성들을 재매개하거나 재혼합함을 통해 이루어졌다. 디지털 기술들이 그와 같은 재혼합을 가능하게 해 주었고 또한 이를 아주 쉽게 만들어 주었기 때문이다.

그러나 적어도 가톨릭 예배의 콘텍스트에서는 그것이 디지털 영역에서 재매개될 때 상당한 불안감을 조장하는 '예배의 사물들'(liturgical stuff)의 특정한 부분 집합이 있다. 그것은 성례전이라고 이해되는 일련의 예배 기호와 상징들이다. 다음 장(章)에서는 그것들을 살펴볼 것이다.

---

[83] 예를 들어, "Adoration Prayer + 3 Mins Eucharistic Adoration," 다음 사이트를 보라. www.youtube.com/watch?v=t27TaLTm79Y&list=RDt27TALTm79Y#t=16.

[84] 예를 들어, 성무일도 애플리케이션(Divine Office app)에서는 사운드 스케이프가 공동체에서 기도하고 노래하는 목소리들만으로 이루어져 있지 않다. 각 기도 시간의 시작과 끝에는 종소리가 들려 봉독 후의 "성스러운 침묵"을 지시해 준다.

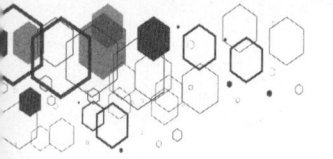

제5장

성례전의 비트와 바이트

온라인 예배에 있어서 가장 도전적인 문제는 디지털로 매개되는 성례전 실행의 문제이다. 많은 도전 가운데 이 근본적이고 복잡한 문제를 어떻게 다루는 것이 최선인지에 관한 문제가 있다. 이 책에서의 나의 성찰은 이미 시작되어 작동 중인 '온라인 성례전'에 관한 입장들이 스펙트럼의 양극단 사이를 오가는 것임을 인정하는 것으로 시작하고자 한다. 스펙트럼의 한 쪽 끝은 디지털을 부정하는 입장이다.

디지털로 매개되는 성례전 실행들에 대한 이러한 부정은 이 문제가 존재한다는 것을 고집스럽게 망각하거나, 아니면 적절한 질문들이 밝혀지기도 전에 미리 신학적 성찰을 필연적으로 차단해 버리는 진술들 때문에 나타난다.

2002년에 교황청이 발표한 "인터넷상에는 성례전이 없다"라는 주장은 후자에 가까운데,[1] 다만 주의 깊게 읽어보면 이 문서가 전반적으로는 작지만 중요한 차이를 상당히 반영하는 태도를 보여주고 있다는 사실을 인정

---

[1] The Church and Internet (2002). #9; www.vatican.va/roman_curia/pontifical_councils/pccs/documents/rc_pc_pccs_doc_20020228_church-internet_en.html.

한다 하더라도 그러하다.²

스펙트럼의 그 반대쪽 끝에는 인터넷 세례식, 사이버 성찬식, 디지털로 매개되는 고해성사, 그리고 사이버 공간으로 이주하는 여러 단계에서 실행되는 여러 다른 성례전 실행들을 안일하게 환영하는 태도가 있다. 이렇듯 "온라인 성례전들"을 열성적으로 환영하는 일은 대부분은 제기되어야 할 질문들이 밝혀지기도 전에 그 대답을 앞당기는 것에 해당한다.

1. 질문 탐구

이번 장(章)에서의 나의 숙고는³ 이 반대되는 양극단들 사이의 스펙트럼을 오갈 것이다.

그러나 나의 임무가 사이버 공간에서의 성례전 실행들이라는 질문을 해결하기 위해 그 해답을 찾는 것으로 생각하지는 않는다. 실제로 나는 이 장(章)의 결론 부분에서 성례전의 매개라는 질문들은 시간을 따라 흐르는

---

2 예를 들어, 이 문서는 비록 이런 경험들이 불충분한것이라고 선언하였으나 "그곳에서도 하나님의 은혜로 종교적 경험들이 가능하다"(#9)라고 인정하였다. 이 텍스트는 또한 성례전과 예식의 성육신적 실재를 보충해 주는 사이버 공간의 가상 현실을 보여 주었으며 가상 현실은 "사람들이 신앙 생활의 경험을 보다 충만하게 하고 사용자들의 종교 생활을 풍요롭게" 해 줄 수 있다고 제시하였다(#5). 그러나 동시에 "The Church and Internet"은 이렇게 주장하였다: "가상 현실은 성찬식에 임하시는 그리스도의 현존, 다른 성례전들이 갖는 성례전적 실재, 그리고 실제로 인간들이 모인 공동체에서 공유되는 예배를 대신할 수 없다."(#9). 이는 "The Church and Internet"이 Web 2.0.의 출현 이전의 것임을 상기시켜 준다.
3 이 장의 제목과 관련하여, "bits"는 컴퓨터 저장의 가장 작은 단위를 가리키는데 기본적으로 0s와 1s이다. "byte"는 8 bits로 구성된 데이터의 단위이다.

기독교 공동체의 여정과 공존한다고 주장할 것이다.

이 여정에 대한 시기상조의 답들은 실행 불가능할 뿐만 아니라 역효과를 낳을 수도 있다. 나의 이런 주장은 즉각적일 뿐만 아니라 클릭 한 번으로 가능한 답들을 얻을 수 있는 오늘날의 문화적 콘텍스트를 고려해 볼 때, 확실히 인기가 없다는 사실을 잘 알고 있다.

또한, 나도 이것은 틀린 질문이라고 생각하지만, 대중적인 웹사이트인 *Answers.com*[4]에 "온라인 성례전은 가능한가?"라는 질문을 제기한 적도 있다.

이 웹사이트는 "원-스톱"(one-stop) 해답을 제공하는 사이트라는 점에 자부심을 느끼고 있는데 현재까지 사용자들이 올린 답글들은 140억 개에 달한다.[5] 2016년 6월에 처음으로 제기한 "온라인 성례전들"에 관한 나의 질문은 "성례전들"이라는 범주에 있어서 아직 답을 찾지 못한 탐구 중의 하나로 여전히 남아 있다.

'가톨릭 해답들'(Catholic Answers)이라는 멀티미디어 플랫폼도 존재하지만,[6] 이 플랫폼의 표명된 목적이 '신앙을 설명하고 옹호하는 것'이기 때문에 "온라인 성례전들"에 관해 질문을 던지게 되면 아마도 2002년에 발표된 교황청 문건인 「교회와 인터넷」을 즉각 인용하며 대답할 가능성이 십중팔구이다. 하지만, 이 문서가 발표된 지 15년이 지난 오늘날에는 이에 대한 추가적 성찰이 필요하다.

---

4   www.answers.com/.
5   https://s3.amazonaws.com/answ-img/AnswersMediaKit_20130201.pdf.
6   www.catholic.com/.

디지털로 매개되는 성례전 실행들이라는 문제에 대해 "원-스톱"으로 해답을 제시하기보다는 이번 장(章)에서는 더욱 간소한 과제를 제안하고자 한다. 이에 따라 나 자신이 근본적이고 중요하며 지금 다루고 있는 주제에 필수불가결하다고 여기는 질문들을 구체화하려고 노력할 것이다.

"온라인 성례전은 합법(legit)인가?"[7]
이런 지나치게 단순화한 질문은 여기에 해당하지 않는다.
또한, 이미 제기된 것이기는 하나 "예수라면 이 인터넷을 어떻게 하셨을까?"
이런 질문 또한 여기에 해당하지 않는다.[8]

디지털로 매개되는 성례전 실행들에 관해 물어야 할 근본적인 질문들을 밝혀내는 일이 중요하지 않은 것들로 보일지 모르지만, 심지어는 실망스러운 것들로 보일지 모르지만, 그러나 실상 이 과제는 대단히 중요한 것이다.

데니스 포드(Dennis Ford)가 그의 최근 저서 『매개된 하나님을 위한 신학』(*A Theology for a Mediated God*)에서 지적했듯이 "질문들은 어떤 특징들에 대해서는 우리의 관심을 불러일으켜 주목하게 하고 다른 특징들은 무시하게 만든다는 의미에서" 질문들은 은유와 같다.[9]

포드는 문&답(Q&A)이라는 전형적인 순서(sequence), 즉 답을 찾는 질문들은 실제 삶에서는 그 순서를 일상적으로 완전히 뒤집어 생각하게 된다

---

[7] 이는 한 블로그에 제기되어(posed) 있는데 이에 대해서는 다음 블로그를 보라. http://blog.ourchurch.com/2009/12/08/online-church-part-3-are-online-sacraments-legit/.

[8] Stephen J. Guinn, "A word about ... the digital presence of Christ," *Review and Expositor* 113.1 (2016), 13-15, 여기서는 p. 13를 보라.

[9] Dennis Ford, *A Theology for a Mediated God: How Media Shapes Our Notions about Divinity* (New York, NY: Routledge, 2016), 6.

고 제시하고 있다. 우리는 생명력이 없는 것처럼 보이는 '답들'을 너무 많이 가지고 있다는 것이다. 왜냐하면, 해답을 줘야만 하는 질문들에 대해서는 묻지도 않고 검토도 하지 않기 때문이다.[10] 사용자들이 올린 140억 개의 답글들을 보유하고 있는 *Answers.com*은 포드의 이 주장에 동의하지 않을 것이지만 나는 제기되어야 할 질문들을 밝혀내고 성찰하면서 그 질문들을 날카롭게 만드는 일이 신학의 핵심적인 과제라고 믿는다.

이와 같은 질문 찾기는 디지털로 매개되는 성례전 실행들과 관련하여 특히 중요하다. 이 과제를 실행하기 위해 이 장(章)은 다섯 단계로 진행될 것이다. 먼저 디지털로 매개되는 성례전 실행들을 정확하게 보게 해 주는 일련의 이야기들로 시작할 것이다. 서로 다른 이야기들이 "온라인 성례전"이라는 용어 아래 모여든 상당히 다른 특색들을 보여 주는데 바라건대 이것들이 "원-스톱"(one-stop) 해답들을 찾으려는 어떤 열망도 잠재워줄 것이다.

다음으로 미디어, 매개, 그리고 성례전에 관해 어떻게 생각할 것인가, 또한 어떻게 생각하지 않을 것인가에 대한 신학적 기본 규칙들을 수립해 볼 것이다.

이 기본 규칙들에 근거하여 핵심적인 두 가지의 성례전을 다루어볼 것인데, 먼저 성찬식 실행들, 그리고 두 번째로 훨씬 간단하게 세례식 실행들을 살펴보고 이 두 가지 성례전을 둘러싼 디지털 매개의 과정들을 탐구해 볼 것이다. 각각의 경우 디지털 매개가 어떤 특정한 도전들을 던져주는지에 대해 질문할 뿐만 아니라 예배 전통이 한 특정한 성례전의 매개들에 대해 숙

---

[10] Ford, *A Theology for a Mediated God*, 11. Ford는 여기서 영국의 철학자이며 역사학자이며 고고학자인 R. G. Collingwood (d. 1943)에게 의존하고 있다.

고해 볼 수 있도록 어떤 자원들을 제공해 주는지도 질문할 것이다.

이 탐구를 기초로 하여 다음으로는 "성례전"이라는 단어가 언급된다고 해서 아날로그로 멈춰 서지 않는 그런 디지털 문화 속에서 교회가 살아남으려고 애쓸 때 추구해야만 하는 중요한 질문들을 밝혀볼 것이다.

2. 이야기 말하기

나는 사이버 공간에서의 성례전 매개들이라는 문제를 매우 다른 방식들 및 콘텍스트들에서 제기해 주는 두 가지 이야기로 시작할 것이다.

첫째, 유튜브에 그 비디오가 포스팅되었던 2008년도의 "인터넷 세례식"에 관한 이야기이다.[11] 이 세례식을 위해 지리적으로는 떨어져 있던 두 장소가 인터넷을 통해 연결되었다. 그 한 편에는 '인터넷 목사'가 있는 플로리다의 한 대형 교회(mega-church)가 있었고 다른 한 편에는 조지아주 페이엇빌(Fayetteville)의 한 가정이 있었다.

세례받기를 희망하는 여성 알리사(Alyssa)는 플로리다에 근거를 둔 대형 교회의 인터넷 캠퍼스에 소속되어 있었다. 유튜브 비디오에서는 먼저 알리사가 플로리다에 있는 인터넷 목사로부터 신앙을 고백하라는 요청을 받고 있다. 그 뒤 그녀는 침례탕으로 사용될 욕조로 들어간다.

인터넷 목사의 '손'을 대신해 줄 알리사의 친척 한 사람이 목사가 전통적인 세례 예식문을 읽어나감에 따라 이 수세자를 물속에 담근다. 유튜브

---

[11] www.youtube.com/watch?v=qThUe1-RvXU.

에는 떨어진 두 장소를 비추는 비디오들이 나란히 함께 포스팅되어 있다. 따라서 두 장소는 온라인상에서 시각적으로 하나가 된 것이다. 이것은 분명히 여기에 참가한 모든 이들에게 진정한 세례식이었다.

목사가 전통적인 세례 예식문을 낭독함에 따라 한 성인이 자신의 신앙을 고백하고 물속에 완전히 잠겼다. 이 공동체에는 공간적 근접성 없이 이런 일이 이루어졌다는 사실이 알리사의 세례식을 불법으로 만드는 것은 아니었다.

둘째, 디지털-성례전 매개를 둘러싸고 있는 복잡성을 더 복잡하게 해주는 이야기이다. 이 이야기에는 생중계 웹캠, 끔찍한 내전, 그리고 성찬식이 포함되어 있다. 나는 이 이야기를 한 동료로부터 전해 들었는데, 그는 시리아 정교회 소속으로 아직도 시리아에 남아있는 자신의 친구들에 대해 말해 주었다.

시리아 정교회의 이 친구들은 어느 주일 자신들에게 컴퓨터를 빌려준 이슬람교도 신자인 한 이웃의 집에 모였다. 기독교인들은 빵과 포도주를 가지고 와서 그것들을 스크린 앞에 정리해 놓았다. 북미에 있는 한 시리아 정교회의 교회당에 설치된 웹캠을 통해 시리아에 남아 있는 이 기독교인들은 성찬식 거행에 합류할 수 있었다. 이는 자신들이 사는 곳에서는 생각지도 못할 일이었다.

북미에 있는 기독교인들이 사제로부터 축성된 빵과 포도주를 받는 '성찬 전례'(divine liturgy)의 시간이 되자 시리아의 정교회 기독교인들은 끔찍한 전쟁 한 복판에서 한 무슬림 이웃의 컴퓨터 주변에 모여들어 스크린 앞에 정리해 놓은 빵과 포도주를 나누었다. 나의 동료가 물었다.

그들은 그리스도의 몸과 피를 받은 것일까요?

이 두 이야기는 디지털로 매개되는 성례전 실행들이 기본적으로는 복음주의적 대형 교회들의 문제이고, 또한 전쟁 상황에서의 문제라고 여겨질지 모르겠다. 그러나 이런 인상은 그릇된 것이다. 이와는 대조를 이루는 것이 미국과 영국의 감리교회들과 스코틀랜드교회에서 가져온 다음의 사례에서 나타난다.

2013년에 열린 '미국연합감리교회 감독회의'(The United Methodist Church's Council of Bishops)는 "온라인 성찬식"의 실행을 중지한다고 공식적으로 발표해야 할 처지에 놓이게 되었다. 이 실행 중지는 조금 더 연구하면서 지켜본다는 전제하에 연장되었다.[12]

그 배경은 그와 같은 "온라인 성찬식 실행들"이 일부 미국연합감리교회 성직자들 사이에서 나타났었다는 것이다.[13] 영국의 감리교회도 유사하게 이런 문제에 직면하였고, "소셜 미디어를 통해 매개되는 거룩한 성찬식"(Holy Communion Mediated through Social Media)이라는 보고서를 출판한 적이 있다.[14]

현재 미국연합감리교회(UMC)의 웹사이트는 다음과 같은 제목의 단락을 유지하고 있다.

---

[12] 더 상세한 내용은 다음을 보라. Taylor W. Burton-Edwards, "Three Communion Practices to Quit Doing." United Methodist Worship, September 30, 2015. http://umcworship.blogspot.com/2015/09/three-communion-practices-to-quit-doing.html.

[13] 그 한 예로 Rev. Gregory S. Neal의 "experiment in sacramental practice"에 관한 설명을 들 수 있다. 이에 대해서는 다음 사이트를 보라. http://umcmedia.org/umcorg/2013/communion/holy-communion-over-internet-reflections-experiment-neal.pdf.

[14] 연합감리교회(United Methodist Church)의 웹사이트에서 찾아볼 수 있다. www.umc.org/what-we-believe/what-is-the-united-methodist-view-of-online-communion.

"온라인 성찬식에 대한 연합감리교회의 의견은 무엇인가?"
여기에는 이 주제에 관한 다양한 입장들과 함께 광범위한 자원들이 담겨 있다.[15] 분명히 이 문제는 당분간 사라지지 않을 것이고 감리교인들에게는 더욱 그러할 것인데, 이는 그들에게만 국한된 문제는 아니다.

2016년 스코틀랜드교회도 의결 기구인 총회가 법제부가 헌의했던 한 초안을 논의하면서 이와 유사한 상황에 부닥치게 되었다. 이 초안은 공동 의회에서의 투표권에 대해 재검토하자는 제안이었다. 여기서 쟁점이 되었던 것은 원격으로도 공동의회에 참석할 수 있는지에 대한 것이었다.

이 헌의안은 다음과 같은 말로 이 질문을 디지털 시대에 교회의 소속을 결정하는 것은 무엇인가 하는 더욱 큰 질문 속에 위치시키고 있다.

> 전통적인 의미로는 참여하는 사람들의 숫자가 점점 줄어드는 상황에서 그리고 그들이 온라인 접속 및 소셜 미디어를 통한 교회와의 점증하는 상호 작용을 포용하기로 결정을 내림에 따라 온라인 멤버십에 관한 질문들과 직접 출석하지 못한 상태에서도 성례전에 참여할 수 있는지에 관한 질문들이 제기된다.[16]

예상대로 뉴스 미디어와 블로그 세상(blogosphere)은 이 특정한 문장의 두 번째 부분에서 그 도입부인 "질문이 제기된다"라는 표현은 무시한 채 이를 퍼뜨렸다. 뉴스의 타이틀은 다음과 같았다.

---

[15] www.umc.org/what-we-believe/what-is-the-united-methodist-view-of-online-communion.

[16] *The Telegraph* (May 17, 2016)가 보도한 그대로다. www.telegraph.co.uk/news/2016/05/17/church-of-scotland-to-introduce-online-baptism-in-bid-to-boost-m/.

스코틀랜드교회, 온라인 세례식을 도입하다.[17]

스코틀랜드교회는 즉각 이를 일축했다.[18] 그러나 총회는 "온라인 멤버십 그리고 … 직접 출석하지 못한 상태에서의 성례전 참여"에 대해 짧게 의견을 표명하였다. 총회는 다음과 같이 발표하였다.

> 온라인상의 공동체들이 빠르게 성장하고 있는 오늘날의 세계 속에서 본 위원회는 이제 광범위한 논의를 시작할 때가 되었다고 믿는다.[19]

이 모든 것들이 다음과 같은 사실을 말해 준다. 기성의 주류 교회들은 디지털 시대에 교회의 소속과 관련하여 제기되는 새로운 질문들에 직면하기 시작했는데 여기에는 성례전을 실행하는 공동체에의 소속에 관한 질문도 포함된다. 이런 질문들은 일련의 골치 아픈 문제들을 제기한다.

이는 다음과 같은 작은 사례에서 잘 드러나고 있다.

'iChruch'는 영국 국교회의 옥스퍼드 대교구가 설립한 온라인 기독교 공동체로서 2003년 처음 등장할 때 스스로 "성례전 공동체"라고 소개하였다. 그러나 이 용어는 즉시 철회되었다.[20] '온라인'이면서 동시에 '성례

---

[17] *The Telegraph* (May 17, 2016), www.telegraph.co.uk/news/2016/05/17/church-of-scotland-to-introduce-online-baptism-in-bid-to-boost-m/.

[18] Church of Scotland. "Church Dismisses Media Reports of 'Online Baptism,'" www.churchofscotland.org.uk/news_and_events/news/recent/church_dismisses_media_ reports_of_online_baptism.

[19] 보도 자료는 다음의 웹사이트에서 찾아볼 수 있다. www.churchofscotland.org.uk/news_and_events/ news/recent/church_dismisses_media_reports_of_online_baptism.

[20] Debbie Herring, "Towards Sacraments in Cyberspace," *Epworth Review* 35 (2008), 35-47, 특히 p.38.

전' 공동체라는 주장에 포함된 문제들은 너무나 걱정스러운 것이었기 때문이다.

성례전신학의 여러 입장은 서로 다른 교회 전통에 따라 명백하게 다르고 따라서 디지털로 매개되는 성례전 실행들과 연관된 질문들과 해답들도 달라질 것이다. 그러나 몇몇 핵심적 질문들은 교파적 차이를 가로질러 공유되고 있다. 이 새로운 디지털 매개라는 문제가 공통적이기 때문이다.

따라서 나는 넓은 의미에서의 가톨릭 성례전의 비전에 적합한, 그리고 디지털로 매개하는 일에 있어서 결정적인 두 가지의 이정표를 밝혀보고자 한다. 이 비전은 디지털로 매개되는 성례전 실행과 관련하여 제기되는 근본적이며 필수불가결한 질문들을 그 안에서 밝혀보려는 콘텍스트이기도 하다.

3. 미디어, 매개, 성례전

내가 대단히 중요하다고 여기는 첫 번째 이정표는 성례전 전통의 '장기 지속'(*la longue durée*, 프랑스 아날 학파의 명언) 안에서 생각하라는 명령이다. '장기 지속'은 그 관심들이 아무리 선례가 없고 신나는 것들이라 할지라도 동시대의 즉각적인 관심들을 따로 떼어 내어보려는 유혹에 대해 저항하도록 초청해 주며, 또 저항할 수 있게 해 준다.

그 매개가 끊임없이 변화해 온 성례전 실행들과 끈질기게 씨름해 온 2000년의 세월이 아무것도 아닌 것은 아니라는 것이다. 오히려 그 세월은 적어도 동시대의 관심사들과 씨름하기 위한 교훈적인 패턴을 제공해 준다.

가톨릭의 성례전 전통은 고정되고 획일화된 한 덩어리의 물질로서 동시대의 관심사들에 대해 일방적으로 전달되고, 수용되어야 하며, 그래서 유념해야 하는 것으로 이해되어서는 안 될 것이다. 오히려 이 전통이란 다양한 실행들 및 해석들과 계속하여 씨름하는 가운데 지금 여기에서 일어나고 있는 살아있는 과정이어야 한다.

'전통'으로 지정되는 것은, 특히 이것이 과거를 승인해 주는 주장을 포함하는 경우에 항상 선택적이고 유동적이며 안정적이지 않은 것이다. 따라서 재(再)지정의 가능성도 열려있다.[21]

이런 해석적 전략들은 디지털로 매개되는 성례전 실행들의 출현에 대해 성찰할 때 시기적절한 것으로 드러난다. 이러한 실행들을 가리켜 전통과의 결정적인 단절이라고, 혹은 그 전통의 실패 원인이라고 경솔하게 지정하는 것보다는 오히려 이런 실행들과 씨름하는 것이 시간을 따라 흐르는 그 여정에 있어서 교회에서 유지해 온 삶에 대한 지속적이고 복잡한 투쟁의 대단히 중요한 부분으로 이해될 수 있을 것이다.

나아가 성례전의 전통이, 특히 일차적으로 과거를 승인해 주는 주장으로 이해되는 경우, 그 성례전 전통만이 오늘날 던져야만 하는 모든 질문을 제기하지는 않는다. 또한, 이 전통만이 모든 해답을 산출해 줄 수도 없다. 그 이유 중 하나는 이전의 질문들과 해답들은 디지털의 기본인 비트와 바이트에 대해서 아무것도 알지 못하던 세계 속에서 형성된 것이라는 단순한 사실 때문이다.

---

[21] 나는 여기서 Kathryn Tanner에게 많이 의존하고 있다. 그녀의 저서 *Theories of Culture: A New Agenda for Theology*, Guides to Theological Inquiry Series (Minneapolis, MN: Fortress Press, 1997). 128-138을 보라.

그것은 과거이고 오늘날의 세계는 아니다. 오프라인에서 전개되어 왔으며, 그 신뢰성을 오프라인 현실에 어느 정도 의존하고 있는 입장들을, 아무 노력도 없이 반복하는 일은 이제 아무 소용이 없을 것이다.

이 주장은 매개와 관련된 질문들 자체가 아주 많이 오래되었으며, 동시에 새로운 것이 아니라는 의미는 아니다. "매개"는 신학에 새로 들어온 것이 아니며, 오히려 성례전의 기호들 아래서 그 효력이 있고 현존하는 것으로 제시된 하나님의 은혜를 이해하는 초석이라 하겠다.

이것이 나로 하여금 두 번째로 중요한 이정표로 나아가게 하는데 이 이정표는 신학과 새로운 미디어에 대한 오늘날의 논의들에 반영되어 있다. 신학과 새로운 미디어의 교차에 대해 저술하는 저자 대부분은 하나님의 자기 계시(self-communication)는 항상 다양한 방식으로 매개된다는 사실을 보여 주려고 애쓴다. 하나님의 자기 계시는, 달리 말하면 그 자체로 '미디어 이벤트'이며 이 문제에 관한 한 멀티미디어적으로 매개된 경우가 많다는 것이다.

독일의 신학자 필립 슈퇼거(Philipp Stoellger)가 말하듯, 하나님은 "미디어 실행들"을 통해, 그리고 그 안에서 소통하시는 분인데, 하나님의 "미디어-프락시스"(Medienpraxis)의 핵심에는 미디어의 결정적인 변화가 있다.

"하나님의 말씀이 육신이 된다."[22]

또 다른 독일의 신학자인 에크하르트 노르드호펜(Eckhard Nordhofen)은 성서 기록 안에서 그 이전에 일어난 미디어의 핵심적 변화를 밝혀내고 있

---

[22] Philipp Stoellger, "Religion als Medienpraxis – und Medienphobie," in *Das Christentum hat ein Darstellungsproblem: Zur Krise religiöser Ausdrucksformen im 21. Jahrhundert*, ed. Tobias Braune-Krickau et al. (Freiburg i.B.: Herder, 2016), 192-206, 여기서는 p. 197를 보라.

는데 이는 이미지로부터 기록된 말로 옮겨간 변화다.[23] 여러 면에서 볼 때 이런 것들은 논쟁이 될 만한 신학적 주장이 아니고, 오히려 미디어 이론이리는 렌즈를 통해 전통적인 주제들을 다시 읽어내는 일에 해당할 것이다.

영국의 신학자인 앤드류 바이어스(Andrew Byers)가 말했듯이 하나님이 천지창조로부터 궁극의 '신적 매체'(TheoMedium)인 예수 그리스도에게 말씀하심에 이르기까지 "신적 매체들"(TheoMedia)을 통해 자신(Godself)을 드러내신다고 말했을 때, 이는 이와 같은 다시 읽기를 실행한 것이었다.[24]

슈퇼거, 노르드호펜, 그리고 바이어스는 신학과 새로운 미디어의 교차에 대한 그들의 저서를 통해 하나님의 자기 계시는 다양한 매개를 통해, 그리고 그 매개 안에서 일어난다는 널리 공유된 신념들을 정확히 표현하고 있다.[25]

그러나 디지털 미디어와 성례전 실행들의 매개에 대한 사고(思考)에 이르면 신학적 길들은 다양해진다. 여러 저자가 이 지점에 이르러서 갑자기 멈추어 버린다. 반면에, 바이어스는 새로운 미디어 세계들에 직면하여 전통적인 "신적 매체들"에 특권을 부여하며 그것들의 가장 기본적인 디지털 이전의 형식 중에서 성례전들을 극찬한다.

그는 다음과 같이 도발적으로 쓰고 있다.

세례를 위한 성수 안에 푹 잠겨 철벅거리든 혹은 성수를 뚝뚝 떨어뜨리든

---

[23] Eckhard Nordhofen, "Idolatrie, Grapholatrie, Inkarnation: Stationen einer mono theistischen Mediengeschichte," in *Das Christentum hat ein Darstellungsproblem*, 164-178.

[24] 같은 제목의 그의 책을 보라. Andrew Byers, *TheoMedia:The Media of God and the Digital Age* (Eugene, OR: Cascade Books, 2013).

[25] Dennis Ford와 Peter Horsfield가 유사한 논쟁을 벌인 바 있다.

누룩이 들지 않은 빵을 우적우적 씹어 먹든 혹은 축성된 포도주를 맛보든 이 모든 감각적 미디어 실행들은 그것들에 최신의 기술이 없다고 하여 합당치 않다는 판정을 받지는 않는다. … 우리가 교회의 삶 속으로 새로운 미디어 실행들을 가져올 때 그것들은 선례가 있는 이와 같은 오랜 미디어 실행들 아래 종속되어야만 한다. 교회는 하나님의 '미디어 도메인'(media domain)이다.[26]

바이어의 주장 때문에 성례전 실행들이란 본디 매개를 필요로 한다는 점과 오늘날 누구도 이 점을 더이상 문제삼지 않는다는 점이 가려져 있다. 성례전 실행들은 '구원의 매체'(media salutis)인 것이며 디지털 시대 훨씬 이전부터 그렇게 이해되었기 때문이다. 그러므로 오히려 오늘날 비판적 성찰이 필요한 지점은 성례전 실행에 있어서 이제는 디지털 매개가 나타났다는 사실 그 자체이어야 한다.

매우 다른 (그렇지만, 비[非]감각적이지도 않은) 디지털 실행의 본질에 대해 제대로 성찰해 보지도 않은 채, 전통적인 성례전 실행들의 감각적 본질만을 중시하는 것은, 디지털 매개에 대한 부정(denial)의 느낌이 강하게 나기 때문이다. 예를 들어, 앞에서 말했던 이야기들이 바이어스의 주장에 압박을 가한다. 특히, 이 이야기들은 하나님의 미디어 실행들이 디지털 이전 시대에만 해당할 수 있는지에 대해 질문을 제기한다.

달리 말하자면, 어떤 '신적 매체들'이 허락되는가에 관한 규범이 디지털 시대 이전의 어떤 지점에서 닫혀버렸는가?

아마도 닫혀 버린 것 같다. 그리고 이 질문에 대한 이런 해답은 16세기

---

[26] Byers, *TheoMedia*, 231.

의 기술 격변기, 즉 인쇄술 발명 이후의 격변기에 태어난 기독교 공동체에 매우 편리할 것이다.

그렇지 않다면 우리는 살아계신 하나님의 지속 가능하며 멀티미디어로 매개되는 살아있는 자기-계시로서의 '하나님의 미디어 프락시스'(God's media praxis)를 생각해 보아야만 하는가?

이 경우 오늘날의 성례전 매개들은 비트와 바이트에 의해 형성될 수 있는가?

이런 질문들에 접근하여 디지털 시대에서 매개와 성례전 실행들을 성찰해 볼 수 있는 하나의 방식이 이 질문들을 '성사성'(聖事性, sacramentality)이라는 보다 넓은 개념에 끼워 넣는 일일 것이다.

성사성의 재(再)발견에 대해 누군가는 '만물'의 성사성을 재발견한 것이라고 말할지도 모르겠으나, 실제로는 성례전을 내세적이고 교회에 초점을 맞추며 사제 중심의 성례전으로 좁게 이해했던 것에 대한 교정으로서 지난 반세기에 걸쳐 이루어진 일이다.

그러나 "매일의 하나님,"[27] 그리고 "일상의 신비들"[28]을 철저하게 성서에 따른 것으로 인식하게 되었다고 해서 전통적인 성례전들의 성사성이 무효화 되지는 않는다. 이들 전통적인 성례전들은 성사성의 핵심적인 표현들로 남아 있고 성사성의 개념이 확장된다 하더라도 여전히 주목해야 하는 것이기 때문이다.

---

[27] 이는 그녀의 2000년도 앨범 "Restless Is the Heart" (Portland, OR: OCP Publications)에 실린 Bernadette Farrell의 한 노래 제목이다.

[28] 이 표현은 Kathleen Norris가 사용한 것이다. 그녀의 작은 책, *The Quotidian Mysteries: Laundry, Liturgy, and "Women's Work,"* 1998 Madeleva Lecture in Spirituality (New York, NY: Paulist Press, 1998)를 보라.

따라서 성사성의 더 넓어진 개념들에 관한 최근의 연구들이 중요하긴 하지만,[29] 이 책에서의 나의 임무는 이와는 다른 것으로 교회 자체의 핵심적 성례전 실행들을 다루는 일이다.[30]

또한, 많은 사람이 성례전의 '원자가'(valence)와 디지털 실행들의 가능성에 대해 쉽게 확신할지도 모르지만 레오나르도 보프(Leonardo Boff)가 자기 아버지의 마지막 담배꽁초가 갖는 성사성에 관해 주장했던 유명한 방식과 상당히 유사한 방식으로[31] 디지털로 매개되는 성례전의 실행들은 명백한 도전으로 남아 있다.

이제 나는 이런 디지털로 매개되는 성례전의 실행들로 들어가 성찬식을 먼저 들여다보고 다음으로 세례식 실행들을 간단히 살펴볼 것이다. 세례와 성찬이 물질성 혹은 사제의 현존이 그 전제 조건인 점에서 서로 얼마나 다른가를 고려해 볼 때 각각의 성례전을 차례로 살펴보는 것이 최선일 것이다. 나는 디지털 매개에 있어서 성찬식 실행들을 살펴보는 것으로 시작하겠다.

---

[29] 더 최근의 것으로는 Lizette Larson-Miller, *Sacramentality Renewed: Contemporary Conversations in Sacramental Theology* (Collegeville, MN: Liturgical Press, 2016)을 보라.

[30] 디지털 매개와 교회의 성사성(sacramentality)에 대한 숙고에 관해서는 다음을 보라. Stefan Böntert, Gottesdienste im Internet: Perspektiven eines Dialogs zwischen Internet und Liturgie (Stuttgart: Kohlhammer, 2005), 241-247.

[31] "My Father's Cigarette Butt as Sacrament," in Leonardo Boff, *Sacraments of Life – Life of the Sacraments*, trans. John Drury (Portland, OR: Pastoral Press, 1987), 15-19.

4. 디지털로 매개되는 성찬 예배

논란의 여지가 없는 측면으로부터 시작하자면, 디지털 매개의 형식들은 오프라인의 성찬식 거행에서도 이미 실제로 일어나고 있다. 마치 두 개의 별개 영역인 것처럼 성찬식 실행들과 디지털 매개라는 영역들 사이를 선명하게 오프라인과 온라인으로 구분하자고 고집하는 것은 오늘날의 예배 생활에서는 더는 가능하지 않다.

1) 미사 애플리케이션들(Missal apps)

성찬식 거행들에서 일어나는 단순한 형식의 디지털 매개는 스마트폰으로 미사 텍스트에 접근하는 것이다. 기도들, 읽을거리들, 그리고 미사를 위한 성가들을 제공하고 있는 '가톨릭 미사'(Catholic missal) 애플리케이션들의 사용은 지난 몇 년 동안 급속하게 늘어났다.

미사 애플리케이션들은 모바일 애플리케이션 세계에서의 목회에 전념하고 있는 멀티미디어 플랫폼 "가톨릭 앱티튜드"(Catholic APPtitude)에서 2015년 검색어 1위에 올랐다. 그 블로거의 한 사람은 다음과 같이 말한다.
"디지털 미사는 미래의 물결이다!
미사 도중 미사 애플리케이션을 사용해도 되나요?"[32]
이런 질문에 대해 「가톨릭 앱티튜드」(Catholic APPtitude)는 다음과 같은 말로 독자들을 안심시키고 있다.

---

32 Jennifer Kane, "Missal apps: the most popular Catholic apps searched," at https://catholicapptitude.org/2016/01/03/missal-apps-the-most-popular-catholic-apps-searched/.

사용하지 말라는 별도의 지시가 없는 한 그 대답은 예스입니다. 이 애플리케이션들은 그런 목적으로 고안된 것이고 그 가운데 일부는 대교구와 교황청의 권위로부터 승인을 받은 것도 있습니다.[33]

「가톨릭 앱티튜드」는 또한 "교회에서 휴대 전화를 사용하는 에티켓"[34]까지 제공하고 있다. 성찬 예식 안에서, 그리고 성찬 예식을 위한 디지털 텍스트의 유용성은 예배에 있어서 스마트폰의 개념을, 순전히 성가신 것 혹은 당치 않은 방해물이라는 개념의 영역 밖으로 가져다 놓았다.

더욱이 이와 같은 미사 텍스트들의 매개와 곧 이어질 미사 음악의[35] 매개는 성찬식 거행들과 디지털 매개들 사이의 점증하는 활발한 상호 작용의 한 가지 요소일 뿐이다.

2) 웹으로 드리는 미사

웹으로 드리는 미사(Mass on the web)는 성찬식 거행들의 디지털 매개에 있어서 논란의 여지가 없는 두 번째의 형식이다. 일부 가톨릭 공동체들은 현재 일상적으로 미사들을 실시간으로 중계하고 있다. 미사 공간이 협소하여 미사 공간에 들어오지 못할 때 또는 집을 떠날 수가 없는 사람들의

---

[33] "Roman Catholic Missal Apps," https://catholicapptitude.org/roman-catholic-missal-apps/.

[34] Jennifer Kane, "Beyond 'Silent Mode: Etiquette for using your cell phone in church," https://catholicapptitude.org/2014/03/18/beyond-silent-mode-etiquette-for-using-your-cell-phone-in-church/.

[35] Richard Gard, of the Center for Music and Liturgy at the Catholic Chapel and Center at Yale in New Haven, CT, has developed a *Cloud Hymnal*, https://cloudhymnal.org/.

집으로 혹은 병원의 경우엔 환자의 병실로 미사를 중계하고 있다.

또한, 교황이 집례하는 주요 성찬식 거행들은 애플리케이션 "포프앱"(PopeApp)을 통해 전(全) 세계에서 팔로우할 수 있다. 나아가 어떤 교구들은 '웹으로 드리는 매일 미사'(Daily Mass on the Web) 웹사이트를 사용할 기회들을 권장하고 있다.

이 기회들에는 실시간으로 중계되는 성찬식 거행에서부터 녹화된 교구 미사들, 그리고 TV 시청자를 위해 특별히 거행되는 미사에 이르기까지의 모든 것이 포함된다. 이 가운데 그 어떤 것도 오늘날의 디지털 미디어 기술들이 없이 실행 가능한 것은 하나도 없다.

3) 온라인 성체조배

세 번째로 가톨릭교회가 그렇게도 권장하는 디지털로 매개되는 성찬식 실행들이 있다. 그 대표적인 본보기가 프란치스코 교황이 주도했으며 최초로 전(全) 세계에서 동시에 행해졌던 '성체조배'((Eucharistic Adoration))로서 2013년 6월 2일 주일 '성 베드로대성당'으로부터 송출된 것이었다.[36] 이 계획은 신자들이 "성체조배를 교황과 함께" 할 수 있도록 허용하기 위해 전(全) 세계의 가톨릭성당들이 로마에 있는 성 베드로대성당과 동시에 성체조배를 실행하도록 하였다.[37]

짐작건대 각 성당은 성 베드로대성당과 정확히 같은 시간에 성체조배를 실행해야만 했을 것이고, 전(全) 세계의 시간대가 다 다른 점을 고려할 때

---

[36] www.news.va/en/news/eucharistic-adoration-and-evangelium-vitae-day-key.

[37] www.news.va/en/news/eucharistic-adoration-and-evangelium-vitae-day-key.

이는 쉬운 일이 아니었을 것이다.

그러나 실상 '교황과 함께 하는 성체조배'를 위해 성당 자체가 필요한 것은 아니었다. "포프 앱"애플리케이션을 장착한 어떤 스마트폰으로도 이런 방식의 성체조배에 참여할 수 있었다. 왜냐하면, 성 베드로대성당으로부터 그 의례가 실시간으로 중계되었기 때문이다. 교황의 이런 계획 이외에도 성체조배의 실행을 위한 수많은 기회가 온라인상에 있다.

유투브, 혹은 전용 웹사이트들에서 그와 같은 성찬식 실행들에 쉽게 들어갈 수 있는데, 그 전형적인 경우가 오프라인의 성체를 웹캠을 통해 보는 것이다.

그 성체를 보기 위해 매일 찾아가라는 프란치스코 교황의 권고를 진지하게 받아들이려고 하는 가톨릭 신자들은 문을 잠그지 않고 개방해 놓는 교회들이 적어진다는 점과 성체조배의 시간이 정해져 있다는 점을 고려할 때 교황의 권고를 따라 온라인으로 그렇게 할지도 모르겠다.

"Savior.org" 같은 웹사이트는 "구세주를 찾아가라"(Visit the Savior)라는 말로 초청하면서 온라인으로 성체를 찾아가는 일을 쉽게 만들어 주고 있다. 이 웹사이트는 온라인 성체조배에 관해 신중히 처리하며 다음과 같이 말하고 있다.

> 온라인 성체조배의 목표는 성체의 물리적(Physical) 현존과 함께 하는 시간을 대체하거나 최소화하려는 것이 아니라, 오히려 이를 늘리려는 것이다. 우리의 임무는 성체 안에 있는 우리 주님의 살아있는 전자 이미지를 성체조배에 직접 출석할 수 없는 이들에게 가져다주는 것이다.[38]

---

[38] www.savior.org/webadoration.htm. Savior.org는 스스로를, "거의 8년 전에 창립된 풀-

이런 임무를 추구하기 위해 이 웹사이트는 필라델피아에 있는 한 수녀원의 예배당으로부터 웹캠을 통해 생중계되는 하루의 특정 시점마다 '성체 안에 계시는 우리 주님'을 보여 준다. 이 웹사이트에 포스팅된 간증들 가운데는 디지털로 매개되는 이와 같은 성체조배의 경험이 갖는 힘에 대해 언급한 것들이 있다. 한 여성은 다음과 같이 쓰고 있다.

> 얼마나 이상하고 또 놀라운 일인지요. 저 자신, 처음에는 약간 충격을 받았습니다. 컴퓨터는 본래 상업주의적이며 가짜라는 느낌이 있었으니까요. … 그래서 우리는 컴퓨터를 전적으로 인간의 사회적 소통의 영역 안에서만 생각했지요. 그러나 정말로 거기 주님이 계셨어요.[39]

또 다른 여성은 매일 같이 성당에 출석하는 일이 불가능한 자신의 콘텍스트 안에서 다음과 같이 말한다.

> 저는 UAE의 한 도시인 두바이에 사는 가톨릭 신자입니다. … 당신들은 이곳에 사는 저희에게 인터넷으로 성체의 생생한 모습을 가져다주는 당신들의 사목이 얼마나 즐겁고 큰 위로가 되는 일인지를 상상도 하지 못할 거예요.[40]

서비스 마케팅 회사가 이룬 비영리 결과물이며 그 첫날부터 우리 주 예수 그리스도에게 애정을 담아 봉헌한 것"이라고 설명하고 있다.

[39] www.savior.org/testimonials/.
[40] www.savior.org/testimonials/.

몇몇 개별 가톨릭 교구들도 그들의 "온라인 예배당에서 가상 성체조배"를 제공하고 있다. 일리노이주 플레인필드(Plainfield)에 있는 동정녀 마리아 교구(St. Mary Immaculate Parish)가 여기에 해당한다. 이 교구는 기본적으로 성체 공경을 그 오프라인 성소로부터 사이버 공간으로 확장했다.[41]

이 교구의 성체조배 예배당에 있는 성체를 비추어주면서 적절한 도입부와 결론 부분을 갖추고 있는 30분짜리 비디오를 온라인상에서 구할 수 있다. 실제의 성체조배 시간은 완벽한 침묵 속에 있다. 그 교구의 웹사이트에서 우리는 다음과 같은 설명을 볼 수 있다.

> 성찬식 안에서의 예수 그리스도의 살아계신 현존을 직접 성체조배에 나올 수 없는 사람들에게 전하기 위한 이 기술의 사용은 그것을 체험하는 모든 이들에게 축복이 될 것이다.[42]

이 모든 웹사이트는 일차적으로 성체조배로 가는 디지털 통로를 소개하려는 열망으로 시작된 것이다. 그들은 통상 성체 안에 계신 우리 주님의 살아계신 전자 이미지, 혹은 성찬식 속에 살아계신 예수 그리스도의 현존이 어떻게 온라인으로 매개되는지는 문제로 삼지 않는다.

그 전제는 그것이 온라인으로 매개된다는 것이다. 그러나 어떤 경우에는 이 일에 내재되어 있는 "현존의 생성"이 갖는 복잡성에 대한 오해의 흔적이 남아 있다.[43]

---

[41] www.smip.org/VirtualAdoration.
[42] www.smip.org/VirtualAdoration.
[43] 이 용어는 Hans Ulrich Gumbrecht가 사용한 것으로, 이에 대해서는 그의 영향력 있는 다음의 2004년도 저서를 보라. *Production of Presence: What Meaning Cannot Convey*

테네시주 내쉬빌에 있는 아퀴나스대학교의 웹사이트는 자신들의 온라인 성체조배 제공에 대해 다음과 같이 주의를 환기하고 있다.

> 당신들이 온라인으로 성체를 방문할 때 예수께서 반드시 물리적으로 함께 계시지는 않지만 아마 당신은 성체에 대한 가톨릭의 전통적인 존경 표현들을 따라야겠다고 생각할 수도 있을 것입니다.[44]

가톨릭의 존경 표현들이란 '성체 안치기'(monstrance)가 보이면 무릎을 꿇는 것과 같은 적절한 몸의 자세를 뜻한다. 이 웹사이트에서는 인터넷 접근 기기가 여기에 해당할 것이다. 그러나 전반적으로 이 말은 대단히 모호하다. 성찬식에서의 그리스도의 현존에 대한 가톨릭의 전통적인 존경 표현들을 따른다고 제시하면서 동시에 현존이라는 개념에 대해 의심한다는 점에 대해서 다음과 같은 말로 표현하고 있기 때문이다.

> 예수께서 반드시 물리적으로 함께 하지는 않는다.

그런데 그다음 이 문장의 결론 부분에는 "어쩌면?"이라는 숨은 의미가 들어있는 듯하다.

디지털로 매개되는 성찬식에서의 그리스도의 현존이라는 개념을 둘러싼 모호성에도 불구하고, 내가 아는 한 이런 형식의 성체조배는 가톨릭 예배의 정론을 대변하는 그 누구로부터도 의심을 받은 적이 없다.

(Stanford, CA: Stanford University Press, 2004).
44 www.aquinascollege.edu/adoration/online-adoration/.

또한, 프란치스코 교황 자신도 2013년 디지털로 매개되면서 전(全) 세계로 동시에 송출된 성체조배를 옹호하였기 때문에, 이와 같은 의심은 어떤 경우이든 다소 늦게 드러나게 될 것이다. 그와 같은 전(全) 세계 동시 성체조배가 두 번 다시 선언된 적이 없다는 사실에 대해 이것이 부분적으로라도 이와 같은 의심을 표출하는 것이라고 간주하지 않는 한 말이다.

4) 온라인 성찬식?

디지털 매개에 있어서 성찬식 실행들을 둘러싼 네 번째 문제는 의심할 여지 없이 가장 도전적인 것이다. 이 문제는 '온라인 성찬식'(communion), '소셜 미디어를 통해 매개되는 성찬식,' '인터넷을 통한 거룩한 성찬식'(Holy Communion), 혹은 그냥 가볍게 '디지털 빵과 포도주' 등과 같이 다양하게 표현되고 있다. 이 모든 표현은 빵과 포도주의 나눔을 포함하는 디지털로 매개되는 다양한 성찬식 거행들(celebrations)을 말하고 있다.

이런 실행들에 대해 울려 퍼지고 있는 "아니오!"(no!) 이외에 어떤 다른 말을 할 수 있을까?

우선, 디지털로 매개되는 성찬식에서의 나눔의 실행은 더 큰 에큐메니컬 공동체 안에서 나타났다는 점을 단순하게 인정하는 일이 중요하다. 말하자면, 한 목회자가 자신의 실행에 대해 묘사했듯이 "실험들"이 이미 진행되고 있었다.

1997년 온라인에 포스팅된 "사이버 성찬식"(Cyber-Eucharist)의 텍스트라는 대단히 초기의 사례까지 고려한다면,[45] 이러한 실험들은 실제로 20년

---

[45] Antonio Spadaro는 이 "사이버 성찬식"을 자신의 저서에서 언급하고 있다. "Cyber-Eu-

째 진행되어 오고 있다. 즉, 어떤 이들은 지금쯤 디지털로 매개되는 빵과 포도주를 나누는 방식들을 경험했을 것이라는 뜻이다.

이러한 사이버 성찬식은 단지 예배에 대한 판타지의 영역은 아니다. 더욱이 이 문제는 구체적인 경험이 있든 없든 인쇄 매체를 통해, 그리고 온라인상에서 계속 논의되고 있다.[46]

---

charist," *Cybertheology: Thinking Christianity in the Era of the Internet*, trans. Maria Way (New York, NY: Fordham University Press, 2014), 73. 이 텍스트가 발행된 본래의 웹사이트는 현재 존재하지는 않지만 그 컨텐츠는 Internet Archive를 통해 여전히 구할 수 있다. "주중의 짧은 사이버 성찬식(short mid-week cyber-Eucharist)"을 위한 성찬기도는 전체적으로는 전통적인 패턴을 따라 새롭게 구성된 것이다. 자신들의 컴퓨터 앞에서 이 사이버 성찬식에 참여하는 사람들은 사전에 성체를 준비하여 초대의 말이 끝난 후 먹고 마시도록 권면을 받는다. http://web.archive.org/web/19970717035945/www.renewal2.com/c-menu.htm.

[46] 출판된 논의들은 다음과 같다: Mark U. Edwards, "Virtual Worship: A Theological Challenge," Christian Century (December 6, 2000), 1262; Cheryl Casey, "Virtual Ritual, Real Faith: The Revirtualization of Religious Ritual in Cyberspace," *Online: Heidelberg Journal of Religions on the Internet*, ed. Kerstin Radde-Antweiler, 02.1 (2006), http:// online.uni-hd.de: Ally Ostrowski, "Cyber-Communion: Finding God in the Little Box,"" *Journal of Religion & Society* 8 (2006), 1-8; Debbie Herring, "Towards Sacraments in Cyberspace," *Epworth Review* 35 (2008), 35-47; Birgit Jeggle-Merz, "Gottesdienst und Internet Ein Forschungsfeld im Zeitalter des Web 2.0," in *Zwischen Tradition und Postmoderne: Die Liturgiewissenschaft vor neuen Herausforderungen*, ed. Michael Durst and Hans Münk, Theologische Berichte 33 (Fribourg: Paulusverlag, 2010), 139-192, 특히 163f; Gordon S. Mikoski, "Bringing the Body to the Table," *Theology Today* 67 (2010), 255259; Nancy J. Duff, "Praising God Online," *Theology Today* 70 (2013), 22-29; Stephen J. Guinn, "A word about ... the digital presence of Christ," (2016), n. 8. 온라인상의 논의에는 예를 들어, 다음과 같은 응답들이 있다. "Are Online Sacraments Legit?" http://blog.ourchurch.com/2009/12/08/online-church-part-3-are-onlinesacraments-legit/; Mark Howe's, "Digital bread and wine, anyone?" http://ship offools.com/features/2012/online_sacraments. 그리고 이 주제에 관해 미국연합감리교회(United Methodist Church)의 웹사이트에 포스팅된 다수의 글이 있다. www.umc.org/what-we-believe/what-is-the-united-methodist-view-of-online-communion.

2008년 「뉴스위크」(newsweek)의 한 기사는 기독교회들의 범위를 넘어서서 더 광범위한 독자 대중들을 위한 주제를 제시하였다.[47] 찬반 논쟁들은 두 갈래의 흐름을 따라 전개됐다. 디지털로 매개되는 성찬 나눔의 그 어떤 가능성도 반대하는 주장들은 디지털로 매개되는 그 어떤 성찬 나눔도 비합법적이라는 전통적인 신학적 입장에 의존하고 있다.

성찬 나눔의 디지털 실행들과 관련된 주요 신학적 확신은 기독교 신앙이란 매우 '성육신적'(incarnational)이며 이는 물질성과 물질을 고수해야 한다는 뜻이라는 것이다. 이 주장은 기본적으로 하나님이 성육신을 통해서 물질성을 포용하였기 때문에 교회가 감히 '물질성'(materiality) 대신에 '가상성'(virtuality)을 선택할 수 없다는 주장이다.

또한, 온라인 성례전은 물질성이 빠진 것으로 보이기 때문에, 결코 "실제"가 될 수 없다는 주장이기도 하다. 디지털로 매개되는 성찬식 실행들에 반대하는 또 다른 주장들은 교회론적으로 표현되는 이와 유사한 우려에 의존하고 있다. 프린스턴대학교의 신학자인 고든 미코스키(Gordon Mikoski)는 예를 들어 말한다.

> 온라인으로 성찬식을 제공하는 일은 성찬식이 하는 '공동성과 체현성'(the communal and embodied nature)을 손상한다.[48] 나아가 거룩한 성찬식이, 다시 말해 몸을 식탁으로 가져오는 일이 인터넷 접속기기에 의해 매개될 때 이는 주

---

[47] Lisa Miller, "Click in Remembrance of Me: How Can We Provide Authentic Worship through the Web for People Who Are Not Part of the Church?" Newsweek (November 3, 2008), at www.newsweek.com/id/165676. 백인 복음주의 공동체들에 집중한 논문임.
[48] Gordon S. Mikoski, "Bringing the Body to the Table," 255-259.

문에 따른(on-demand), 그리고 스스로 행하는(do-it-yourself) 행위가 된다.[49]

온라인에서의 성찬식 실행들에 반대하여 제기된 주장들 가운데 적어도 하나는 성찬 예식에 관한 구체적인 입장을 정확히 설명하려고 노력하고 있다. 이 주장은 여기서 살펴볼 가치가 있다. 그것은 "소셜 미디어를 통해 매개되는 거룩한 성찬식"(Holy Communion Mediated through Social Media)이라는 제목으로 '영국 감리교회 신앙과직제위원회'(British Methodist Church's Faith and Order Committee)가 내놓은 보고서에서 나타난 주장이다.[50]

이 보고서는 이 주제에 대해 부정적인 판단을 내리고 있는데 그 유례가 없을 정도로 대단히 자세한 방식으로 그렇게 하고 있다. '신앙과직제위원회'는 2010년에 이 문제에 관해 연구해 달라는 요청을 받았으나 2015년에 와서야 그 보고서를 감리교 총회, 즉 영국 감리교회의 최고 기구에 제출하였다. "실시간이며 쌍방향적인 미디어를 통해 흩어진 공동체들과 거룩한 성찬식을 거행하는 일"에 관한 질문들이 계속 제기되어 왔다는 것이 그 배경이다.[51] 이 문서가 이 질문에 대해 부정적으로 반응하게 된 주된 주장은 성례전신학, 특히 감리교의 콘텍스트 안에서 이해된 성례전의 "핵심 특징들과 진정성"에 그 뿌리를 두고 있다.

---

[49] Gordon S. Mikoski, "Bringing the Body to the Table," 257f.
[50] 영국 감리교회(Methodist Church in Britain)의 웹사이트 www.methodist.org.uk/downloads/conf-2015-37-Communion-Mediated-through-Social-Media.pdf와 연합감리교회(United Methodist Church)의 웹사이트인 www.umc.org/what-we-believe/what-is-the-united-methodist-view-of-online-communion.에 포스팅된 논문 "Holy Communion Mediated through Social Media."
[51] "Holy Communion Mediated through Social Media," p. 1. 이 보고서는 1페이지에서 결론을 요약하여 제공하고 있다. 더 긴 보고서 자체는 문단 번호에 따라 언급된다.

이 보고서에 따르면, 성례전의 핵심적 특징들 가운데 하나가 한가운데 권위를 인정받은 집례자를 두고 하나님의 사람들이 공동으로 직접 모이는 것이라고 한다. 또한, 이 보고서는 "하나님의 사람들이 모여 있는 곳으로부터 멀리 떨어진 지점"에서 집례자가 성찬식을 인도하는 행동들을 수행하게 되면, 성례전의 진정성이 훼손된다고 주장한다.[52]

성찬식의 성물에 대해 이 보고서는 다음과 같이 말한다.

> 빵과 포도주가 구분된 채로 있을 때, 예를 들어 모인 공동체와 물리적으로 떨어져 있는 개인들이 별개의 성체를 사용하게 될 때 "그리스도의 몸과 피의 연합과 통합에 대한 상징적 표현은 실패하게 된다."[53]

이 보고서는 다음과 같은 말로 결론을 맺고 있다.

> '원격 성찬식'(remote communion)을 … 주님의 만찬(Lord's Supper)의 진정한 성례전이라고 신학적으로 인정하는 것은 가능하지 않다.[54]

그러면서도 이 보고서는 디지털로 매개되는 원격 성찬식 실행들이 비정규적인, 혹은 효력 없는 것이라고 선언하는 율법주의적 금지와는 차별성을 두려고 노력하였다. 그렇게 하는 대신에 이 보고서는 "원격 성찬식을 신학적으로 인정하는 것은 가능하지 않다"라고 주장하고 있다.[55]

---

[52] "Holy Communion Mediated through Social Media," 1.
[53] "Holy Communion Mediated through Social Media," 1.
[54] "Holy Communion Mediated through Social Media," 1.
[55] "Holy Communion Mediated through Social Media," #55.

"소셜 미디어를 통해 매개되는 거룩한 성찬식"(Holy Communion Mediated through Social Media)이란 제목의 이 보고서는 디지털로 매개되는 원격 성찬식의 한 가지의 특정 사례만을 검토한 후 결론을 내린 것이었다.

그 한 가지 사례는 소셜 미디어를 통해 성찬식 거행에 참여하기를 원하는 한 공동체가 자신들이 있는 곳에서 빵과 포도주를 받기 원하는데 권위를 인정 받은 집례자가 없을 뿐더러 지리적으로도 본 교회와 멀리 떨어진 곳에 있었던 경우였다.

이런 문제가 '목회위원회,' 혹은 '청년선교위원회'에 의해서가 아닌 신학 지도와 에큐메니칼 대화를 책임지는 위원회에 의해 제기되었다는 점을 고려할 때 그 부정적인 결론은 놀라운 일이 아니다.[56]

그러나 영국감리교 신자들 가운데 제출된 주장들에 설득당하지 않으면서 이 위원회의 보고서가 디지털 통신 기술들이 작동하는 방식, 특히 출석의 또 다른 형식들을 가능하게 해 주는 방식을 파악하지 못하고 있는 것처럼 보인다고 말하는 사람들도 있다는 점 역시 놀라운 일이 아니다.

가장 주목할 만한 것은 '신앙과직제위원회'의 전(前) 총무인 피터 필립스(Peter Phillips)가 다음과 같이 주장한 사실이다.

> 사람들이 서로 '상호 출석'(mutual presence)을 경험하는 최고의 방법은 직접 함께 참석하는 것으로 보이는 것이 사실이지만 그것이 참석의 유일한 형식이라고 말하는 것은 옳지 않다. 우리는 전화를 통해, 스카이프를 통해,

---

[56] 이 보고서는 "감리교회가 주의 만찬을 거행하도록 허락하는 방식을 급진적으로 개혁하는 일이 다른 에큐메니칼 파트너들과 관계에 있어서 매우 부정적인 영향을 끼칠 수 있다"라고 명백하게 말하고 있다. "Holy Communion Mediated through Social Media," #54.

비디오를 통해, 비록 약화된 형식이긴 하지만 참석하고 있으며, 또한 참석할 수 있다.[57]

그는 물론, 서로 다른 장소에 모인 사람들이 하나의 예배 행위로 연합할 수 있고 하나님은 서로 다른 장소에서 "빵과 포도주를 축복"하실 수 있다고 결론지었다.[58] 이 보고서에 대한 또 다른 비판자는 다음과 같이 강조하였다.

기독교회는 같은 시간, 같은 공간, 같은 교구에 모이는 것으로만 규정되지는 않는다. 오히려 성령의 힘을 통해 언제나 어디서나 현존하시는 그리스도 안에서의 보편적 연합에 의해 규정되는 것이다.[59]

이를 기반으로 그는 다음과 같은 주장을 전개하였다.

원격 성찬식은 보편교회(Church Catholic)의 연합을 강화해 준다.[60]

이런 상충하는 태도들은 모두 하나의 특정한 교회 전통으로부터 나오는 것으로 그 전통은 스스로 인정하듯이 "성례전에 대해 그 어떤 특정 신학도 성례전 실행과 관련된 민감한 문제에 대해서는 그저 침묵하는" 전통이다.[61]

---

[57] Mark Woods의 다음 글에 인용된 Peter Phillips: "Twitter Communions: Cutting-Edge Digital Mission or Theological Nonsense?" www.christiantoday.com/article/twitter.communions.cutting.edge.digital.mission.or.theological.nonsense/55380.htm.
[58] Mark Woods의 "Twitter Communions"에 인용된 Peter Phillips,
[59] Mark Woods의 "Twitter Communions"에 인용된 Tim Ross.
[60] Mark Woods의 "Twitter Communions"에 인용된 Tim Ross.
[61] "Holy Communion Mediated through Social Media," #12.

예를 들어, "소셜 미디어를 통해 매개되는 거룩한 성찬식"이라는 텍스트가 성체 속에 그리스도가 성례전적으로 현존한다는 개념들이나 디지털 매개를 둘러싼 질문들에 대해서는 성찰하지 않는다는 점이 여기에 해당한다.

이 문서는 이 점에 대해서 단지 침묵할 뿐이지만, 이 문서는 그 입장에 대한 적절한 예전적인 이유를 찾으려고 노력했던 흔적을 가지고 있기는 하다. 이 보고서에는 자신들의 주장에 대한 반대 주장에 적절히 잘 대처하지 못한 부분들이 요소요소에 남아 있기는 하지만 말이다.[62]

그러나 이런 것들은 사소한 문제이다. 이 문서는 디지털로 매개되는 성찬 나눔에 관한 질문들과 신학적으로 그리고 예배학적으로 가능한 만큼의 씨름을 했다는 점에서 인정받을 만하다. 이 보고서의 모든 신학적 입장들에 대해서 모두 동의하지 않을 수는 있지만 '소셜 미디어를 통해 매개되는 거룩한 성찬식' 보고서는 조만간 다른 교회 전통들도 개입하게 될 씨름을 잘 개괄해 주고 있다.

이 문서는 우선 '디지털 빵과 포도주'에 대한 빠르고 경박한 반응들이 배제되고 난 이후에 그때 비로소 나타나는 개념적 도전들을 보여주기 때문이다. 디지털로 매개되는 성찬 나눔에 대한 어떤 가능성에도 반대하는 주장들의 첫 번째 흐름에 대한 언급은 여기서 그치겠다.

'소셜 미디어를 통해 매개되는 거룩한 성찬식' 보고서에 대한 일부 비판에서 이미 암시되었지만, 두 번째의 접근은 이 주장의 반대편 흐름을 따라 그러

---

[62] 예를 들어, 평화의 인사 나누기의 중요성을 강조할 때, – 그리고 소셜 미디어는 "화해의 사인(sign)으로서 의미 있는 평화의 인사 나누기"를 창출해 낼 수 없다는 점(육체적인 접촉 없이는 불가능하다는 뜻일 것임)을 강조할 때 – 독감의 대유행도 이와 상당히 유사한 결과를 가져올 수 있다고 주장할 수 있다. 북미의 가톨릭 주교들 가운데도 실제로 독감이 유행할 때 미사 도중 통상적으로 행하는 악수나 포옹을 하지 말라고 교구에서 가르치는 사람도 있다.

한 실행들에 대해 긍정적으로 사고할 여지를 만들어 내려고 노력하고 있는 접근이다. 이 두 번째 접근은 두 가지의 서로 다른 궤적을 따라 전개되고 있다.

첫 번째 궤적은 목회적이고 선교적인 관심사를 전면에 내세운다. 여기서 기본이 되는 확신들은 두 부분으로 되어 있다. 그들이 어디서 발견되든 모든 이에게 복음을 전하는 것이 교회의 소명이라는 확신이다. '미디어 사도'(media apostle)인 제임스 알베리온(James Alberione)은 다음과 같은 말을 한 것으로 알려져 있다.

> 만일, 사람들이 교회에 오지 못한다면, 사람들이 있는 곳으로 가야 한다.[63]

두 번째 궤적은 은혜를 매개하는 하나님의 권능은 한계가 없다는 확신을 따른다. 감리교 목회자인 그레고리 닐(Gregory S. Neal)은 이 입장을 다소 상세히 설명하였다.[64] 그는 자신의 교구 목회에서의 경험으로부터 시작하고 있는데 이 경험은 그가 앓았던 병과 함께 그 자신에게 기본적인 질문을 던져주는 것이었다.

> 설교에 있어서의 은혜의 수단은 인터넷으로 전달될 수 있는데 거룩한 성찬식의 은혜의 수단은 그렇지 못하다는 진짜 이유가 있는가?[65]

---

[63] Brian Nonde, "Sr. Teresa Marcazzan: Church Must Embrace Social Media" www.news.va/en/news/sr-teresa-marcazzan-church-must-embrace-social-med.
[64] Gregory S. Neal, "Holy Communion on the Web: Liturgical, Theological, Photographic, and Video Resources for Laity and Clergy," www.revneal.org/onlinecommunion.html.
[65] 이러한 숙고들은 온라인에 포스팅되어 왔다. 이에 대해서는 다음을 보라. Gregory S. Neal, "Holy Communion over the Internet: Reflections on an Experiment in Sacramental

이 질문에 대한 답을 찾으면서 그는 원격(remoteness)을 포함하는 오프라인 성찬 예식의 경험들에 의존하였다.

> 나는 집례자가, 축성되고 있던 성체로부터 대단히 멀리 떨어져 있던 그런 예배에 적어도 수차례 이미 참여한 적이 있다. … 성찬 식탁과 성찬식 집례자(celebrant)는 무대 위에 있었지만 성체 대부분은 '그 성체를 받도록 컨벤션 센터 전역에 배치되어 있던 스테이션들'(receiving stations)에 놓여 있었다.[66]

닐 목사의 '온라인 성찬식 실행의 실험'은 이렇게 시작되었다. 본질에서 이 실험은 영국 감리교회가 '원격 성찬식'이라고 묘사했던 것을 포함하는 것이었다. 다만 닐 목사의 목회에서는 '원격' 참여가 분리된 성찬의 수령자들 각 개인의 참여로 보였다는 점이 달랐다. 오래 지나지 않아 연합감리교회 안에서는 이런 실행들에 관해 논란이 일어났다.

이번 장(章)의 앞에서 언급했듯이 연합감리교회의 감독들은 이전에 설명했던 부정적 판단을 되풀이하면서 2013년 '온라인 성찬식'에 대한 '실행 정지'를 선언하였다. 그레고리 닐에게는 온라인 성례전 실행에 대한 그의 '실험'에 있어서 어떤 기본적인 통찰들과 함께 근본적인 불확실성이 남아 있었다.

> 이것은 주의 만찬인가?
> 나는 모른다. 많은 경우에 있어서 그렇지 않다고 확신한다. 그러나 다른 사례들에서는 그것이 효과적인 은혜의 수단이 될 수 있다고 믿는다.[67]

Practice," www.revneal.org/Neal%20-%20Online%20Communion%20Experiment.pdf.
[66] Gregory S. Neal, "Holy Communion over the Internet."
[67] Gregory S. Neal, "Holy Communion over the Internet."

닐 목사는 여기에 기초가 되는 신학적 원칙을 분명하게 밝히고 있다.

> 하나님은 그와 같은 온라인 경험을 통해 움직이실 수도 없고, 또한 여기에 참여한 자들에게 은혜를 전달할 수도 없다고 말함으로써 하나님을 상자 안에 가두려 하지 않는다.[68]

디지털로 매개되는 거룩한 성찬식 실행의 가능성에 대해 목회적으로, 그리고 신학적(theological)으로 변론하는 일은 여기서 끝내겠다. 신학적 변론의 내용은 하나님은 어떤 수단을 통해서든 은혜를 매개하실 수 있다는 주장이다.

하나님의 전능하심에 대한 이 주장에 대해서는 그 누구도 이의를 제기하지 않을 것이다. 더욱 적절하고 어려운 신학적 질문은 어떤 특정한 은혜의 수단에 '하나님이 자신을'(God self) 묶어 두시느냐 하는 것이고 이 질문에 대한 답들은 서로 다른 기독교 전통에 따라 상당히 달라질 것이다.

그러나 이러한 차이는 디지털 시대 보다 몇 세기나 앞서 나타난 것이다. 따라서 하나님의 전능하심에 대한 지배적인 주장들보다 더 유망한 것은 디지털로 매개되는 성찬식 실행들을 다루어보려고 노력하는 목소리들이 출현하고 있다는 점인데 이 목소리들은 디지털 미디어와의 대화를 시도한 구성주의 신학의 기여로부터 나온다.

이러한 목소리들은 신학적 책무와 미디어 기술들에 대한 능통함 모두에 뿌리를 두고, 작지만 중요한 차이를 놓치지 않는 그런 사고방식들을 위한 여지를 찾고 있다. 교훈이 되는 가능한 작업의 유형들이 여기에 있다.

---

[68] Gregory S. Neal, "Holy Communion over the Internet."

5) 신학적 성찰과 실험

영국 국교회의 신학자인 데비 헤링(Debbie Herring)은 2008년에 발표한 논문에서 "사이버 공간 문화의 언어로, 실제 삶에서의 성례전에 대한 역동적인 등가물들"에 관해 숙고하자고 일찍이 제안하였다.[69] 그녀는 자신이 "성찬 예배"라고 명명한 것에 초점을 맞추었다.

특별히, 헤링은 사이버 공간에서 '물질'(matter)의 역동적 등가물은 무엇이 될 수 있을 것인지에 대해 씨름하였다. 그녀는 성체로 변화되는 일용할 빵에 대한 평범한 일상적 등가물은 사이버 공간에서는 에너지일 수 있다고 결론을 지었는데 그러면서도 디지털 세계에서의 '물질'의 문제는 계속 문제가 될 것이라는 점은 인정하였다.

헤링의 논문이 발표된 지 1년 후 영국 침례교회의 신학자인 폴 피데스(Paul S. Fiddes)는 온라인에 포스팅하여 많은 주목을 받았던 짤막한 글에서 이와는 다른 방향을 제시하였다. 피데스는 가상 현실 환경에서의 온라인 성찬식 거행들에 대해 다음과 같이 주장하였다.

> 아바타가 가상 세계의 로직(*logic*) 안에서 성찬 빵과 포도주를 받을 수 있고 그것은 여전히 은혜의 수단일 것이다. 왜냐하면, 하나님은 그 주민들에게 적절한 방식으로 가상 세계에도 현존하시기 때문이다.[70]

---

[69] Herring, "Towards Sacraments in Cyberspace," 46.
[70] Paul S. Fiddes, "Sacraments in Virtual Worlds." The paper is available on Kate Boardman's blog https://www.google.com/webhp?source=search_app#q=Kate+Boardman+Paul+-Fiddes +sacraments+2011.

피데스는 나름의 인생 로직을 가진 조현병 환자가 성찬 빵과 포도주를 받는 것을 비유로 들고 있는데 다른 사람들에게는 이질적인 것이 조현병 환자에게는 현실이다. 따라서 하나님은 은혜를 매개하기 위해 그의 인생 로직 안으로 들어가셔야만 할 것이라고 주장한다.

피데스는 신학적으로 가상 성례전에 대한 그의 제안을, 한편으로는 오프라인의 성찬식 거행들과, 다른 한편으로는 그 거행들을 온 세계의 성사성으로 '연장'(떼야르 드 샤르댕)하는 것 사이의 그 어딘가에 위치시키고 있다.

이탈리아의 예수회 소속인 안토니오 스파다로(Antonio Apadaro)는 이 스텍트럼 안에서 이와 유사한 지점에 서 있다. 그는 수년 동안 그가 편집인으로 일하고 있는 저널인 「가톨릭 문명」(La Civilta Cattolica)뿐만 아니라 자신의 블로그, 페이스북 페이지, 그리고 트위터 계정 등을 통해 신학과 디지털 미디어에 대해 글을 써 왔다. 그의 생각 중 많은 부분이 이제는 그의 책 『사이버신학』(Cybertheology)에 집대성되어 있다.

'예배, 성례전, 그리고 가상 출석'이라는 장(章)에서 스파다로는 다음과 같은 질문을 던지고 있다.

인터넷에는 성례전이 있는가?

그러나 그는 이 질문에 즉답하는 대신, 이 질문을 신학적 숙고에 사용하고 있다. 이 주제에 대한 폴 피데스의 짤막한 생각들과 온라인상의 성찬식 실행들에 대한 실험들을 잘 알고 있던 스파다로는 다수의 옵션에 대해 숙고하고 있다. 이 숙고 자체는 신학적인 도구들과 매개적 도구들을 모두 사용한 것으로 적절해 보인다.

예를 들면, 이 장(章)의 뒷부분에서 그는 증강 현실 기술들, 예를 들어 '증강 현실'(Augmented Reality, AR) 안경을 사용하여 매일의 경험을 부가적이고, 사상적이며, 멀티미디어적인 요소들과 혼합하는 기술들에 대해 탐구하면서 이 기술들과 가톨릭의 전통적인 성찬식에서 축성된 성체를 거양하는 순간 그 성체를 바라보는 실행 사이의 유사성을 언급하고 있다.

> 성찬식 거행에서 사제가 높이 들어 올린 성체 속에서 그리스도의 몸을 분별해 내는 신앙은 내 눈이 이미 보고 있는 것에 대해 부가적 정보를 제공하여 "혼합된 실재"로 이루어진 인식을 생성해낸다. … 여기서 제기되는 질문은 다음과 같다. 비유적으로, 신자들의 일상 삶에 믿음이 제공해 주는 빛은 증강 현실의 한 형식으로 이해될 수 있는가?[71]

이와 같은 질문들은 디지털로 매개되는 성찬식 실행들의 핵심으로 접근하지는 못하고 있으나 이와 같은 실행들에 대해 생각해 볼 여지는 만들어 주는데 생소해 보이는 세계들이, 그리고 그 세계들이 생성해내는 예배 관련 근심들이 훨씬 더 오래전의 실행들 안에 이와 상응하는 특징들을 가지고 있었는지를 주로 드러내 보여줌으로써 그렇게 한다.

앞에서 언급했던 영국 감리교회의 보고서인 「소셜 미디어를 통해 매개되는 거룩한 성찬식」에 대한 몇몇 반응들은 성찬신학 자체로부터 디지털로 매개되는 성찬 나눔의 가능성을 끌어낼 수 있다고 주장한다.

피터 필립스(Peter Phillips)는 '기독교 신앙과 디지털 문화 사이의 인터페이스를 탐구하는 연구소'(dedicated to exploring the interfaces between Christian

---

[71] Spadaro, *Cybertheology*, 88.

faith and digital culture, CODEC)의 연구 책임자로 일하고 있는데, 그는 거룩한 성찬식에 대해 다음과 같이 말한다.

> 항상 지역적이면서 지역을 초월하는, 즉 하나님을 예배하면서 시간과 공간이 결합하는 곳이다.[72]

그는 "성찬식을 특정 지역에서 실제의 빵과 포도주로 거행하는 것으로만 제한하는 일은 오히려 성찬식을 조롱하는 일"[73]이라고 주장한다. 이와 유사하게 팀 로스(Tim Ross)는 다음과 같이 제안하고 있다.

> 원격 성찬식 배후에 있는 사상은 보편교회(Church Catholic)의 연합을 강화해 준다. 왜냐하면, 그 사상이 기독교회는 같은 시간과 같은 공간에서 한 교회당에 모이는 것으로 규정되지 않는다는 사실을 보여 주기 때문이다.[74]

이처럼 새롭게 나타나는 성찰들 가운데 빠뜨리지 말아야 할 마지막 목소리는 가톨릭신학자인 다니엘레 주판-제롬(Danielle Zsupan-Jerome)의 주장이다. 그녀의 논문인 "실제 임재로서의 가상 현존?"(Virtual Presence as Real Presence?)에서 그녀는 성례전신학과 디지털 문화를 실재 개념에 관한 대화로 이끌려고 노력하고 있다.[75]

---

[72] Mark Woods의 "Twitter Communions"에 인용된 Peter Phillips.
[73] Mark Woods의 "Twitter Communions"에 인용된 Peter Phillips.
[74] Mark Woods의 "Twitter Communions"에 인용된 Tim Ross.
[75] Daniella Zsupan-Jerome, "Virtual Presence as Real Presence? Sacramental Theology and Digital Culture in Dialogue,"' *Worship* 89 (2015), 526-542.

디지털로 매개되는 성찬식 거행들을 인정하는 일은 피하고 있으나 주판-제롬은 매개된 임재에 대한 성례전신학의 다층적 이해가 디지털 세계들 안에서의 온라인 현존에 대해 숙고하면서 제공해 줄 것이 많다고 주장한다.

이런 목소리들은 여러 면에서 보아 개략적이며 실험적인 채로 남아 있다. 그러나 그것들은 신학이 한편으로는 두려워하면서 거부하는 태도를 피해갈 수 있도록, 그리고 다른 한편으로는 하나님의 전능하심을 전적으로 주장하는 태도를 피해갈 수 있도록 길을 내어준다는 점에서 교훈적이다.

이처럼 이런 목소리들은 디지털로 매개되는 성찬식 실행들이라는 문제와 신학적으로 씨름하는 일에 있어서 새로운 길을 낼 가능성을 창출하고 있다. 이 점은 이 문제가 앞으로 수년 동안 사라지지 않을 것이기 때문에 중요하다. 그러나 이런 목소리들은 바로 그것들의 다양성(diversity) 때문에 디지털 매개에서 성찬식 실행들이 갖는 다양성(multiplicity)을 가리키고 있다.

이 주제에 대한 미래의 성찰들은 바로 이 다양성(multiplicity)에 대해 유념해야 할 것이다. 예를 들어, '스스로 행하는 성찬식'(do-it-yourself Communion)이라는 식의 비난은 디지털로 매개되는 성찬식 거행들 모두에 들어맞는 비난은 아니다. 실행들의 다양성은 단지 다른 미디어 플랫폼 때문에 생겨나는 경우가 많다. 소위 트위터 성찬식[76]은 가상 현실의 환경 속에

---

[76] "Twitter Communion"이라는 용어는 영국감리교 목사인 Tim Ross가 행한 시도와 연결된다. 그는 2010년, "Twitter Communion"을 기획하였다. 그는 참여자들이 트윗으로 따라오면서 마지막에 "아멘"으로 응답하도록 고안된 주의 만찬을 위한 기도들을 트윗할 계획이었다. 참여자들은 스스로 빵과 포도주를 먹고 마시도록 고안되어 있었다. 그러나 Ross는 교회의 권위가 개입된 후 이 Twitter Communion을 취소하였다. 이에 대해서는 다음을 보라. Mark Woods, "Twitter Communions: Cutting-Edge Digital Mission or Theological Nonsense," www.christian today.com/article/twitter.communions.cutting.edge.digital.mission.or.theological.nonsense/55380.htm.

서 이루어지는 성찬식 거행들과는 매우 다르지만, 가상 현실의 환경 속에서 이루어지는 성찬식 거행들 또한 실시간으로 중계되는 미사와는 매우 다르다. 그리고 실시간으로 중계되는 미사는 자신들의 빵과 포도주를 준비한 멀리 떨어진 공동체를 다른 지역에 있는 성찬식 집례자와 연결하려는 시도와는 또 다르다.

디지털 플랫폼들과 가능성의 범위는 서로 다른 미디어 플랫폼들을 가로지르는 질문과 해답을 필요로 할 뿐만 아니라 다양한 성찬신학을 가진 서로 다른 교회 전통들을 가로지르는 질문과 해답들도 필요로 한다.

감리교 전통으로부터 나온 온라인 성찬식에 관한 질문과 해답들이 로마 가톨릭 공동체들이나 동방 정교회 공동체들의 경우에 반드시 들어맞지는 않는다. 기독교회들은 오프라인의 성찬식 거행들에 있어서 서로 매우 다르며, 이 다름이 온라인으로도 이주해 가고 있기 때문이다.

앞서 언급한 것들을 고려하면서, 나는 디지털로 매개되는 성찬식 실행들에 관한 나의 성찰에 마지막 논점을 더하려고 하는데 이는 서로 다른 미디어 플랫폼들과 교회 전통들 사이를 가로지르는 성찬식 실행들을 일반화하려는 것에 대한 경고다.

디지털로 매개되는 성찬식 실행들에 대한 그 어떤 숙고도 이에 관련된 다양한 미디어 플랫폼들과 그러한 실행들의 서로 다른 교회적 문화적 위치들을 심각하게 고려해야만 할 것이다. 시리아의 기독교인들이 극악한 내전 속에서 이웃 이슬람교도의 컴퓨터 스크린 앞에서 거행한 성찬식은 트위터를 통한 감리교의 성찬식과 다르며, 또한 이 감리교의 성찬식은 아바타가 디지털 빵과 포도주를 받은 '세컨드 라이프'와 같은 가상 세계에서의 성공회 성찬식과는 또 다르다.

오늘날의 성찬식 실행들과 신학적 성찰들에 대한 언급은 여기서 그치려고 한다. 반복하여 말하고 싶은 점은 성례전의 매개에 대한 씨름들은 전혀 새로운 것이 아니라는 점이다. 그것들은 시간을 따라 흘러온 교회의 여정에서 생명의 빵과 버터, 또는 빵과 포도주처럼 매우 밀접한 것들이었다. 그 씨름의 "장기 지속"(longue durée)에 기초하여 볼 때, 이와 관련된 오늘날의 씨름들에 자산이 될 만한 조언들을 그 전통으로부터 찾을 수 있느냐는 질문이 제기된다.

이 질문을 쫓다 보면 성찬식에 대한 과거의 숙고들과 과거의 실행들 모두에서 한 흥미로운 '융통성'(elasticity)이 드러나는데 이는 전통을 전통적으로 옹호하는 이들이 제시하는 '구속복'(straitjacket)의 이미지와는 거리가 먼 것이다. 이제부터는 이 융통성에 대해 살펴보고자 한다.

6) 성찬식에 관한 과거의 이해

매우 광범위하게 이루어졌던, 성찬식에 관한 과거의 노력을 살펴보는 일이 적절할 것이다. 디지털로 매개되는 성찬식 실행들에 대해 성급하게 무시하는 일부의 반응들은 성찬식의 역사에 대한 피상적인 이해에서 비롯된 것으로 보이기 때문이다.

하나의 신앙 공동체가 성찬식 식탁에 있는 집례자 주위에 모여 온전히 집중하며 참여하면서 하나의 성찬 빵과 잔을 나누는 일은, 결국 기독교 역사의 많은 부분을 차지했던 실제의 삶은 아니었다. 그 이유는 인간의 연약함, 결함이 있는 신학적 숙고, 그리고 나쁜 목회 실행 때문만이 아니라 오히려 기독교 예배의 역사 전체를 통해 성찬식을 거행하는 방식들이 너무나 광범위했기 때문이다.

초기 기독교에서 성찬식을 거행했던 다양한 방식들 가운데는 포도주 없이 거행했던 기독교 성찬식 실행도 있었고 금욕적인 여성들이 '대성당 금욕'(basilica abstinence)을 실행하면서 자신들의 식탁에서 빵을 가지고 스스로 성찬식을 실행했던 일 등도 포함되어 있었다. 또한, 중세시대에 눈으로만 참여하는 성찬식(ocular communion)을 지속적으로 인정했던 일과, 환상을 통해 성체를 배령했던 다양한 방식들도 여기에 포함된다.

2015년, 필라델피아 대교구에서 공포한 '교황 집례 미사의 원격 중계에 대한 지침들'(Guidelines for Streaming the Papal Mass to Remote Locations) 조차도 직접 성체를 배령하는 것을 넘어서는 성찬식의 개념을 포함하고 있다. 왜냐하면, 이 지침들은 "원격"으로 예배하는 사람들이 스크린을 통해 교황 집례 미사를 따라가면서 "영적 교감"을 하도록 권장하고 있기 때문이다.[77]

가장 중요하게는 성찬식에 그리스도께서 임재하시는 것에 대해 어떻게 생각할 것인가의 문제가 가톨릭의 성례전신학에서 매우 큰 씨름 거리의 하나였다는 점이다. 지속 가능한 신학적 입장들을 형성해 내기 위해 엄청난 에너지와 매우 다른 철학적 세계관들이 모여들었다.

성찬식 실행이라는 이 문제와 씨름해 왔던 오랜 역사 속에 디지털 매개에 대한 오늘날의 신학적 숙고들을 위해 교훈이 될 만한 가닥들이 들어있지 않을까?

---

77   이 텍스트는 다음 웹사이트에 포스팅되었으나 이제 온라인에서 찾아볼 수는 없다: www.phillyevang.org/wp-content/uploads/2014/07/Guidelines-for-Streaming-Papal-Mass.pdf, but is no longer available online.

나는 여기서 성찬 예식에서의 성체배령을 구분한 다양한 방식들에 대해 생각해 본다. 중세의 신학자들 가운데 초기 프란치스코 학파 신학자인 헤일즈의 알렉산더(Alexander of Hales, c. 1185-1245)는 그리스도의 몸(Body of Christ)을 받는 것을 성사적으로, 영적으로, 육적으로 (sacramentaliter, spiritualiter, carnaliter) 구분하였다.

이들 중세의 신학자들은 교회당 안에 사는 쥐가 축성된 성체를 오물오물 먹을 때 그 쥐는 정확하게 무엇을 섭취하는 것인가라는 점에 대한 숙고를 통해 그들의 사상을 연마한 것으로 유명하다.[78]

"그 쥐는 그리스도의 몸을 먹은 것인가, 그렇지 않은가?"

아마도 이들 신학자는 "디지털"(digitaliter)로 성체를 배령할 수 있는 가능성에 대해 숙고해 달라는 요청을 오늘날 받게 된다고 하더라도 그리 놀라지는 않을 것이다. 그러나 이런 신학적 구분이 대거 나타나기 이전에도, 성체 나눔의 실행은 하나의 모여든 회중과 관련된 '움직이는 성'(movable objects)에 대해 그 무언가를 알고 있었다. 이동 가능한 제대들이 이 경우에 해당한다.[79]

더 중요하게는 적어도 2세기 이후로는 성체들 자체가 '이동해' 왔다는 점을 그 예로 들 수 있다. 순교자 유스티누스가 묘사한 공동체 안에서는 성체들이 그날 예배에 출석하지 못한 사람들에게 전달되었다. 그 후에 성

---

[78] 성찬식 출석에 대한 중세의 개념에 대한 최근의 흥미로운 연구에 대해서는 다음을 보라. Marc-Aeilko Aris, "*Quid sumit mus?* Präsenz (in) der Eucharistie," in Mediale Gegenwärtigkeit, ed. Christian Kiening, Medienwandel – Medienwechsel – Medienwissen 1 (Zürich: Chronos Verlag, 2007), 179–205.

[79] Crispin Paine, "The Portable Altar in Christian Tradition and Practice," in *Objects in Motion: The Circulation of Religion and Sacred Objects in the Late Antique and Byzantine World*, ed. Hallie G. Meredith, BAR International Series 2247 (Oxford: Archaeopress, 2011), 25–42.

체들은 죽어가는 이들에게까지 전달되었다. 13세기가 되자 성체들은 도시들과 들판들로 더 정교하게 준비된 행진들을 통해 이동하게 되었다.

그리고 가장 중요하게는 제3장에서 보았듯이 가톨릭 성찬식은 예배를 위해 한 장소에 직접 모여든 사람들만의 것인 적은 없었으며 오히려 전(全) 지구에 퍼져 있는 전(全) 교회가 시간과 영원을 가로질러 거행하는 예식이었다.

그렇다면 오늘날 디지털로 매개되는 성찬식 실행들에 관한 신학적 성찰을 왜 지난 100년 동안의 신학적 강조점들 안으로만 좁혀야 한다는 말인가?

나는 여기서 과거의 생각들을 오늘날의 디지털 실재들에 단순하게 적용하면 된다고 제안하는 것은 분명 아니다. 내가 강조하고자 하는 것은 성찬식 실행에 관한 미세한 차이를 고려하는 대단히 사려 깊은 그리고 2000년을 가로지르는 성찰들이 이미 있었다는 점이고, 이는 성체배령의 양식들에 관한 숙고라는 점이다. 교회는 이와 유사한 사려 깊음과 미세한 차이를 고려하는 태도로 오늘날의 문제들을 다룸에 있어서 바로 그 역사에 빚지고 있다.

여기에 어떤 것들이 포함될 것인지를 살펴보기에 앞서 디지털로 매개되는 두 번째의 성례전 실행들, 이름하여 세례식의 실행들에 대해 잠깐 살펴보도록 하겠다.

5. 디지털로 매개되는 세례식?

디지털로 매개되는 세례식 실행들을 둘러싼 질문들은 성찬식 실행들을 둘러싼 질문들과는 상당히 다르지만 디지털로 매개되는 성찬식 실행들과 바로 그 차이점 안에 우리에게 시사해 주는 점이 많다. 곧 설명할 '최초의 인터넷 세례식'과 '스카이프 세례식'이 이 점을 설명해 준다.

'최초의 인터넷 세례식'에 대해서는 이미 설명하였다. 따라서 여기서는 두 번째의 세례식에 집중할 것인데 이는 감리교 공동체 안에서 실행된 스카이프를 통한 세례식이었다. 그 비디오 또한 유투브에 포스팅되어 있다. 그 상황은 정밀한 기술을 제외하면 최초의 인터넷 세례식과 크게 다르지 않았을 것이다.

한 지점에는 목회자가 있고, 다른 지점에는 세례받기 원하는 자가 있으며 두 지점은 디지털로 연결되어 있다. 스카이프 세례식에서는 유투브 비디오의 뷰어가 목사의 어깨너머로 바라보고 있고, 목사 자신은 스크린을 바라보고 있으며, 그 스크린에는 세례받기 원하는 이가 회중들과 함께 풀(pool) 안에 서 있다.

목사는 회의 참석차와 다른 지역에 나가 있었고 그의 회중은 목사와 다른 곳에 있었다. 젊은 여성 신디(Cindy)가 세례받을 예정이었다.[80] 이 여성은 5년 후에 사망했으나 세례 당시에는 건강한 것처럼 보였다.

유투브 비디오에는 이것이 위급한 상황에서의 세례식이었는지에 대한 언급은 없다. 목사와 세례받는 이가 각각 서로 다른 두 장소에서 회중들에 둘러싸여 있다. 목사는 전통적인 세례 예식서를 따라 계속 진행하였다. 그러나 반쯤 진행되던 도중, 목사는 다음과 같이 말을 정정하는 것이었다.

> 신디, 나는 그대에게 세례를 베푸노라. … 아니, 이렇게 다시 말해야겠어요. 우리가 성부, 성자, 그리고 성령의 이름으로 당신에게 세례를 베풉니다.[81]

---

[80] www.youtube.com/watch?v=6tY_Xhb2rbM.

[81] www.youtube.com/watch?v=6tY_Xhb2rbM.

그녀를 둘러싼 회중들이 신디를 물속에 담가 주었다. 이 세례식의 전반적인 분위기는 거침이 없었는데, 목사는 호텔의 헬스클럽에서 스카이프를 통해 진행하고 있었다. 그러나 이 세례식에 관여한 모든 사람이 이를 진정한 세례식으로 여긴다는 점에서는 의심의 여지가 없었다.

1) 가톨릭 세례식 실행에 대한 이해

내가 아는 한 가톨릭 공동체들은 온라인, 인터넷, 혹은 스카이프를 통한 세례식이라는 문제에 직면해 본 적이 없다. 위급한 상황에서는 그 누구라도 심지어 비기독교인이라도 적절하게 세례를 베풀 수 있다는 가톨릭의 확신을 생각해 보면, 이 성례전의 디지털 매개가 실제로 필요한 경우는 거의 없을 것이다.

더욱이 온라인 세례식을 거행하는 일부 공동체들에게 있어서 진정한 세례식의 기준들(수세자의 개인적 신앙고백과 그에 따른 온전한 침수례)은, 가톨릭 전통 안에서는 다르게 판결이 된다. 성찬신학의 문제들에 대해서와 마찬가지로 사이버 공간은 교회들 사이에 나타나는 세례신학의 차이들에 대해서 그 어떤 새로운 점도 소개하지 않는다.

어떤 세례식이 합당한 것이고 어떤 근거에서 그러한가 하는 점은 오프라인 기독교 공동체 안에서도 공유되고 있지 않다. 사실상 가톨릭 전통은 세례식에 관해 진실로 최소한의 필요조건들만을 유지하고 있다. 위급한 상황의 경우 물세례를 받고자 하는 의지, 그리고 세례식을 위한 전통적인 삼위일체 선언이면 충분하다는 것이다.[82]

---

[82] *Catechism of the Catholic Church* (Washington, DC: United States Catholic Conference,

이 세 가지는 실제로 '최초의 인터넷 세례식' 안에 있었다. 반면, 세례받는 이와 목회자 사이의 지리적 근접성은 세례식의 정당성을 위한 필수 조건으로서 명시적으로 법제화된 적은 없다. 다만, 디지털 이전 세계들 안에서 그렇다고 추정되었을 뿐이다. 따라서 다음과 같이 궁금해 할 사람도 있을 것이다.

미래의 어떤 시점에서 '최초의 인터넷 세례식'에서 세례를 받은 여성이 로마 가톨릭교회의 교인이 되고자 한다면, 영성체에 참여하기에 앞서 세례를 받아야만 할 것인가? 혹은 조건부로 세례를 받아야만 할 것인가?

다시 한번 말하지만, 이와 같은 질문들은 미래에도 사라지지 않을 것이다. 그러나 성례전에 대한 가톨릭의 관점에서 본다면 디지털로 매개되는 세례식들에 대해 매우 놀랍다고 생각하게 될 대목이 바로 디지털 매개 자체가 이 세례식에 얼마나 불필요한가 하는 점이다. 위급한 경우, 최초의 인터넷 세례식에서 세례받았던 여성을 도와주었던 그 여성이 세례를 베풀 수도 있을 것이기 때문이다. 그리고 위급한 경우가 아니라면 지리적 거리를 극복할 수 있을 텐데 굳이 지리적 거리에 대한 응답으로서 디지털 매개를 도입할 필요가 있겠는가?

디지털로 매개되는 성찬식 실행들의 경우와 마찬가지로 과거의 실행들을 잠깐 살펴보는 것이 도움이 될 것이다. 세례의 실행 및 신학적 성찰의 역사 안에는 물로 직접 세례를 받을 수 없는 사람들에게 세례의 은총을 전달할 길을 열어 주기 위한 다양한 전략들로 가득하다. 이런 전략들 가운데 두드러진 것이 '열망 세례'(baptism of desire)와 '피의 세례'(baptism of blood) 개념이다.

이 가상의(디지털 이전의 의미에서 '가상') 세례들은 물의 세례가 불가능할 때 성례전의 은총을 중개해 주는 것으로 믿었다. 이를 근거로 하여 기독교

2nd rev. edition 2000), #1284.

신앙을 지키기 위해 순교당한 한 예비 신자가 다른 순교자들과 함께 묻힐 수 있었는데 이에 대해 "그가 자기 자신의 피로 세례를 받았기" 때문이라고 히폴리투스 법령집(Canons of Hippolytus)은 주장하였다.[83]

이와 유사하게 십자가 위에서 회개한 강도는 자신의 열망에 의해 구원을 베푸는 세례의 은총을 받았다고 이해될 수 있을 것이다. 왜냐하면, 죽어가는 그에게 물세례는 불가능했기 때문이다.[84] 따라서 일부 중세의 신학자들은 세례에 대한 세 가지 가능성을 알고 있었다고 하겠다. 물로, 피로, 그리고 열망으로 받는 세례가 그것이다. 중세의 또 다른 신학자들은 연극에서 공연된 "가공의"(fictive) 세례식이 갖는 효력(efficacy)에 대해 숙고하였다.[85]

이런 숙고들 기저에 깔린 신학적 관심사들이 우리의 관심사는 아니라고 하더라도 신학적 씨름들 그 자체에 대해서는 숙고해 보는 것이 유익할 것이다. 그것들은 성체를 실제로 받는 일에만 족쇄를 채워 한정하지 않는 그리고 생명을 주는 성례전의 은총을 어떻게 인식할 것인지에 대해 씨름해 온 오랜 전통을 보여 주기 때문이다.

이 씨름들의 발자국을 좇아, 나는 디지털로 매개되는 성례전의 실행들에 대한 깊은 숙고를 창출해 내주고, 또한 유지시켜 줌에 있어 핵심이 되

---

[83] *The Canons of Hippolytus*, #19: "When a catechumen is arrested because of witness and killed before having been baptized, he is to be buried with all the martyrs, because he has been baptized in his own blood," in *Documents of the Baptismal Liturgy*, rev. and expanded ed. Maxwell E. Johnson (Collegeville, MN: Liturgical Press, 2003), 130.
[84] 가장 최근의 자료는 다음과 같다: the chapter "Baptism by Desire," in Marcia L. Colish, *Faith, Fiction, and Force in Medieval Baptismal Debates* (Washington, D.C.: Catholic University of America Press, 2014), 11-90. Colish complicates the history of the notion of a "baptism by desire" in manifold ways.
[85] Colish, *Faith, Fiction, and Force in Medieval Baptismal Debates*, ch. 2: "Fictive Baptism," 91-226.

는 질문들을 밝혀볼 것이다.

2) 질문 찾기

이어지는 질문들은 서로 다른 관점, 혹은 바라보는 방식에 따라 세 가지 그룹으로 나뉜다.

① 뒤를 돌아보는 것이다.
② 지금 여기를 다루는 것이다.
③ 미래의 탐구에 전념하는 것이다.

뒤를 돌아보는 것은, 특히 성찬식 실행들과 숙고들의 "장기 지속"(longue durée)에 관한 것으로 두 가지 핵심적인 질문들이 나타난다.
그 첫째는 디지털의 '비트(bits)와 바이트(bytes)'와의 의미 있는 대화로 이끌 수 있는 성례전의 이런저런 것들(bits and pieces)이 가톨릭 전통 안에 있는가 하는 질문이다. 가톨릭의 성례전신학이 갖는 풍부함과 다양성을 고려하여 나는 이 질문의 답이 '예스'(yes)라고 제안하고자 한다. 그러나 이 예스라는 답이 정확하게 무엇을 포함할지는 잘 알지 못한다. 더 깊이 탐구해야 하는 또 하나의 영역은 직접 현존하는 성례전의 물질성 없이 어떻게 성례전의 효과가 수용되는지에 대한 과거의 방대한 신학적 성찰이다.
뒤를 돌아보는 것에서 나타나는 또 하나의 질문은 성례전 은총의 세부사항과 씨름해 온 오랜 역사적 방식들이 오늘날에는 디지털 매개라는 방식으로 나타났는데, 성례전 실행들이 디지털 매개로 이주한 점을 어떻게 보여줄 것인가이다. 교회의 역사에 나타난 매개의 다양하고 복잡한 형식들에 대해 지금 이루어지고 있는 학문적 연구들이 이곳에 이르는 길을 보여 줄 것이다.

뒤를 돌아보는 것에서 나타나는 질문으로부터 오늘날의 상황으로 움직여 감에 있어서 특히 하나의 중대한 질문에 주목할 필요가 있다. 오늘날 물어야 할 중대한 질문은 디지털로 매개되는 성례전 실행들에 있어서 무엇이 핵심적인 문제인가 하는 점이다. 그것은 물리적 근접성인가, 혹은 그것의 결여인가?

만일, 이 점이 문제가 된다면, '실제'(real)와 '가상'(virtual) 사이를 구분해 왔던 오랫동안 간직되어 온 그릇된 이분법이 제시하는 것처럼 그런 선명한 구분이란 어디에도 없을 것이라는 답을 얻게 될 것이다. 또한, 로마노 과르디니(Romano Guardini)와 칼 라너(Karl Rahner)와 같은 세계적으로 유명한 가톨릭신학자들이 텔레비전에서 미사를 방송하는 것에 대해 강력하게 반대했던 일이 그리 오래전 일이 아니라는 점도 잊어서는 안 될 것이다.[86]

이런 주장들은 별로 설득력이 없는 것으로 드러났다. 만일, 물리적 근접성을 디지털로 매개되는 성례전 실행에 있어서 결정적인 문제라고 생각한다면, 적어도 이 디지털 시대에 예배 참석과 결석 사이의 구분선은 정확하게 어디인가에 대해 설득력 있는 답을 제시해야 할 것이다.

---

[86] Beate Gilles은 다음의 저서에서 이와 같은 신학적 씨름들을 밝힌 바 있다. *Durch das Auge der Kamera: Eine liturgie-theologische Untersuchung zur Übertragung von Gottesdiensten im Fernsehen*, Ästhetik – Theologie – Liturgie 16 (Münster: LIT Verlag, 2000), 96–101. See also Kees de Groot. "Celebrating Mass via the Television Screen." in *Sacred Places in Modern Western Culture*, ed. Paul Post et al. (Walpole, MA: Peeters, 2011), 307–311.

디지털로 매개되는 성례전 실행들과 관련된 또 하나의 쟁점은 '물질' (matter)의 문제다. 이는 분명 핵심적인 문제로서 특히, 디지털 실재들에 대한 합낭한 신학적 숙고에 있어서 그러하다. 안토니오 스파다로(Antonio Spadaro)가 이와 같은 입장이다. 그러나 문제는 처음에 보았을 때만큼 그렇게 분명하지는 않다. 물질과 '가상의 사물들'(virtual stuff)은 내가 제4장에서 설명했듯이 서로 극과 극의 반대가 아니다.

따라서 단순히 "물질"의 결여를 말하는 것이 신학적 숙고를 중단하는 것으로 기능하도록 허락되어서는 안 된다. 물어야 할 중대한 질문들은 상당히 다듬어질 필요가 있고, 또한 스파다로가 제기했던 것과 같은 질문들에는 여지를 줄 필요가 있다. 스파다로는 사이버 공간에서 "물질에 상응하는 역동적인 등가물을 개발하는 것"이 가능한지를 묻고 있다.[87]

디지털로 매개되는 성례전 실행들에 있어서 중대한 문제라고 주장되는 세 번째 쟁점이 있다. 이 쟁점은 '오픈 액세스'(open access)와 '지속적인 연결성'(constant connectivity)의 문제인데 이는 달리 말하자면, 교회의 성례전 실행들의 상품화라는 망령이다. 여기에 교회적 통제의 결여라는 문제가 더해질 수 있을 것이다. 이것들은 물론, 중대한 문제이긴 하지만 디지털 시대만의 것은 아니다.

성례전 실행들에 대한 접근 권한 및 교회의 통제와 관련된 씨름들은 시간을 가로지르는 교회의 여정에 있어서 중요한 부분을 차지해 왔다. 디지털로 매개되는 성례전 실행들과 관련하여 제기되는 몇가지 질문들은 디지털 매개에서 나타나는 위험성의 세부 사항들에 집중되어야 할 것이다.

---

[87] Spadaro, *Cybertheology*, 91.

① 디지털 매개는 항상 있었던 문제를 악화시키는 것인가?

② 만일, 그렇다면 어떻게 할 것인가?

③ 같은 문제에 대한 오늘날의 오프라인 표현들은 어떠한가?

④ 혹은 디지털 매개는 전혀 새로운 문제점을 만들어 내는 것인가?

⑤ 그리고 이런 것들은 성례전 실행들의 디지털 매개에서만 나타나는 문제들로 남아 있어야 하는가?

끝으로, 지금과 여기에 대한 고려들로부터 미래의 신학적 연구로 이동하면서 디지털로 매개되는 성례전 실행들과 관련하여 다음과 같은 질문들을 더욱 깊이 탐구해 볼 가치가 있을 것이다.

① 혼합 현실(mixed-reality)이라는 오늘날의 세상 속에서 성례전의 은총은 어디에 어떻게 위치되어야 할 것인가?

② 주어진 성례전 안에서 무엇이 성례전의 기호의 진실에 적절하게 속하는 것인가?

③ 그리고 이런 성례전 기호의 진실은 디지털 세상 속에서 효과적으로 구현될 수 있는 것인가?

끝으로, 중요한 질문인데 성례전이 물리적 근접성에 제한되어야만 하느냐는 물음이 제기되어야 할 것이다.

과거의 성례전 전통은 성 클레어의 환상 속의 미사 참석이 그랬듯이 이러한 질문들을 지속적인 방식으로 대면하지 않았다. 디지털로 매개되는 임재의 형식들에 대해서 상상할 수 없었기 때문이다. 그러나 오늘날에는 가능하다. 따라서 다음과 같은 물음을 던져야 할 것이다.

이는 성례전적 현존에 대한 신학적 성찰에 어떠한 의미를 지니는가? 또한, "사이버 공간 문화들의 언어로 실제 삶에서의 성례전에 대한 역동적인 등가물들"을 찾는 것은 무엇과 같은가?[88]

바라건대, 이러한 질문들의 목록이 철저한 것은 되지 못한다 하더라도 나는 이 목록이 디지털 매개 안에서의 성례전 실행들을 다루려고 애쓰는 이들에게 중요하다고 여겨지는 신학적 탐구를 보여 줄 수 있기를 희망한다.

3) 결론

이번 제5장(章)에서는 오늘날 우리가 직면한 디지털 매개의 가능성에 대해 확장된 숙고를 진행해 왔다. 나는 이러한 신학적 숙고가 어떻게 진행되어야 하는지의 윤곽을 그려냈기를 소망한다.

나는 '원스톱'(one-stop) 해답들이나 지속되어야 할 숙고들을 단축하려는 다른 시도들은 선택 사항이 아니라는 확신을 견지하고 있다. 은총의 매개에 관한 성찰이라는 힘겨운 노동은, 결국 기독교 신앙, 예배 생활, 그리고 성례전 실행들과 공존하는 것이다. 이 노동은 절대 없어지지 않을 것이며 적어도 교회가 시간을 가로질러 여행을 하는 한은 그러할 것이다.

오늘날 이런 노동과 관련하여 흥미로운 점은 우리로 하여금 가장 기초적인 질문들로부터 새롭게 출발하도록 만드는 새로운 디지털 콘텍스트와

---

[88] Herring, "Towards Sacraments in Cyberspace," 46.

우리가 직면하고 있다는 것이다. 그러나 새로운 방식으로 제기되고 있는 질문들은 성례전 실행들의 디지털 매개에 관한 질문들만은 아니다.

천문학자이며, 예수회 수사이며, 바티칸 천문대의 소장인 가이 콘솔마그노(Guy Consolmagno)는 교회가 외계인을 만나면 그들에게 세례를 베풀 것인지의 질문을 계속하여 받고 있다.[89]

다른 말로 하자면, 우리가 살고 있는 시대 자체가 우리에게 대단히 새로우면서도 동시에 절대적으로 기초적인 일련의 도전들에 직면케 한다는 것이다. 인간이 만들어 내는 심상치 않은 생태계 파괴의 가능성이 세 번째의 그러한 도전이다. 교회는 모든 진지함을 다하여 이 도전들을 감당해야 하고, 또한 신앙에 비추어서 그 도전들에 응답하려고 노력할 수밖에 없다.

디지털로 매개되는 성례전 실행들의 세계 안에는 좋은 소식을 전해 줄 수 있는 적어도 한 가지의 요소는 있다고 생각한다. 그것은 이것이다. 여기서는 적어도 신학적 성찰의 관점에서 하나님이 문제가 되지는 않는다는 것이다.

가장 기본이 되는 신학적 확신은 하나님의 권능은 우주를 가로질러 자유롭게 움직이며, 또한 모든 피조물 사이를 그들과 함께 그 안에서 실제로 오가실 수 있다고 확언해 주는 것이다.

따라서 가정하건대, 하나님은 사이버 공간을 통해, 그리고 화상 사이를 이동하심에 있어 아무런 문제가 없다는 것이다. 그러나 이 주장은 신학적으로 너무 광범위하여, 디지털로 매개되는 성례전 실행들을 둘러싼 복잡한 신학적 씨름들에 잘 복무할 수는 없다. 그러나 기본적인 신앙을 주장하는 것으로서는 분명 유익하다.

---

[89] Guy Consolmagno, *Would You Baptize an Extraterrestrial? And Other Questions from the Astronomer's In-box at the Vatican Observatory* (Colorado Springs, CO: Image Books, 2014).

디지털 미디어는 불타는 떨기나무와 발람의 나귀에서부터 빵과 포도주, 그리고 십자가에 이르기까지 거룩한 분의 현존에 대한 매우 많은 일련의 매개물들 안에서 그 자체로, 그리고 그 자체에 의해 기독교인들이 예배하는 다양하게 매개되는 하나님의 현존을 인식함에서 근본적으로 새로운 문제를 제기하지는 않는다.

이와 못지않게 중요한 사실인 하나님의 은혜는 성례전에 위임된 것이기는 하지만 성례전으로 환원될 수는 없다는 점이다. 기독교 전통은 항상 이 점을 이런저런 형식으로 인정해 왔다.

따라서 디지털로 매개되는 성례전 실행들에 관한 핵심적인 질문은 그 단어의 좁은 의미의 신학적(theological)인 질문이 아니다. 우리는 하나님이 사이버 공간 안에 현존하시며 활동을 하실 수 있는지 물을 필요가 없다.

고든 미코스키(Gordon Mikoski)는 '온라인 성찬식'에 관해 다음과 같이 쓰고 있다.

> 디지털 시대에는 성찬식에서의 예수 그리스도의 현존에 관한 고전적인 논쟁이 이렇게 뒤집혀 있을 수 있다.
>
> 이제 우리가 씨름해야 할 질문은, "성찬식에서 주님*(the Lord)*은 어떤 방식으로 임재하시는가?" 이런 것이 아니다. 그 대신 우리가 물어야 할 질문은 "우리가 성찬식에 어떤 방식으로 참석할 것인가?"이다.[90]

---

[90] Mikoski, "Bringing the Body to the Table," 258f.

이 질문과 연관된 또 다른 질문들은 우리의 신학적 상상력에 도전을 준다.

우리는 이 새로운 형식의 성례전 매개에 대해 신학적으로 적절한 방식으로, 어떻게 생각하고 있는가?

그리고 나는 제5장을 시작하면서 해답이 아닌 질문만을 약속했으나 이 장(章)을 마무리하는 지금, 결론을 대신하여, 지금까지 이어져 온 대단히 중요한 사고의 한 계통을 여기에 밝혀두고자 한다. 그것은 비록 성례전에 관한 '방해받지 않는 접근 권한과 지속적인 연결성'이 과거 성례전신학의 주제는 아니었다고 보증한다 하더라도 교회의 역사 안에는 성례전의 핵심적인 물리적 요소들이 없을 때조차도 성례전의 은총은 가능하다는 쪽으로 사고하도록 요구하는 상황들과 흐름이 있었다는 것이다. 기독교 신앙을 위해 순교한 예비 신자와 십자가에서 회개한 강도의 경우가 이와 같은 사고를 유도하는 두 가지 사례가 될 것이다.

성례전의 거행을 제한하거나, 혹은 불가능하게 만드는 다른 사례들도 있다.

① 물이 없는 사막
② 세례를 원하지만 홀로 있는 사람
③ 사제는 있지만 빵과 포도주가 없는 상황에 부닥친 죄수 집단
④ 성체를 섭취할 수 없는 죽어가는 사람을 위한 노자성체(viaticum)
⑤ 기름이 없이 행해지는 환자를 위한 치유의 성례전

교회가 물질성, 육체성, 그리고 함께 현존함을 뛰어넘어 그 사고를 더 넓게 펼쳐야 하는 때가 있는데, 특히 구원의 은총의 기본적인 가능성과 관련된 성례전에 있어서 더욱 그러하다.

영적인 성체배령이라는 개념뿐만 아니라 열망과 피에 의한 성례전 수용이라는 개념들은 이와 같은 사고에서 형성된 것이다. 전체적으로 보아 수 세기에 걸친 신학적 숙고가 구원의 성례전들에 자유로운 접근을 가능하게 만들기 위해 힘겹게 노력해 왔다는 점은 분명하다. 여기에는 배령하는 성체의 물질성 없이도 받을 수 있는 축성의 은총을 다양하게 구성하는 일이 포함된다.

그렇다면 오늘날의 신학적 성찰을 왜 상당히 좁은 성례전적 기정사실로 제한해야만 하는가?

전통은 이보다는 제공할 것을 더 많이 가지고 있으며 오늘날의 문화적 발전과 그에 따른 목회적 요구는 교회라는 이름을 가진 배의 갑판 위에서 모든 개념적 자원들을 필요로 하고 있다. 그러나 혹여 이것이 충분히 분명해지지 않는 경우라면, 나는 인터넷 세례식은 말할 것도 없고, 디지털로 매개되는 성찬 나눔을 옹호하지 않을 것이다. 그런 입장과 나는 거리가 멀다.

내가 간절히 원하는 것은 우리가 살고 움직이며 성례전을 거행하는 디지털 시대의 세부 사항들을 진지하게 고려하는 지속적인 신학적 성찰뿐이다.

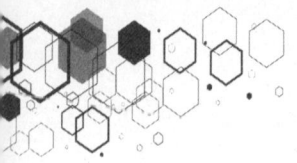

제6장

디지털 현재와 예배의 미래

이전 장(章)들에서는 디지털로 매개되는 예배 실행들이라는 거대하면서도 새로운 세계를 통과하는 길의 지도를 그려 보았다. 이전 장(章)들에서 이루어진 지도 제작은 예배학 연구, 신학적 성찰, 그리고 디지털 미디어 연구에서 나온 성찰들 사이의 삼자 대화로부터 나온 것이었다.

이 지도를 제작하도록 이끈 관심은 사이버 공간에서의 예배 실행들에 관해 열변을 토하려는 관심이 아니라 오히려 예배학 연구들과 이런 실행들에 대해 성찰하는 신학과 관련하여 그 적절한 방식을 밝히려는 관심이었다.

지금은 그 실행들을 단순히 무시하거나, 혹은 재빨리 일축할 수 있는 그런 시대가 아니다. 그래서 이 책이 필요하다. 우리의 관심이 이끄는 대로 계속 나아감에 있어서 이 결론 장(章)의 과제는 세 가지이다.

첫째, 이전 장(章)들에서 행한 연구를 확장하여 디지털로 매개되는 예배 실행들의 핵심 특징들을 적확하게 설명해 내는 일이다.

둘째, 오늘날의 디지털 시대에서 예배학 연구의 작업을 위해 이 새로운 예배 실행들의 세계가 제시하는 도전들을 강조하는 일이다.

셋째, 마지막 과제는 화상(pixels) 사이에서 하나님을 찾는다는 것이 어떤 의미인지에 대해 몇몇 생각들을 제공하는 일이다.

1. 온라인 예배의 핵심적 특징

2006년에 발표된 "가상 의례, 실제 믿음"(Virtual Ritual, Real Faith)이라는 제목의 논문에서 쉐릴 케이시(Cheryl Casey)는 인터넷상에 나타나고 있는 종교 의례들을 관찰한 후 다음과 같이 주장하였다.

> 사이버 공간은 종교 의례를 거행하기에 유례없이 적절한 매체다. 왜냐하면, 그것이 의례를 가상(the virtual)과의 근본적 관계로 되돌려 놓기 때문이다. 가상의 영역 그 내부로부터 가상의 존재(virtual presence)를 제공하는 것은 … 그것을 넘어서서 거룩한, 혹은 성스러운 것을 가리킴에 있어 대단히 더 효과적이기 때문이다.[1]

케이시에게 있어서 사이버 공간은 종교 의례를 "다시 가상화하는 것"이며 이는 그 본질상 사이버 공간이 "그 스스로 부인함으로써 그것이 가리키고 있는 거룩한, 혹은 성스러운 것이 더욱 명확해지도록 해 주는 것이기 때문이다."[2]

---

[1] Cheryl Casey, "Virtual Ritual, Real Faith: The Revirtualization of Religious Ritual in Cyberspace," *Online: Heidelberg Journal of Religions on the Internet*, ed. Kerstin Radde-Antweiler, 02.1 (2006), http://online.uni-hd.de.

[2] Casey, "Virtual Ritual," 83f.

의례에 대한 이런 개념은 자기 부정으로서의 종교 상징들에 대한 폴 틸리히(Paul Tillich)의 이해를 상기시켜 주는 한편, 케이시로 하여금 디지털로 매개되는 의례 실행들을 "근본 뿌리로 돌아가는 것, 다시 말해 이전의 미디어 환경들은 불분명하게 하거나, 당연시하거나, 혹은 기껏해야 모방하려고 노력했던 재(再)가상화(revirtualization)"로 해석할 수 있게 해 준다.³

따라서 인터넷에 열광했던 절정의 시기에 도달한 것이 분명해 보이는 그녀의 결론은 다음과 같다.

> 사이버 공간은 의례를 거행하기에 유례없이 적절한 매체이다.⁴

한쪽에서는 가상적인 것과 씨름이, 다른 한쪽에서는 종교적 실행들이 병행하고 있다고 본 것은 케이시 뿐만이 아니었다.

레이첼 와그너(Rachel Wagner)는 다음과 같이 주장하였다.

> 종교와 가상 현실은 초월을 향한 욕망의 표현으로 보여질 수 있다.⁵

그녀의 주장은 "가상 현실과 씨름하는 사람들, 그리고 종교와 씨름하는 사람들이 실행했던 만남의 유사한 양식들"에 기초하고 있다.⁶

---

3 Casey, "Virtual Ritual," 85.
4 Casey, "Virtual Ritual," 84.
5 Rachel Wagner, *Godwired: Religion, Ritual and Virtual Reality*, Media, Religion and Culture (New York, NY: Routledge, 2012), 4.
6 Wagner, *Godwired*, 4.

와그너는 다른 많은 요소 가운데 종교적 담론에서 디지털 미디어 은유들을 사용한 점을 열거하고 있는데, 예를 들면 기독교인들은 이미 그들의 신앙 덕분에 증강된 현실 속에서 살고 있다든지, 혹은 신앙은 그것을 통해 세상을 보는 "스크린"이라든지, 혹은 예수는 우리의 "운영 체계"로 이해되어야 한다는 주장 등이 그것이다.[7]

2016년 7월의 포켓몬고(Pokemon Go) 게임의 출시는 다음과 같이 표현된 현상을 촉발하였다.

> 마법의 여름 … 궁극을 향한 끝이 없을 것처럼 보이는 순례 내내 보이지 않는 힘들과 넋을 잃고 씨름하는 계절.[8]

나는 디지털로 매개되는 예배 실행들에 대해 이보다는 다소 신중한 관점을 가지고 있는데, 물론 이는 쉐릴 케이시의 것보다 훨씬 더 신중한 것이다. 나는 사이버 공간이 예배를 위한 "유례없이 적절한" 자리라고 생각하지는 않는다. 그러나 나는 사이버 공간이 기도와 예배를 위한 유례없이 부적절한(inappropriate) 장소라고도 생각하지 않는다.

고대의 언덕 꼭대기들, 그리스 로마의 집들, 초대 기독교의 지하묘지들, 로마네스크 양식의 대성당들, 개인 예배당들, 순례의 길들, 들판, 가정의 제단들, 그리고 부엌의 식탁들 등에 이르기까지, 사이버 공간 이전에 있었던 많은 장소들이 그랬던 것과 마찬가지로,, 사이버 공간 이전에 있었던 많은 장소들이 그랬던 것과 마찬가지로, 사이버 공간은 나름의 방식으로

---

7   Wagner, *Godwired*, 4.
8   Elizabeth Drescher, "A Virtual Faith," *America* (October 10, 2016), 22-24, 특히 p. 22.

예배의 실행들을 가능케 하는 동시에 그것들을 제한하고 있다.

예배 실행들이 디지털 세계로 이주하는 것에 포함되는 변형들을 가늠해 보기 위해 이러한 이주가 갖는 핵심적인 특징들을 명확하게 파악하는 것이 중요하다. 이제부터 나는 이전 장(章)들의 연구에서 밝혀진 대로 다섯 가지의 그 특징들을 강조하려고 한다.

그러나 이 특징들로 옮겨가기 전에 하나의 기본적인 논점을 다시 강조하고자 한다. 인터넷 예배는 결코 단일한 현상이 아니며, 오히려 일련의 풍부하고 다양한 실행들이라는 점이다. 더욱이 이 실행들은 오프라인에 있는 그 상대편들만큼 다양할 뿐만 아니라 사실 그 이상으로 다양하다. 서로 다른 형식의 디지털 매개가 이미 존재하는 예배의 차이점들을 더욱 복잡하게 만들고 있기 때문이다. 디지털 매개는 서로 다른 특성과 특질들을 지닌, 상당한 범위의 플랫폼들과 기기들을 가로질러 퍼져 있을 뿐만 아니라 또한 대단히 모듈화되어 있고 쉽게 변경 가능한 것들이다. 또한, 예배 실행들 자체가 단일한 현상을 나타내 보여 주는 것이 아니라 넓은 범위의 예배 방식들을 포괄해 놓은 것이다. 따라서 한편의 디지털 미디어와 다른 한편의 예배 실행들이 합해질 때, 가능성의 레퍼토리는 상당히 확장될 수 있다.

예를 들어, 시간 전례와 같은 기본적인 예배 실행은 이제 깜짝 놀랄 만큼 많은 방식으로 이루어질 수 있다. 인쇄된 기도서를 읽는 텍스트 매개 방식을 통해서도, 혹은 그 예배를 실시간으로 중계하는 수도원 공동체와 함께함을 통해서도, 혹은 애플리케이션으로 제공되는 오디오 파일을 통해서도 혹은 오프라인 성소에서 기도하는 인근의 종교 공동체와 함께함을 통해서도 이루어질 수 있다.

그 가능성의 목록은 여기서 끝나지 않는다. 이런 실행들을 다양한 방식으로 다시 조합할 수 있기 때문이다. 예를 들어, 인쇄된 기도서를 다른 대륙에 있는 친구와 함께 스카이프를 통해 읽을 수도 있다. 혹은 이제는 온라인으로 단지 기도 텍스트들을 제공해 주는 웹사이트나 애플리케이션을 통해 '성무일도'(Divine Office)의 텍스트를 읽음으로써 기도할 수도 있다.

이상의 관찰들은 디지털로 매개되는 예배 실행들이 지니는 첫 번째 핵심 특징들로 우리를 직접 이끌어 준다.

1) 확장된 예배 레퍼토리

첫 번째로 드러나는 특징은 예배의 레퍼토리가 확장될 가능성이 있다는 것이다. 이 특징은 '이진 부호화'(binary coding), '숫자로 표현하기'(numerical presentation), 그리고 '변환 부호화'(transcoding)의 융통성과 같은 기술 혁신 때문에 가능한 것이다.[9] 이런 기술 혁신들은 엄청난 거리를 가로질러 거의 즉각적인 연결을 가능하게 해 줄 뿐만 아니라 기존 자료들의 블렌딩(blending) 가능성도 증대시켜 준다.

특히, 후자는 예배 레퍼토리의 확장에 이바지하고 있는데, 앞으로도 그 확장은 계속될 것이다. 증강 현실의 세계들이 이 확장에 중대한 역할을 감당할 것이다. 엘리자베스 드레셔(Elizabeth Drescher)는 이에 대해 다음과 같이 말하였다.

---

[9] 새로운 미디어의 기술적 특징들에 대한 가장 최근의 압축된 설명은 다음을 보라. Heidi A. Campbell and Stephen Garner, *Networked Theology: Negotiating Faith in Digital Culture*, Engaging Culture (Grand Rapids, MI: Baker Academic, 2016), 40-44.

디지털 세계에서 보이는 것과 보이지 않는 것들의 통합은, 그리고 그것들을 매혹적으로 함께 끌어주는 기술과 실행들은 우리의 미래 삶 속에서 더욱 많은 부분을 차지할 것이 분명하다.[10]

기도 생활들도 이와 다르지 않을 것이다. 예를 들어, 그리 멀리 않은 미래에 오프라인 성소에서 예배를 드렸던 경험과 자신이 가장 좋아하는 성인의 이미지들을 혼합할 수 있을 것이다. 이는 포켓몬고와 같은 증강 현실 게임이 디지털로 매개되는 작은 포켓몬 괴물을 찾아 동네를 헤매게 하는 것과 매우 유사한 방식이다.

이렇듯 방대하게 확장된 예배 레퍼토리에 대응하는 하나의 방식은 디지털로 매개되는 실행들의 출현과 함께 '선택이라는 현대 문화'가 어디에나 존재한다고, 이제는 기도하는 자세까지 선택해야 할 것이라고 경고하는 일이다. 이 주장에 대해서는 교회적으로나 예전적으로 당혹해하기보다는 그저 하나의 서술로 받아들이는 것이 최선일 것이다.

이런 입장을 지지하는 세 가지 이유가 있다.

첫째, 예전적 선택은 디지털 통신 기술들과 함께 시작된 것이 아니라는 점이다. 그 선택은 최초의 기독교인 예배 공동체들만큼이나 오래된 것이다. 사도 바울이 고린도 교회에 존재했던 여러 파벌을 비판했던 것이 이 상황에 해당한다.[11] 즉, 신약 성서 자체가 이미 당시의 신자들이 서로

---

10 Drescher, "Virtual Faith." 22.
11 고린도전서 1:12에서 바울은 고린도 교회 내의 서로 다른 당파에 관해 서술하고 있는데 일부는 바울을 따른다고 주장하고 일부는 아볼로, 게바, 혹은 그리스도를 따른다고 주장한다.

다른 예배를 선택하여 충성했던 사실을 증거 해 주고 있다.

둘째, 초기 기독교 예배의 역사를 최근 다시 그려 보는 과정에서 예배를 선택할 수 있다는 것은 초기 공동체들의 기본 특징이었다는 사실이 드러났다. 선택할 수 있는 수 많은 가능성은 처음 3세기 동안의 사도적 전통으로 이해될 수 있는 그 무엇의 대단히 중요한 부분을 차지하는 것이었다.[12]

셋째, 그레이엄 워드(Graham Ward)가 주장했듯이 과거에 대한 신학적 호소는 향수에 근거하여 이루어져서는 안 된다는 것이다. 여기서 과거란 '선택 이전'(pre-choice)이라고 상상되는 '근대 이전'(pre-modern)의 과거를 말한다. 워드는 이렇게 말한다.

> 우리는 중대한 문화적 변환을 겪고 있는데, 러다이트적 비판의 근거로서 전통을 사용하는 기독교 신학자들은 하나님의 은혜라는 면에서 이곳에서 일어나고 있는 일을 신학적으로 읽어내는 일에서 실패하고 있다. 그들은 사실상 저 우울증, 곧 향수병의 희생자들이다.[13]

오늘날 디지털 시대 속에서 만나게 되는 예배 가능성의 강화된 레퍼토리 앞에서 향수병에 빠지기보다는 예배 자체의 매우 오래된 선택의 논리를 받아들여 이 논리를 디지털 문화와의 대화 속으로 끌어들이는 것이 더욱 유익할 것이다.

---

[12] Maxwell E. Johnson, "The Apostolic Tradition," in *The Oxford History of Christian Worship*, ed. Geoffrey Wainwright and Karen B. Westerfield Tucker (New York, NY: Oxford University Press, 2006), 32-75, 특히 p. 69.

[13] Graham Ward, "Virtue and Virtuality." *Theology Today* 59 (2002), 55-70, 여기서는 p. 56 을 보라.

이와 같은 해석적 전략은 디지털로 매개되는 예배 실행들에 관한 두 번째로 중요한 논점으로 우리를 직접 인도해준다.

2) 연속성과 혁신

이 두 번째 논점은 과거의 실행들과 연속성을 강조하면서 인터넷 예배와 디지털 이전 시대의 실행들 사이의 차이점을 과도하게 강조하지 말 것을 역설한다. 그 이유는 그 차이점들을 과도하게 강조하면, 이 실행들 사이의 연속성보다는 단절을 강조하는 잘못된 방향으로 쉽게 넘어가게 되기 때문이다.

디지털로 매개되는 예배 실행들은 과거의 예배 실행들과 연속 선상에 있다. 그 모두가 항상 사용 가능한 매체들, 곧 몸에서부터 소리까지, 그리고 다른 일단의 물질성들에 이르기까지의 매체들의 합류 속에서 일어나기 때문이다.

다시 말해, 디지털로 매개되는 실행들을 이해하기 위한 더 큰 서사는 그 시작부터 다양한 매체로 매개된 기독교 예배의 역사 그 자체다. 새로운 디지털로 매개되는 예배 실행들은 오래된 이야기의 부분일 뿐이다.

인터넷 예배가 이전에는 알려지지 않던 몇몇 특징들로 형성된다고 하더라도 디지털로 매개되는 실행들은 지나간 이전 것들과 근본적인 단절보다는 항상 변화하는 문화적 콘텍스트 안에서 그리고 지속하는 예배 생활의 연속 선상에서 해석되는 것이 최선일 것이다.[14]

---

14 Andrea Catellani, "Pastorale et prière en ligne: Le cas du site *Notre Dame du Web*," in *Le Religieux sur Internet*, ed. Fabienne Duteil-Ogata et al., Collection Religions en questions

중요하게는 디지털 미디어의 특성이라고 통상 간주하는 대부분의 특성, 예를 들면 '비(非)선형'(non-linearity), '다(多)매체성'(multi-mediality), 특히 '단어와 이미지의 병존,' '쌍방향성'(interactivity), 그리고 '텍스트 콜라보'(textual collaboration) 등은 디지털 이전 시대에 미디어를 형성할 때에도 이미 존재했던 것들이다.[15]

이 점은 디지털 이전 시대의 예배 형성에서도 마찬가지였다. 디지털 미디어의 세부 사항들이 예배의 몇몇 중요한 기정사실들에 압박을 가한다고 하더라도 이 압박들은 예배의 과거와의 전반적인 씨름 안에다 그것들을 가져다 놓고 볼 때 그다지 특별한 것은 아니다.

그렇다면 인터넷 예배에 있어서 정말로 새로운 것은 아무것도 없는가?

여기서 나는 디지털 매개의 특징들을 대단히 새롭고도 혁명적으로 보이게 만드는 것은 그것이 경험되는 시간의 압축에 있다고 제안하고자 한다. 모든 것이 거의 즉각적이며 클릭 한 번의 거리에 있다. 그리고 이런 시간의 압축이 "일상 생활 속에 아무 노력 없이 함께 엮여서 전기처럼 눈에 보이지 않게 흘러간다."[16]

더욱이 이처럼 겉으로 보기에는 아무 노력도 필요 없는 것처럼 보이는 시간의 압축 그 기저에 있는 끼워 넣어진, 휴대 가능한, 그리고 장착 가능

(Paris: L'Harmattan, 2015), 203-216, 여기서는 p. 215를 보라: "Il s'agit d'une évolution, et pas d'une révolution."

[15] David Golumbia, "Characteristics of Digital Media," in *The Johns Hopkins Guide to Digital Media*, ed. Marie-Laure Ryan et al. (Baltimore, MD: Johns Hopkins University Press, 2014), 54-59.

[16] Pew Research Center's report "Digital Life in 2025," www.pewinternet.org/2014/03/11/digital-life-in-2025/.

한 컴퓨터의 사용은 앞으로 점점 더 증가해 나가기만 할 것이다.[17] 예배 생활과 관련하여 즉각적으로 나타날 결과들은 주일 예배에서보다는 나날의 기도 실행들에서 명백하게 나타날 것이다.

매일기도를 실행하는 미국 인구의 절반 이상 사람들의 경우를 살펴보면 그 가운데 20%는 소속된 종교가 없다.[18] 아무 노력 없이도 저들의 일상 생활과 함께 엮이는 새로운 미디어가 저들의 기도 실행들을 그 심연에 이르기까지 형성하고 있음이 명백하다.

주일 예배가 디지털로 만연된 표식들이 상대적으로 적은 예배 공간일 수 있지만 나날의 기도 실행들에는 그것들이 "나날의" 것이라는 바로 그 이유로, 매일 살아내는 일상의 삶 속으로 아무 노력 없이 함께 엮이는 디지털 매개의 표식들이 훨씬 더 많이 나타난다.

과거의 예배 실행들을 구성해 온 모든 매체의 연속성과 차이점들 모두를 고집하는 일은 예배의 디지털 세계로의 이주에서 얻는 것은 무엇이고 잃는 것은 무엇인가에 관한 질문들을 던지게 만든다.

그 대답은 주로 세 가지 요소에 의해 결정될 것이다.

① 사용되는 디지털 기술의 세부 항목들
② 예배하는 이들의 세부 사정들
③ 해당하는 예배 실행들

---

[17] Pew Research Center's report "The Internet of Things Will Thrive by 2025," www.pewinternet.org/2014/05/14/internet-of-things/.
[18] Michael Lipka, "5 Facts about Prayer," www.pewresearch.org/fact-tank/2016/05/04/5-facts-about-prayer/.

따라서 관상기도를 위해 가상 현실 환경으로 들어갈 수 있게 해 주는 장착 가능한 바이저(visor)는 시각장애가 있는 사람들에게는 별 도움이 되지 않을 것이다. 반면, 집 밖으로 나갈 수 없어서 실시간으로 중계되는 미사를 시청하는 사람들에게는 그것이 은혜를 가져다줄 수 있을 것이다.

의례 분석의 관점에서 볼 때 디지털로 매개되는 예배의 특정 가능성과 제한성에 대한 해석은 '의례 전이 이론'(ritual transfer theory)에 의해 진척될 수 있을 것이다. 온라인과 오프라인 모두에서의 의례 변형을 해석하기 위해 개발된[19] '의례 전이 이론'(ritual transfer theory)은 의례의 적용 과정에서의 세 가지 구성 요소를 밝혀내고 있다. 이 구성 요소들은 다음과 같다.

① 변형 과정
② 발명 과정
③ 배제 과정

이 세 가지의 구성 요소 모두, 하나의 의례가 새로운 사이트나 새로운 미디어로 옮겨갈 때 다양한 반복 속에서 나타난다고 여겨지고 있다. 디지털로 매개되는 예배 실행들에 관한 연구에 있어서 이 이론은 온라인 실행이 오프라인 예배와 다를 때마다, 무엇이 '결여'된 것처럼 보일 때마다, 온라인 실행들을 단순히 부인하는 태도를 넘어서게 해 준다는 점에서 가

---

[19] Robert Langer, Dorothea Luddeckens, Kerstin Radde, and Jan Snoek, "Transfer of Ritual," *Journal of Ritual Studies* 20 (2006), 1–20; and Nadja Miczek, "Online Rituals in Virtual Worlds: Christian Online Services between Dynamics and Stability," *Online: Heidelberg Journal of Religions on the Internet* 03.1 (2008), 144-173, 그녀는 Church of Fools and in Christian communities in Second Life에서의 온라인 예배에 대한 자신의 분석 작업을 위해 이 이론을 사용하였다.

치를 지닌다.

이제는 온라인으로 옮겨간 예배가 새로운 수행 프로토콜에 따라 정확히 어떻게 실현되는가를 탐구해 볼 개념적 여지가 생긴 것이다. 이 프로토콜들은 항상 새로운 특징들을 가능케 하는 동시에 적어도 이전의 일부 특징들은 제한하는 것으로 이해되고 있다.

디지털 미디어가 종교적 실행들을 단순히 변형시키는 것은 아니라고 하더라도 온라인 예배는 오프라인 예배 생활에 나타나고 있는 변화들을 포함하여 더욱 광범위한 문화적 추세들을 비추어 주고 있으며 온라인 예배 실행들은 예배 생활의 일부 오래된 기정사실들을 분명 변화시키고 있다.

'의례 전이 이론'은 이들 변형에 대해 생각할 수 있는 하나의 가능한 방식을 제시해 주는데, 의례 연구에 관한 학문적 도구들이 그것이다. 신학적 질문을 판단하기 위해서는 다른 도구들이 필요하나, 변화의 역사적 연장선상에서 일어나는 의례의 변형에 대해 사고함에 있어서 이 이론은 그 출발점으로서 유용하다.

3) 지역과 상관없는 거룩한 공간과 멀티 사이트

디지털로 매개되는 예배 실행들과 관련된 세 번째의 핵심 특징에는 공간에 대한 변화하는 경험들이 포함된다. 디지털 시대에는 새로운 공간들이 나타났는데 이 공간들은 '집과 일터'를 보완하는 것으로 인식되는 소위 제삼의 장소들로서, 종종 유럽의 커피숍을 훨씬 넘어서는 것들이다.

디지털 공간들은 이러한 범주들보다 훨씬 복잡하고 혼성적인(hybrid) 것들이다. 왜냐하면, 디지털 공간은 선택에 따라 가족들을 위한 장소, 혹은 작업장, 비형식적인 공적 모임을 위한 제삼의 장소, 혹은 새로운 멀티사이트 현실(multi-site reality) 등으로 기능할 수 있기 때문이다.

이 멀티 사이트에서는 "온라인과 오프라인 문화의 국면들이 혼합되어 독특한 콘텍스트를 이루게 되는데, 이는 새로운 현실로써 연구되어야 할 필요가 있다."[20]

예배 실행들과 관련하여 오프라인 예배 공간들과 온라인 예배 공간들은 점차 함께 엮여가고 있고 실제로 공간을 공유하고 있다. 최초의 전(全) 세계 동시 성체배령에 대한 나의 경험이 그 한 예를 제공해 준다.

나는 오프라인 성소에서 미사가 끝나갈 무렵, "포프 앱"(PopeApp) 애플리케이션을 통해 로마에 있는 성 베드로대성당으로부터 실시간으로 중계되는 예배에 함께 참여하였다. 나는 뒤쪽 회중석에 앉아 오프라인 미사의 끝부분에 참여하는 동시에 온라인 예배에도 참여하여 디지털로 매개되는 전(全) 세계 동시 성체배령에 참가하는 수백만 명 중의 한 사람이 되었다.

이처럼 오프라인의 실행과 가상 실행들이 함께 엮이는 경험은 앞으로 점점 늘어날 것이다. 2016년 여름 포켓몬고의 대(大)유행은 가상과 실제 사이, 지역과 지역 밖 사이, 그리고 사회적 네트워크와 강력한 모바일 세계들 사이의 융합이 점점 늘어날 것을 예고해 주었다.

이 게임은 그 절정기에 하루에 전(全) 세계 4천 5백만 명의 플레이어들을 끌어모은 적이 있는데 어떤 사람에게는 이 게임이 십자가의 길이 증강현실이 되거나 또는 디지털로 매개되는 다른 형식들의 기도들이 생겨날 수도 있다는 전망을 제시해 주는 것이었다.[21]

---

20 Campbell and Garner, *Networked Theology*, 77.
21 Drescher, "Virtual Faith," 22.

특정 지역과 상관없는 거룩한 장소들의 출현과 오프라인 성소로부터 예배의 떠남은 직접 함께 참석하는 것 보다 예배의 동시성이 우위를 점한다는 사실을 알려 준다. 디지털로 매개되는 예배에서는 "물리적으로 같은 장소에 있는 것"[22] 보다, "함께 참석하는 것으로 인식되는 것"이 결정적인 특징이 되어가고 있다.

이런 전환은 동시성의 중요성을 강조해 준다. 왜냐하면, 예배의 동시성은 예배하는 이들의 함께 참석하기가 디지털로 매개될 때 핵심적인 역할을 해 주기 때문에 그러하다.

4) 단선적(linear) 예배를 넘어서

디지털로 매개되는 예배 실행들의 네 번째 특징에는 "단선적" 실행들로부터 보다 "리조매틱"(rhizomatic)하고, 초(超)텍스트적인 예배 경험으로의 이동이 포함된다.[23] 이는 "기도문 읽기"를 고집하는 예배 전통들, 즉 기록된 텍스트를 따르는 단선적인 기도의 진행을 고집하는 예배 전통들에 있어서 특히 중요하다.

---

[22] Antonio Diaz Andrade, "From Physical Co-location to Perceived Co-presence: 'I Feel Close to You When I Use My Mobile", *Pacific Asia Journal of the Association for Information Systems* 6.1 (2014), http://aisel.aisnet.org/pajais/vol6/iss1/2/.

[23] Nathan Mitchell은 예배에 관한 근대 후기의 나무 이미지를 포스트모던의 리좀 이미지와 확신을 가지고 대비시켰다. 이 점에 대해서는 그의 다음 글을 보라. "Trees versus Crabgrass: Reimagining Liturgy in Postmodern Cultures," *Meeting Mystery: Liturgy, Worship, Sacraments*, Theology in Global Perspective Series (Maryknoll, NY: Orbis, 2006), 6–12.

디지털 텍스트성(textuality)은 이와 같은 단선적 읽기를 완화시켜 준다. 그 대신에 상호 연결된 멀티미디어적 텍스트들의 그물망을 통해 개인적으로 구성하는 읽기의 통로를 요구한다.

피터 호스필드(Peter Horsfield)는 자료들을 다루는 이 두 가지 방식 사이의 차이점을 다음과 같이 간결하게 묘사하였다.

> 전혀 새로운 텍스트, 이미지, 소리, 비디오, 혹은 애니메이션 등을 통해 스크린에 나타나는 즉각성(instantaneousness)은 더욱 단일하고 순차적인 대부분의 하드 카피 읽기 유형 대신 수평적이고 다(多)감각적이며 사용자 지향적인 텍스트 사용을 끌어낸다.[24]

제2장에서 언급했듯이 이와 같은 디지털 텍스트성은 새로운 형태의 노력을 끌어낼 뿐만 아니라 시간 전례의 경우 예배하는 이들을 개인화되고 소리 없는 읽기로부터 해방하여, 이전에 함께 이루어 냈었던 구술 방식의 기도 및 성서 명상으로 되돌아가게 해 준다.

온라인 예배의 리조매틱하고 초(超)텍스트적인 성격은 디지털의 멀티미디어성에 의해 강화된다. 중세의 성당들의 멀티미디어성의 형식들을 예로 들어, 멀티미디어성이란 디지털 이전 시대에 이미 나온 것이라고 말한다 하더라도, 디지털의 멀티미디어성은 그것이 갖는 거의 즉각적이고 쌍방향적이며 깊이 몰입하게 하는 가능성이라는 점에서 선례가 없는 것이다.

---

[24] Peter Horsfield, *From Jesus to the Internet: A History of Christianity and Media* (Malden, MA: Wiley Blackwell, 2015), 261.

예배학적으로 볼 때 멀티미디어를 통해 강화된 가능성은 예배 자료들을 지속적으로 재혼합할 수 있게 해 준다. 재혼합과 재매개가 과거의 문화적 실행들의 특징이었다고 하더라도 디지털 시대에서 이루어지는 재혼합을 통한 예배 실행들은 몇 가지 독특성을 보여 준다. 디지털 세계들 안에서 예배 장소들과 관련하여 상당히 전통적인 시각성이 유행하고 있다는 점이 여기에 해당한다고 하겠다.[25]

5) 휴대 가능, 이동 가능, 접근이 열려있는 예배

디지털로 매개되는 예배 실행들의 마지막 특징은 넓어지고 광범위해진 "열린" 접근이다. 이 접근 안에서 그리고 이 접근을 통해 이 실행들은 번성해 나가고 있다. 특히, 스마트폰의 출현 이후 기도는 새롭고 분명한 방식으로 휴대와 이동이 가능해졌다. 시간 전례는 이제 인쇄된 기도서 없이도 실행될 수 있다.

성체조배 역시 눈에 보이는 문이 열려 있는 교회 없이도 실행될 수 있다. 이제는 세네갈의 '쿠르무사(Keur Moussa)베네딕도수도원'에서 부르는 찬송 소리가 코네티컷주에 있는 한 주방에서 울려 퍼진다. 또한, 교황 집례 미사를 손바닥 안에서 팔로우할 수 있다.

예배 실행들의 세계화가 디지털 시대 훨씬 이전부터 시작되지 않았다는 말이 아니다. 오늘날의 디지털 세계들 안에서 휴대 가능하고 이동 가능한

---

[25] 디지털 현재에서 시각적 과거를 돌아보는 것은 전적으로 새로운 현상은 아니다. 예를 들어, 르네상스 시대에도 고대 그리스 로마의 옛것들을 돌아보았으며 19세기에도 모든 고딕적인 것들을 돌아본 바 있다.

전(全) 지구적 기도와 찬송들이 전(全) 세계적으로 분명히 번성하고 있다는 것이다.

디지털로 매개되는 예배 실행들의 다섯 가지 핵심 특징들에 대해서는 여기서 언급을 마치겠다. 이 특징들을 제 자리에 놓고 보면, 이와 같은 디지털로 매개되는 실행들 안에서, 그 실행들을 통한 예배 주체들의 형성에 대한 질문이 제기된다.

2. 디지털 시대에 예배의 주체성 형성

예배의 주체 형성에 관해 탐구해 보는 일은 디지털 통신 기술들 때문에 생성된 새로운 탐구 주제는 아니다. 예배의 주체들이 특정한 문화적 콘텍스트들 안에서 어떻게 형성되는가를 묻는 일은 오히려 예배의 역사상 모든 시대에 주어진 임무였다.

데릭 크뤼거(Derek Krueger)는 최근 이런 질문이 '비잔티움에서의 자기 형성'(the formation of the self in Byzantium)과 관련하여 어떻게 추구될 수 있는지를 해설한 적이 있다.[26] 그리고 예배의 주체성은 더 광범위한 문화적 변형과 함께 바뀐다는 통찰 또한 새로운 것이 아니다.

예를 들어, 인쇄술의 발명, 문맹 퇴치의 확산, 그리고 기도 중에 읽을 텍스트들을 더욱 폭넓게 구할 수 있게 된 점 등과 관련하여, 예배와 경건 생활에 있어서 나타난 변화들은 오래전부터 이미 인식된 것들이다.

---

[26] Derek Krueger, *Liturgical Subjects: Christian Ritual, Biblical Narrative, and the Formation of the Self in Byzantium*, Divinations (Philadelphia: University of Pennsylvania Press, 2014).

그렇다면 디지털 시대의 예배에 있어서 '자기의 형성'은 어떠한가?

우선 예배하는 인간에 대한 핵심적인 신학적 주장들이 디지털 매개에도 적용되지 말아야 할 이유는 없다. 만일, 서로 다른 매개들을 가로질러 기도 안에서 자기가 어떻게 형성되고 수행되는지를 묻는 것이라면, 가장 기초적인 신학적 주장들은 변치 않을 것이다. 이 주장들은 인간 존재가 영원히 하나님을 그리워하도록, 그리고 하나님께로 향하도록 창조되었다고 이해한다.

그러나 이 그리움은 죄에 의해 깊은 상처를 입은 인생들 속에 존재하며 또한 그들 스스로 하나님의 현존으로 향할 수 없는 그런 인생들 속에 존재한다. 하나님의 말씀이 인간의 몸으로 성육하신 것과 십자가에서 이루어진 구속은 인간을 해방하여 그들의 가장 깊은 그리움을 묵묵히 따르도록 해 준다.

기도와 예배 안에서 하나님께로 향하는 일은 항상 빈손으로 성령의 도우심을 입어 하나님의 형상을 따라 지어진 모든 인간 존재가 지녀야 하는 진정한 자세로 이제는 인식될 수 있다. 이는 인간의 모든 그리움의 종착점이며, 또한 그 가장 깊은 실현이기도 하다.

물론, 이는 대담한 주장들이긴 하지만, 그것들의 매개가 이젠 디지털 수단들을 포함한다는 이유만으로 그 주장들이 진실이 되지 못할 이유는 없다. 하지만, 오늘날의 문화는 디지털로 만연된 자아의 형성에 관해 일단의 근심들을 나타내 보여주고 있다.

오늘날 '스크린들'이 우리의 인간성 자체에 무슨 짓을 하는지에 대해 상당한 불안감이 존재한다. 앤드류 설리반(Andrew Sullivan)은 최근 「뉴욕 타임스」(The New York Times)에 기고한 "나는 한때 인간이었다"라는 충격적인 제목의 글에서 이런 근심을 적확하게 설명해 주었다.

설리반은 신경쇠약에 걸리기 이전의 자신을 "거의 미쳐버린 정보 중독자로서 … 웹 안에서 살아가는" 자신이었다고 묘사하고 있다.[27] 신경쇠약에 걸린 후 행해진 중독 치료 기간은 그를 침묵, 명상, 그리고 텅 '빔'(空)으로 이끌어 주었는데 이는 그의 가톨릭 사회화를 상기시켜 주는 것이었다. 설리반은 오늘날의 예배 실행들에 대해 비판적인 관점에서 다음과 같이 주장한다.

> 그 어둠과 침묵이 웹 피로증후군에 걸린 사람들의 영혼과 정신을 실제로 끌어들일 수 있는데도 예배들은 감정적 발작으로 퇴보하였고 그 공간들은 빛과 소음 속에 잠겨 버렸으며 그 문은 온종일 잠겨 있다.[28]

설리반의 글은 특히, 웹 피로증후군을 느끼는 기독교 비평가들과 공명하고 있다.

"왜 교회가 우리를 우리의 스마트폰으로부터 구조해야 하고 또 할 수 있는가?"

그중 한 작가는 이에 초점을 맞추고 있다.[29]

그의 주장에는 예배하는 기독교 공동체가 "침묵기도, 예식서에 따른 죄의 고백, 그리고 하나님 앞에 잠잠하기와 같은 순간들을 다시 불러일으켜

---

27 Andrew Sullivan, "I Used to Be a Human Being," http://nymag.com/selectall/2016/09/andrew-sullivan-technology-almost-killed-me.html.
28 Andrew Sullivan, "I Used to Be a Human Being," http://nymag.com/selectall/2016/09/andrew-sullivan-technology-almost-killed-me.html.
29 Russell Moore, "Why the church can rescue us from our smartphones," www.washingtonpost.com/news/acts-of-faith/wp/2016/09/21/jesus-doesnt-care-how-many-twitter-followers-you-have/.

야 한다"라는 호소가 포함된다.

달리 말하자면, "침묵과 정숙의 순간들"을 웹 피로증후군에 걸린 세계에 교회가 제시할 수 있는 해답으로 내세우고 있는 것이다. 물론, 오늘날의 예배 생활에 대한 이 저자들의 의혹 일부를 내가 동의하지 않는다는 말은 아니다. 나 역시 관상적 침묵의 순간들을 그리워한다. 나 역시 예배 가운데 하나님 앞에서 잠잠했던 시절들을 그리워한다.

그러나 나는 오늘날의 삶과 예배가 가진 근본 문제가 웹 피로증후군에 있다고 확신하지는 못한다. 웹 피로증후군에 빠진 세계의 뿌리에는 더 큰 훨씬 더 오래된 문제들이 놓여 있다고 보이기 때문이다. 그리고 이러한 문제들은 '접속 끄기'에 열성적으로 호소한다고 하여 해결되기는커녕, 조금도 다루어지지 못한다고 생각하기 때문이다.

실제로 사회 이론가인 네이선 유르겐슨(Nathan Jürgenson)이 주장했듯이 "온라인 활동을 피하면서 정신적 성장에 관심을 쏟는 사람"(disconnectionist)들은 접속 끄기를 끊임없는 자의식(自意識)적 활동으로 만드는 것으로 끝나게 될 것이고[30] 이는 설리반이 탄식했듯이 온라인 활동에 열광하는 자들의 행태와 매우 비슷한 것이 될 것이다.

오늘날의 삶에서 느끼는 피로증후군의 뿌리에 대해서는 스크린의 힘을 비인간화하는 것과는 다른 서사가 필요하고 가능하다. 그와 같은 가능성의 하나가 오늘날의 웹 피로증후군에 시달리는 삶을 주체 형성이라는 관점에서 더욱더 큰 전환들의 한 부분으로 해석하는 것이다.

---

[30] Nathan Jurgenson, "Fear of Screens," in New Inquiry (January 25, 2016), http://thenewinquiry.com/essays/fear-of-screens/.

구체적으로 말하자면, 후기 근대에서 정체성을 형성하는 일은 지속하는 과정으로서 여겨진다는 것이다. 정체성은 안정적으로 주어진 것이라기보다는 유동적이며 새롭게 나타나는 무엇으로 경험되고 있다.

오늘날의 삶을 특징지어 주는 열광적 활동을 느끼는 일은 자기를 끊임없이 형성 과정에 있는 것으로 느끼는 이런 경험에 뿌리를 두고 있을 것이다. 형성 중에 있다고 느껴지는 그 느낌은, 비록 안정감은 아니라고 하더라도 자아의 생존 가능성에 대한 끊임없는 확신에 대한 긴박한 필요를 생성해낸다.

디지털 공간은 그와 같은 확신을 거침없이 추구하기에 가장 좋은 장이다. 왜냐하면, 지속적인 연결성이 이 추구를 거침없는 것으로 만들어 주기 때문이다. 이 분석이 옳다면 스크린에 접속하는 것을 끊자는 열성적인 호소는 훨씬 더 큰 문제의 한 증상에 대한 작은 한 응답일 뿐이며 그 근본 원인을 다루는 데 별 도움이 되지 못한다.

그렇지만, 디지털 기술들이 특정한 방식들로 오늘날의 주체 형성을 매개한다는 사실을 부인할 필요는 없다. 지속적인 연결성이라는 조건 아래서 독자 생존이 가능한 자기를 끈질기게 찾는 일은 특정한 특징들을 나타내 보여 준다. 지속적인 연결성이 그 추구의 거침없음과 관련된 근본적인 문제는 아니라고 하더라도 그러하다.

그러나 이 양자 사이의 구분은 여전히 매우 중요하다. 교회는 이 표징들에 대한 제대로 된 해석을 제공할 수도 있고, 제공하지 못할 수도 있는 더 광범위한 문화적 서사에 단지 따르기보다는 가능한 한 적확하게 시대의 표징들을 읽어내도록 부름을 받고 있다. 이들 시대의 표징들을 어떻게 적확하게 읽어낼 것인가의 문제는 디지털 시대에 있어서 예배 주체의 형성에 관한 논쟁에도 영향을 끼친다.

예를 들어, 학자들은 트위터와 다른 소셜 미디어들이 "우리가 우리의 예배를 한입 크기의 덩어리로 쪼개도록" 만들지 않을까 염려하고 있다.[31] 이는 소셜 미디어 사용이 갖는 함축적 의미들에 대한 우려 때문이다. 특히, 디지털 미디어 실행들이 "지속해서 부분적으로만 주목하기"를 통해 사람들의 주체성을 형성해 갈 때 예배의 의미는 무엇이 되느냐에 대한 구체적인 근심 때문에 야기된 염려다.[32]

그러나 예배에 있어서 소셜 미디어가 가지는 함축적 의미들에 관한 주장들은 사용 가능한 문화적 근심들에 의지하기보다는 그와 같은 함의와 관련된 복잡한 데이터들을 다룰 필요가 있다. 그렇지만, 소셜 미디어의 함축적 의미와 관련하여 사용할 수 있는 데이터는 아직 그 결론에 이르지 못한 상태이다.[33]

예를 들어, 디지털 미디어가 멀티태스킹을 위한 광범위한 형식들을 가능케 하지만, 이런 실행들이 갖는 함축적 의미들에 관한 데이터는 아직 모호하다.[34] 신학자들과 예배학자들에게 있어서 이는 적어도 우리의 인간성 자체를 상실하게 된다는 문화적 서사에 대해 안일하게 동의하는 대신에 '스크린들'에 대해 작지만 중요한 차이를 고려하는 신중한 태도를 지녀야

---

[31] Scott Gunn, "The *Ekklesia* of Social Media," *Yale Divinity School Reflections* 98.2 (2011), 67-69, 여기서는 p. 68을 보라.

[32] James F. Caccamo, "Let me put it another Way: Digital Media and the Future of the Liturgy," *Liturgy* 28.3 (2013), 7-16, 여기서는 p. 12을 보라.

[33] Anne Mangen and Jean-Luc Velay, "Cognitive Implications of New Media," in *The Johns Hopkins Guide to Digital Media*, 72-77; 그리고 Jurgenson이 그의 "Fear of Screens"에서 Sherry Turkle의 데이터 사용에 관한 비판.

[34] Mangen and Velay, "Cognitive Implications of New Media," 72-77.

한다는 것을 의미한다.

여기서 들리는 경고성 충고는 디지털 공간에서 형성되는 해석의 습관과 그 기대치들이 어떻게 기도의 실행들을 형성하는가에 대해서 오프라인, 온라인, 그리고 그 둘 사이에 퍼져 있는 공간들에서 질문하는 일의 중요성 자체를 부인하는 것은 아니다.

고려해야 할 중요한 질문들 가운데 다음과 같은 것들이 있다.

① 어떤 예배 실행들이 그리고 그에 수반되는 의미들이 디지털 기술들 쪽으로 기울어지고 있으며, 또한 그 기술들을 불러내는가?
② 디지털 공간은 어떻게 우리의 삶과 상상력, 그리고 몸의 실행들을 풍부하게 해 주는 동시에 어떻게 통제하는가?
③ 디지털 매개로 형성되는 실행들은 어떤 지점에서 오프라인 예배에 영향을 줄 수 있는가?

이런 질문들은 작지만 중요한 차이를 고려하는 그리고 신학적으로 전문적인 반응이 필요하다.

이러한 반응을 이루는 핵심 요소에는 긍정적인 측면에서의 안일한 해석적 전략에 관해 주의를 기울이는 것, 사고의 폭넓은 탄력성, 그리고 많은 기독교 실행들이 갖는 즉흥성이라는 본질에 대한 새로운 평가 등이 포함된다. 이와는 반대로 스크린에 대한 공포와 디지털에 대한 부정을 그 구성 요소로 간주해서는 안 될 것이다.

여기서 논의된 특정한 입장들이 설득력이 있든 그렇지 않든, 온라인 예배란 무엇인가를 탐구한 끝에 얻게 된 하나의 결론은 반박의 여지가 없어

보인다. 즉, 디지털로 매개되는 실행들이 예배학 연구 분야에 있어서 기존에 확립된 해석 전략들에 압박을 가한다는 사실이 그것이다. 이 압박들에 대해 좀 더 자세히 살펴보겠다.

3. 예배 실행들과 예배학 연구의 실행

디지털로 매개되는 예배 실행들이라는 거대한 세계를 가로지르는 길을 내고 나니 이것이 예배학 연구 분야에 어떤 의미를 지니는가 하는 질문이 제기된다. 예배학 연구가 예배, 기도, 그리고 신심 생활의 이러한 형식들에 대해 어떤 자세와 입장을 취할 것인가가 특별한 관심이다.

디지털로 매개되는 실행들은, 결국 없어지지 않을 것이다. 오히려 오프라인교회에서의 예배가 적어도 유럽과 북미에서는 지속해서 쇠퇴할 가능성이 크지만 온라인 실행들은 확장되어 나갈 것이다.

이 책에서 디지털로 매개되는 실행들이라는 세상을 가로지르는 길을 내고 나니 예배학 연구 분야에서 최근 발간된 저서들이 예배와 예배 연구에 전념하는 학문을 오프라인 실행들에 관한 탐구로 그려내고 있다는 사실을, 그리고 오직 오프라인 실행들로만 그려내고 있다는 사실을 날카롭게 자각하게 되었다.

이러한 관찰의 결과는 넓은 범위의 예배학적 관점과 교회 전통에도 해당한다. 최근의 출판물들에서조차 이 책에서 그려낸 세상에 대한 인식을 거의 찾아볼 수 없다.

이에 대한 세 가지의 예만 들어보겠다.

첫째, 프랑크 센(Frank Senn)의 『기독교 예전 개론』(*Introduction to Christian Liturgy*)은 새로운 통신 기술들에 대해 두어 차례 언급하긴 했으나 이는 오프라인 예배에서의 사용에 한한 것이다.[35]

둘째, 루스 덕(Ruth Duck)의 『하나님의 모든 백성을 위한 예배』(*Worship for the Whole People of God*)도 이와 같다.[36] 이 책에는 "예배에서의 새로운 미디어"에 관한 짧은 숙고가 담겨 있긴 하지만, 오프라인 성소 너머의 영역에서 이루어지는 예배 실행들은 보이지 않는다.

셋째, 가장 최근인 2016년에 발행된 『티엔티 클락 출판사의 예전 연구서』(*T&T Clark Companion to Liturgy*)도 그 머리를 디지털 이전 시대의 모래 속에 단단히 파묻고 있다.[37] 따라서 실제로 일상 삶에서 일어나는 예배 실행들과 예배학 연구가 다루는 내용들 사이에는 간극이 있다.

문제는 이 간극이 실제로 일상 삶에서 일어나는 일들과 이에 관한 학문적 연구를 통해 정리되는 일들 사이에 존재하는 시간상의 격차로 인해 어쩔 수 없이 나타날 수 있는 결과로서의 간극 보다 훨씬 더 큰 간극이라는 점이다. 여기서 디지털로 매개되는 예배 실행들과 관련하여 나타나는 이 간극은 예배학 분야 자체의 지식 프로토콜에 근거한 것이며, 또한 이 프로

---

[35] Frank C. Senn, *Introduction to Christian Liturgy* (Minneapolis, MN: Fortress Press, 2012), 37f, 205f.

[36] Ruth C. Duck, *Worship for the Whole People of God: Vital Worship for the 21st Century* (Louisville, KY: Westminster John Knox Press, 2013), 260f.

[37] *T&T Clark Companion to Liturgy*, ed. Alcuin Reid (New York, NY: Bloomsbury, 2016).

토콜들이 어떻게 확립되있는지에 근거한 것이다.

이런 프로토콜들의 형성과 그에 따라 수반되고 맞물리는 주제를 다루는 일로 인해, 디지털로 매개되는 예배 실행들을 연구하면서 시사해 주는 내용들이 있기는 하지만, 이런 실행들을 예배학 분야에서 확립되고 승인받은 해석 전략들로 이론화하기는 어려운 이유이기도 하다.

내가 이 책에서 내내 강조해 왔듯이 디지털로 매개되는 예배 실행들은 예배학 분야의 기존 지식에 많은 압박을 가하고 있다. 이런 압박에 직면하여 이 분야의 학자들은 기존의 견해를 다시 주장하면서 나타나는 압박들을 무시하든지, 아니면 이런 당혹스러운 목소리들에 귀를 기울이든지 둘 중의 한 태도를 보일 수 있을 것이다.

후자의 선택은 자신의 학문 분야의 형성에 관해, 특히 그 분야의 전문가들이 사용하는 해석적 도구들에 관해 자기 비판적 성찰이 필요하다. 예배학 분야의 학자들 대부분은 나 자신을 포함하여 다양한 신앙 공동체들의 예배 전문가나 의례 전문가라는 특정한 지식 계급에 속한다고 말하는 것이 옳을 것이다. 우리는 오랫동안 그리고 힘들게 오프라인 회중들과 그 안에서 일어나는 일에 초점을 맞추도록 훈련을 받아 왔다.

우리 가운데 다수가 디지털 이민자이다. 그런데 예배학 분야의 지식 계급에 속한다는 것은 자체의 프로토콜과 그에 수반되는 주제와 그 언어를 함께 가지고 디지털 세계로 이주하게 된다는 뜻이다. 예를 들어, 우리 예배학 분야의 전문가나 학자들은 '파스카 신비'나 '완전하고 의식적이며 능동적인 참여' 등을 언급하는 경우가 대단히 많다.

이로 인하여 마침내, '가짜 예배'(liturgical kitsch), '대중적 신심의 과잉,' 그리고 '경건한 개인주의' 등은 피해야 할 것들이 된다.[38] 이런 확신들이 지난 세기 동안 이 분야를 형성해 왔다. 그러나 이들은 디지털로 매개되는 실행들이라는 새로운 세상에 대해서는 유익하지 않은 것으로 드러났다. 지난 100년 동안 예배학 연구에 있어서 탐구 대상들이 어떻게 제한되어 왔는가를 더욱 자세히 관찰하면 왜 이렇게 되었는지를 알게 될 것이다.

20세기에 들어와서 예배는 교회란 무슨 의미인가를 알 수 있는 주요 초점으로서 그리고 신학적 성찰을 위한 확실한 원천으로서 다시 나타났다. 다양한 교단 및 종파의 배경을 가진 신학자들이 기독교 신앙을 이해하고 해석하며, 그리고 그 환경을 설정할 수 있는 근본적인 장(site)이 예배라고 주장하기 시작했다.[39]

신학적 입장에서 명백하게 구분되는 차이점이 있다고 하더라도 그 초점은 모인 신앙 공동체의 공적인, 공동의, 공인된 예배(worship)로서의 예전(liturgy)에 맞추어졌다. 성소의 울타리를 넘어서는 예배 실행들은 전반적으로 '예배'가 아니라고 기록되었다. 그리고 그 실행들은 최근에 와서야 예배학 분야를 위한 합당하고도 대단히 중요한 탐구 대상으로 다시 나타났다.[40]

---

[38] 이 용어들이 갖는 구속력을 언급한 것은 내가 처음이 아니다. 이에 대해서는 다음을 보라. Vincent J. Miller, "A Genealogy of Presence: Elite Anxiety and the Excesses of the Popular Sacramental Imagination," in *Sacramental Presence in a Postmodern Context*, ed. L. Boeve and L. Leijssen, Bibliotheca Ephemeridum theologicarum Lovaniensium 160 (Sterling, VA: Peeters, 2001), 347-367.

[39] 이 분야에 대한 최근의 개괄은 다음을 보라. Joris Geldhof, "Liturgical Theology," *Religion: Oxford Research Encyclopedias* (2015), http://religion.oxfordre.com/view/10.1093/acrefore/9780199340378.001.0001/acrefore-9780199340378-e-14.

[40] 예를 들면, Ricky Manalo, *The Liturgy of Life: The Interrelationship of Sunday Eucharist and Everyday Worship Practices* (Collegeville, MN: Liturgical Press, 2014).

반면, 디지털 예배 공간은 대부분 예배학자에게 미지의 영역(terra incognita)으로 남아 있다.[41] 이러한 사실은 누군가가 이 새로운 세계의 중요성을 주장한다는 이유만으로 변하지 않을 것이다. 이는 비록, 미지의 영역을 위한 최초의 지도를 제공하는 일이 아무런 영향력이 없는 건 아니겠으나 여전히 그러하다.

그러나 예배 연구에서 디지털 전환은 최초의 지도 이상의 것을 필요로 할 것이다. 그 전환을 위해서는 그 분야의 토양을 구성하고 있는 것이 무엇인가에 대한 확장된 관점과 그 분야에서 기존에 확립된 경계들과 제한들에 대한 비판적 검토가 필요할 것이다. 대중적 경건의 실행들에 대한 전환에도 이와 유사한 점이 있다.

사실상 디지털로 매개되는 예배 실행들이 디지털 시대의 새로운 대중적인 종교 실행으로 이해될 수 있는지에 대해 질문을 던질 수도 있을 것이다. 디지털로 매개되는 예배 실행들의 여러 특징은, 결국 대중적 신심들과 일반적으로 연관되는 특징들에 부합한다. 이 가운데 주요한 것이 공적이고, 기록되어 있으며 공인받은 예배 실행들로부터의 일종의 독립이다.

나아가 대중적 신심 행위들과 디지털로 매개되는 예배 실행들 모두 일상 생활 속에서 그 초점을 찾고 있으며, 또한 이것들은 신앙의 실행들과 함께 엮여 있다. 일상 생활의 우여곡절과 밀착되어 있다는 점 때문에 대중적 실행들은 세심하게 조직된 예배 실행들보다는 즉흥성의 여지가 더 큰 경향이 있다. 이런 점에서 볼 때 대중적 경건은 디지털 공간에서 이루어지는 비선형의 리조매틱 실험들과 닮아있다. 두 실행 모두가 전형적으로 대단히 감각적이고 참여적이며 다양한 매체로 매개된다.

---

[41] Stefan Bontert과 Birgit Jeggle-Merz는 주목할 만한 예외이다.

또한, 그것들은 "사람들"의 손안에 있다. 혹은 디지털 언어로 표현해 보자면 그것들은 "사용자-생성"(user-generated)의 것이다. 놀랄 것도 없이 대중적 신심 행위들과 디지털로 매개되는 실행들은 디지털 매개를 통해 번성해 온 대중적 신심 행위 안에서 직접 교차한다. 예를 들어, 디지털로 매개되는 묵주기도가 가톨릭 애플리케이션에서 그렇게도 많이 출현하는 것은 우연이 아닐 것이다.[42]

예배학 연구 분야에 대한 이러한 도전은 이중의 것으로 그 비전을 대중적 경건의 실행들뿐만 아니라 특히, 디지털 시대에서의 대중적 실행들로 확장하라는 것이다. 이 분야의 미래는 이와 같은 확장으로부터 혜택만을 얻게 될 것이다. 결국, 기독교 예배는 단순히 교회적으로 공인되고, 공적이며, 기록된 예식 그 이상의 것이 될 것이다.[43]

특히 디지털로 매개되는 예배 실행들을 다루는 일은, 이 실행들이 공식적인 실행들과 대중적 실행들 사이의 분명한 경계선을 흐리게 만들기 때문에, 예배학 분야로 하여금 예배학이 그렇게도 많은 주의를 기울여온 공인된 공식적인 예배와 그보다는 더 광범위한 기도와 예배가 실행된 일상 삶 사이의 관계를 다시 측정하게 해 줄 것이다.

이 중 후자는 예배하는 인간 존재들에게 대단히 중요한 현실인데 공식적인 예배는 이 안에서 그 특정한 위치를 점하고 있고 또 점해야 하는데, 이는 주일에 실행되어야 하는 성스러운 다른 어떤 것으로서의 위치가 아니라 일

---

[42] 더 상세한 정보는 다음을 보라. Jennifer Kane, "Rosary Apps for Phones and Tablets," https://catholicapptitude.org/2016/10/06/rosary-apps-for-phones-and-tablets/.
[43] Stefan Böntert, "E-Prayer und Andacht per Mausklick: Christliche Gottesdienste im Internet," in *Religion und Medien: Vom Kultbild zum Internetritual*, ed. Jamal Malik et al., Vorlesungen des Interdisziplinären Forums Religion der Universität Erfurt 4 (Münster: Aschendorff, 2007), 165-179, 여기서는 p. 177f을 보라.

상의 삶 속에서 지속되어야 하는 신앙의 공동 표현 행위로서의 위치다.

이런 매일의 신앙은 애플리케이션을 통해 기도하는 일에서부터 예배 음악 비디오를 명상하는 일에 이르기까지 그리고 매일의 말씀을 팔로우하거나 온라인으로 프란치스코 교황의 트윗을 팔로우하는 일에서부터 성 요셉의 가상 제단에 예물을 드리는 일에 이르기까지 나날의 실행들 속에서 표현된다.

참으로 신자들의 삶 속에는 예배와 기도, 그리고 신심 행위의 실행들로 만들어진 봉제선이 없는 옷과 같은 그 무엇, 다시 말해 조각으로 나뉠 수 없는 봉제선 없는 옷과 같은 그 무엇이 있다고 말할 수 있을 것이다.

이 모든 것은 온라인 예배 실행들과 씨름하는 일에 예배학 분야 특유의 도전들이 포함되지 않는다는 뜻은 아니다. 예배학자들은 주로 텍스트들을 분석하도록 훈련받아 왔는데, 그 가운데는 텍스트 분석의 기술들에 음악적 민감성뿐만 아니라 시각적이고 미학적 지식을 더한 학제(學際) 간 연구를 수행해 온 사람들도 있다.

그러나 지금 요구되는 것은 그저 더하기만 하는 전략들보다는 훨씬 더 깊은 그 무엇이다. 그 본질에 있어서 예배 전통의 새로운 '미개척지'(frontier)를 연구하기 위해서는 새로운 논리가 필요하고, 새로운 기술들이 필요하다.[44]

나는 여기서 디지털로 매개되는 예배 실행들이 미국의 프런티어 예배라는 역사적 형식들과 연관된 것이라고 말하려는 것은 결코 아니다. 물론, 이 둘 사이에는 매우 흥미로운 유사점들이 있기는 하지만 말이다.

---

[44] "frontier tradition"이라는 용어는 본래 James F. White가, 미국 개척지에서 18세기와 19세기 동안 독특한 특징을 이루었던 일련의 프로테스탄트 예배 실행들을 가리키기 위해 만들어 낸 것이다. 이에 대해서는 다음을 보라. *Protestant Worship: Traditions in Transition* (Louisville, KY: Westminster John Knox Press, 1989), 171-191.

내가 여기서 말하려는 것은 디지털로 매개되는 예배 실행들은 예배학 연구에 있어서 새로운 미개척지와 같다는 것이다. 이 새로운 미개척지는 디지털 공간이라는 황야 속에서 그리고 가정에서부터 고대 순례의 길들에 이르기까지 수세기에 걸쳐 가장 친숙해졌으나 이제는 디지털로 넘쳐나는 기도와 예배의 공간들에서 발견된다.

이 공간들로 들어가려는 일은 디지털 시대에 실제로 지속되고 있는 예배 실행들에 주의를 기울이려는 용기와, 그것들의 멀티사이트 현실, 즉 온라인 중간 지대, 그리고 온라인과 오프라인 세계 사이의 교차 지점에서 지속되고 있는 기도 생활 속으로 기꺼이 들어가려는 용기가 필요하다.

오늘날의 예배학자들은 온라인 예배 실행들에 권위를 부여하기 위한 목적으로 그들의 전문 지식이 요구되기 때문이 아니라 예배학이 이런 실행들이 그 일부를 이루고 있는 근본적인 문화적 변화들을 감히 무시하지 못하기 때문에 이 멀티사이트 현실과 씨름하는 임무를 부여받고 있다. 예배 전문가에게 먼저 요청하지 않고서도 이런 실행들에 권위를 부여하는 일은 이미 일어나고 있기 때문이다.

이런 주장의 기저에는 '신학적' 도전이 깔려 있는데, 이 도전은 시간을 가로질러 인간 및 우주와 함께하시는 하나님의 더 큰 여정 속에서 디지털로 매개되는 예배, 기도, 그리고 신심 행위들의 출현을 어떻게 이해할 것인가 하는 도전에 대한 다음과 같은 질문으로 이어질 수있다.

시대의 예배 기호들을 어떻게 읽어낼 것인가?
이 실행들은 우리 인간성의 종말을 초래할 것인가?
그리고 우리가 교회라고 알고 있는 그 모든 것의 종말을 초래할 것인가?

아니먼, 이 실행들 속에서 이 실행들을 통해, 이 실행들 아래에서 움직이는 성령의 모습을 감지할 수 있을 것인가?

이런 질문들과 함께 나는 마지막으로 예배에 대한 모든 신학적(Theological) 성찰의 한 복판으로 들어가 보려고 한다. 즉, 화상 속에서 예배, 기도, 그리고 신심 행위를 통해 하나님을 찾는다는 것은 무슨 의미인가에 대한 성찰들이 그것이다.

4. 화상 속에서 하나님 찾기

나는 이 책을 저술하는 내내 예배의 기호 아래에서 하나님과 만나는 일에는 항상 두 가지 측면이 있다고 전제해 왔다. 한 편에는 그러한 만남으로 인간을 불러내시는 하나님이 계시고, 다른 한 편에는 예배를 통한 인간의 응답이 있다.

더 나아가 나는 디지털 매개 속에, 그리고 디지털 매개를 통해 하나님이 현존하실 가능성이 있다는 생각에는 신학적으로 내재된 문제가 없다고 전제했다. 따라서 나의 이 책, 『예배, 디지털 세상을 만나다』에서 핵심 질문은 하나님이 디지털 공간에서 발견되실 수 있는가가 아니다.

그 대답은 신학적으로 '예스'(yes)이어야만 한다. 그 대신 이 책의 핵심적인 질문은 기도 속에서 그리고 이제는 화상 속에서 하나님을 찾는 사람들에게 디지털 매개란 무슨 의미인가 하는 것이다. 그러나 이런 특정한 초점을 가지더라도 예배 실행들에 대한 신학적 성찰은 디지털 공간에서든 혹은 다른 어떤 공간에서든 기독교 예배의 중심에 무엇이 있는가에 관해 단지 침묵하는 채로 남아 있을 수는 없다. 그것은 삼위일체 하나님의 신비인 것이다.

만일, 예배가 진정, 성령의 도우심을 통한 삼위일체 하나님과 만남이라면 그것이 디지털 매개 속에서 일어났을 때, 이 신비에 대해 할 수 있는 이야기는 무엇일까?

여기서 기독교 예배에서 만나게 되는 하나님에 대한 본질적인 신학적 주장들이 디지털로 매개되는 실행들에도 해당하지 못할 이유가 없다. 이 주장들 가운데 예배는 하나님에 의해 소환되고 초청되고, 그리고 실제로 부르심에 대한 응답으로서 살아계신 하나님께로 향하는 것이라는 주장이 있다.

이 신적인 부르심(summons)은 생명을 주는 연합들의 망(web) 안으로의 초청이다. 삼위일체 하나님과 연합, 교회 안에서의 연합, 그리고 창조주를 찬양하면서 온 피조물과 연합이 여기에 해당한다. 이와 같은 연합으로 들어가는 신실한 움직임은 전통적으로 삼위일체의 길을 따르는 것이라고 진술된다.

예배는 성령 안에서 성자를 통해 성부이신 하나님께로 향하는 것이다.[45] 이것이 기독교인들이 예배 안에서 찾는 하나님에 대한 기본적인 주장의 마지막 요소이다. 즉, 예배는 '성령 안에서' 일어난다. 그런데 이 주장을 통해 온라인 예배의 중심에 있는 거룩한 신비에 관해 무언가를 말할 수 있도록 더욱 탐색해 볼 수 있는 길이 생긴다.

---

[45] 삼위일체 하나님에 대한 신앙을 명백하게 의례적으로(*ritual*) 표현하는 기독교 예배에 대해서는 다음을 보라. Benedikt Kranemann, "Bekenntnis des Glaubens in ritueller Gestalt: Die Dreieinheit Gottes in der Liturgie," in *Liturgie und Trinität*, ed. Bert Groen and Benedikt Kranemann, Quaestiones Disputatae 229 (Freiburg i.B.: Herder, 2008), 110-128, 특히 p. 125.

성령에 대한 기독교적 사고는 디지털 매개의 고유한 프로토콜 아래서 하나님을 만난다는 것이 무슨 의미인지를 숙고하는 일에 도움이 된다. 그 이유는 간단하다. 성령에 대한 교리 안에서 기독교 전통은 하나님의 현존이 공간상의 좌표에 제한받지 않기 때문에, 매력적으로 이동성을 지닌다는 사실을 가리키기 때문이다. 성령은 끊임없이 움직이는 존재로 보이고, 혼돈 속을 떠돌아다니며, 그리고 바람처럼 자유롭게 떠다니면서 전혀 기대하지 않았던 장소에 나타난다.

예를 들어, 나사렛 유대 소녀의 자궁 속에, 오순절 거룩한 사도들의 삶 속에, 그리고 성찬식 거행마다 그 빵과 포도주라는 성체에 나타난다. 떠돌아다니며 최고로 자유롭고 예측 불가능한 거룩한 현존에 관한 이러한 이미지들은 디지털 시대의 독창적이고, 혁신적이며, 그리고 이동할 수 있고, 휴대 가능한 미디어들과 공명한다. 왕좌에 앉아있는 노인, 혹은 십자가에 매달린 청년이라는 전통적인 이미지들보다 훨씬 더 그러하다.

1) 손가락(digit)으로서의 성령

사랑스러운 우연이라 할 수 있지만 성령의 거룩한 임재는 중세의 한 찬송가 속에서 성부의 '손가락'(digit)으로 그려졌다. 이 찬송은 그 첫 구절인 "오소서 성령이여 창조주시여"(*Veni Creator Spiritus*)로 잘 알려져 있는데, 아마도 9세기의 작품으로 추정된다.

이는 라바누스 마우루스(Rabanus Maurus)가 당시 논란이 되었던 필리오케(*filioque*, 또한 아들로부터)를 신경에 삽입한 일을 지지하기 위해 쓴 것으로 보인다. 성령을 '손가락,' 보다 정확하게는 하나님의 오른손 손가락(*dextrae*

Dei digitus)⁴⁶이라고 여긴 점에서 이 찬송은 하나님의 손가락이라는 성서적 이미지들(시 8:3; 19:1; 눅 11:20)의 반향이다.⁴⁷ 분명히 성령을 "손가락"으로 부른 것은 오늘날의 디지털 미디어 기술들과는 그 단어의 라틴어 어원을 공유한다는 점을 제외하고는 상관이 없을 것이다.

그러나 오랜 찬송가의 통찰은 디지털 시대와 공명하고 있다. 예를 들어, 유투브에는 "오소서 성령이여 창조주시여" 찬송가가 거의 10만 회 가까이 나 나타난다. 디지털 기술들이 가능하게 해 주는 것에 걸맞게 "오소서 성령이여 창조주시여"의 수많은 버전을 구할 수도 있고 그 가운데는 100만 명 이상의 뷰를 기록한 것도 있다.⁴⁸

이 버전 중 다수가 다양한 리믹스 버전들이다. 그것들 중 거의 모두가 멀티미디어 작품들이다. 비록, 그 일부는 이 오랜 찬송에 근거한 명상적이고 다국어로 된 떼제(Taizé) 작품들을 제공하고 있지만 대다수는 그레고리오 성가(Gregorian chant)를 포함하고 있다.⁴⁹

다른 것들은 서로 다른 음악 스타일을 믹스하거나, 혹은 즉흥 연주를 제공하기도 한다. 유투브가 통상 그러하듯이 그 예술적 수준들은 대단히 다양하다. 이런 비디오들에 나타나는 시각성은 찬송하는 사람들이 아닌 경우 보통 날아오르는 비둘기 형상을 한 성령에 대한 전통적인 이미지들을 포함하며 광선, 천상의 구름들, 천사들, 그리고 불꽃들 등과 같은 덧없고

---

46 일반적으로 보급되어 있는 변형된 텍스트는 *"digitus paternae dexterae"* 이다.
47 *Veni Creator Spiritus* (워딩, 구두점, 액센트, 그리고 심지어는 단어들의 위치조차 각 라틴어 텍스트마다 다를 수 있다)의 영어판 텍스트는 예를 들면 다음에서 찾아볼 수 있다. Raniero Cantalamessa, *Come, Creator Spirit: Meditations on the Veni Creator* (Collegeville, MN: Liturgical Press, 2003), 5.
48 www.youtube.com/watch?v=33Xotu Ys-io.
49 www.youtube.com/watch?v=BXifX80Qb08.

신비스러운 아름다움의 시각적 표징들과 융합되어 있다.

또한, "오소서 성령이여 창조주시여"(Veni Creator Spiritus)의 텍스트가 나타날 경우 매우 오래된 서체의 라틴어 단어들이 나타나는데 종종 그 단어의 라틴어 발음을 도와주는 비디오가 제공되기도 한다.[50]

이와 같은 유튜브 비디오들에서 나타나는 시각성은 그 모두가 "오소서 성령이여 창조주시여"라는 찬송이 속했던 오래전의 세계에 대한 소유권을 주장하는 동시에 산만하게 하나님의 존재를 느끼게 해 주는 것으로서의 오늘날의 "영적인" 시각성 또한 불러내고 있다.

이 세계들은 실제로 겹친다. 그레고리안 찬트와 스테인드글라스 창문은 오늘날 일상적으로, 고대의, 원초적인, 그리고 매혹적인, 그러나 기독교 전통과는 별 상관이 없는 신비의 세상을 불러오는 일에 사용된다.

9세기 찬송가의 텍스트 자체를 돌아봄에 있어서 신학적으로 말해 주는 것은 성령의 제한 없는 움직임에 대한 강조다. 성령의 것으로 여겨지는 행위들은 많으며 그 모두가 활기찬 것들이다. 창조하기, 오기(coming), 방문하기, 위로하기, 힘 북돋우기, 불타오르게 하기, 사랑을 부어주기, 강하게 하기, 악을 쫓아내기, 인도하기, 평화와 지혜를 주기, 그리고 생명으로 인도하기 등이 여기에 해당한다.

창조의 영을 상기시키는 이 찬송이 1000년이 넘는 기간 동안 가톨릭교회에서 지극히 중요한 역할을 감당했다는 점은 놀라운 일이 아니다. 성령강림절과 안수식(ordinations), 그리고 교회와 제단의 봉헌식에서 불렸던 "오소서 성령이여 창조주시여"는 교회의 삶 속에서 중요한 순간들을 열어 준다. 예를 들어, 제2차 바티칸공의회는 이 노래와 함께 성령이 오시기를 간

---

50 www.youtube.com/watch?v=X3hk_z_69iw.

구하는 것으로 엄숙하게 시작되었다. 또한, 새 교황을 선출하는 모든 콘클라베도 그러하다.[51]

이처럼 활기차며 이동할 수 있고, 오래되었으나 항상 새로운 거룩한 현존의 상징이 가톨릭 전통 안에서 공명할 뿐만 아니라 더욱더 넓게는 그 삶이 디지털 기술들에 의해 형성되는 사람들과 공명하고 있음을 알아보는 일은 어렵지 않다. 예컨대, 거룩한 왕이 군중과 함께 있는 이미지는 친밀한 대화나 열정적인 춤의 이미지와는 구별되는 다른 몸의 자세를 요구할 것이다.

마찬가지로 거룩한 존재와 인간의 만남에 관한 서로 다른 이미지들이 예배하는 서로 다른 방식들을 불러낸다면, 항상 찾기 힘들고 깜짝 놀라게 하는 성령에 집중된 거룩하신 현존이란 특권적 이미지들은 디지털 시대에 부합할 가능성을 지닐 수 있다. 이런 추측은 지난 반세기 동안 교회가 보여 주었던 성령-중심주의(Spirit-attentiveness)가 부활(resurgence)한 점에 근거한다.

특히, 신학 분야는 점차 다양해지는 목소리들에도 불구하고 "성령에 관한 관심이 극적으로 성장한 것"을 증언했다.[52] 이 성령론적 전환은 여러 단계에서 자명하게 나타난다. 먼저 성서적 전거와 초기 기독교적 기원들로부터 과거의 저명한 신학자들의 사고에 이르기까지 이전의 성령론 전통들이 활발하게 되살아났다.[53]

---

[51] 2013년 콘클라베를 시작할 때 시스틴성당에서 불렸던 *Veni Creator Spiritus*의 비디오는 다음에서 찾아볼 수 있다.: YouTube: www.youtube.com/watch?v=IKtXhfxEgpg.

[52] F. LeRon Shults and Andrea Hollingsworth, *The Holy Spirit*, Eerdmans Guides to Theology (Grand Rapids, MI: Eerdmans, 2008), 1.

[53] 이와 같은 회복에 대한 간결한 설명은 다음을 보라. Shults and Hollingsworth, *The Holy Spirit*, part I.

이런 부활은 신학적 대화에 있어서 오순절교파(Pentecostal)와 카리스마 운동의 목소리들에 주목함으로써 강화됐다.[54] 또한, 페미니스트와 여성해방주의자들의 작업, 생태적 성령-중심주의, 그리고 종교간 관심사들을 포함하는 오늘날의 문제들에 비추어서 새로운 구성적 성령론적 제안들이 있었다.[55]

이처럼 성령에 대한 신학적 주목이 커진 점이 예배 생활에서 성령 중심주의가 증강된 현실과 만나고 있는데, 성령에게 탄원하고 기도하는 일을 다시 강조하는 것에서 그 분명한 예(例)를 찾을 수 있다.

성령 강림을 요청하는 기도를 성찬 예식과 세례 예식에 도입한 것이 바로 이 상황에 해당한다. 또한, 종파와 지리적 경계들을 가로질러 쉽게 이동하는 새로운 예배 자료들도 있다. 이 가운데 많은 것이 성령님께 바치는 새로운 찬송들이다.[56]

또한, 성령은 젠더 문제에 주목하고, 환경 문제에 민감하며, 그리고 의도적으로 종파를 초월하는 새로운 의례 안에서 대단히 쉽게 눈에 띄는 하나님의 얼굴이다. 이러한 의례들은 성령을 닫힌 문을 열어 주고, 넓혀주며

---

[54] Michael Welker, *The Work of the Spirit: Pneumatology and Pentecostalism* (Grand Rapids, MI: Eerdmans, 2006).

[55] 이러한 목소리들을 다음에서 찾아볼 수 있다. *Lord and Giver of Life: Perspectives on Constructive Pneumatology*, ed, David H.Jensen (Louisville, KY: Westminster John Knox Press, 2008), See also the essay by Anne McGowan, "Inspired Bodies in Action: Tracing the Spirit through Metaphor, Materiality, and Motion," in *At the Heart of the Liturgy: Conversations with Nathan D. Mitchell's "Amen Corners," 1991-2012*, ed. Maxwell E. Johnson et al. (Collegeville, MN: Liturgical Press), 63-74.

[56] "She Comes Sailing on the Wind" by Gordon Light, "Enemy of Apathy" by John Bell of Iona, "Spirit, I Have Heard You Calling" by Thew Elliot, and "Spirit of Love" by Shirley Erena Murray.

도전하며 변형시켜 주는 존재로서 부른다. 바로 이 성령이 화상 사이를 능숙하게 움직이고 있다고 보이는 점은 놀라운 일이 아닐 것이다.

그렇다면 왜 여기서 더 깊이 더 자세하게 화상 사이를 이동하는 성령의 움직임을 추적하지 못하겠는가?

성령의 디지털 움직임들을 더 추적하게 하는 그러나 바람직하지 않은 문제가 세 가지 있다.

첫째, 상관 관계의 안일한 형식에 대한 큰 유혹이라는 문제다.

둘째, 학계의 지식 프로토콜에 따라 무엇을 말할 수 있는가에 대한 기초적인 신학적 확신들에 수반되는 문제다.

셋째, 디지털 매개의 세부 사항과 디지털 매개의 지식 프로토콜 아래서 무엇을 말할 수 있는가를 포함하는 문제다.

첫째로, 상관 관계에 대한 너무나 안일한 형식에 대한 큰 유혹은 간단히 말하여 거부되어야 한다. 거부되어야 할 안일한 상관 관계는 기본적으로 디지털 미디어의 특징들, 즉 쌍방향적이고 몰입형이며, 그리고 소셜 네트워크가 쉽다는 특징들을 가지고 있으며, 또한 이 안일한 상관 관계는 디지털 시대가 알아볼 수 있는 한 하나님(a God)과 깔끔하게 연결되어 있다.

데니스 포드(Dennis Ford)는 그의 최근 저서인 『매개되는 한 하나님을 위한 신학』(*A Theology for a Mediated God*)에서 이러한 상관 관계를 제시하려고 노력하였다. 포드가 "디지털 하나님"이라고 묘사하고 있는 매개되는 그 하나님은 권위적이며 다형(多形)적인(polymorphic) 존재이기보다는 다신론(多神論)적이고 즐거움을 주는 존재이며 고집스럽게 감각적이고 감정적으

로 유혹적이며(seductive) 깊이가 없다.[57]

이 리스트는 여기서 끝나지 않고 계속될 수 있지만 디지털 시대에 만나는 하나님과 성서적 전거 및 교회 생활에 대한 해석 안에서 스스로 드러내시는 하나님 사이의 상관 관계를 유지하려는 신학적 노력에 전념한다면, 그러한 상관 관계가 얼마나 의문스러운지를 보여 주기에는 이 정도면 충분할 것이다.

여기서 후자는 지난 2000년 동안 기독교인들이 예배하려고 애써 온 하나님이며 또한 디지털 시대에도 예배하려고 계속 애쓰게 될 그 하나님이다. 반면에, 데니스 포드의 디지털 하나님이란 디지털 미디어의 이미지 안에서 만들어지는 것이 전부일 뿐인 하나님이다.

화상 사이에서의 성령의 움직임을 추적하는 것과 관련된 두 번째 문제는 수세기나 오랜 것이다. 이 문제는 인간의 지식을 통해서 어떻게 하나님께 접근해 가느냐의 질문 주변을, 보다 좁게는 학계의 지식 프로토콜을 가지고 어떻게 하나님께 접근해 가느냐의 질문 주변을 맴돌고 있는 문제다.

학문적인 신학자로서의 나 자신의 주관적 입장에 따르자면 나는 그런 방식으로 하나님을 생각하는 일이 가능할 뿐만 아니라 가치가 있다고 말할 수밖에 없지만 불안이 남아 있음은 분명하다.

학문적 담론은 하나님에 관한 주장, 특히 하나님과 신실한 만남에 관한 주장을 감시하는 것이다. 이런 통제가 가능한 이유는 이 담론이 학자 개개인이 밝힐 수 있는 내용을 제한하는 일련의 학문적 실행을 통해 형성된다는 사실에 있다.

---

[57] Dennis Ford, *A Theology for a Mediated God: How Media Shapes Our Notions about Divinity* (New York, NY: Routledge, 2016), 87-102.

그러나 하나님 이야기를 둘러싼 담론의 통제는 학계의 지식 프로토콜이 부과하는 통제를 훨씬 넘어서까지 확장된다. 궁극적으로 이러한 통제는 모든 인간 지식의 한계에 그 뿌리를 둔 것이다. 이런 제한을 인정하는 일이 기독교 전통의 그 시작부터 수반됐다.

이 점에 관한 고전적인 증거의 하나가 성 아우구스티누스(St. Augustinus, 354-430)의 『고백록』(Confessions)의 첫 문단들 속에 끼워 넣어져 있다. 아우구스티누스는 이 문단들 속에, 즉 제1권의 첫 다섯 장(章)들 속에 시편 인용문, 기도 명상, 담론적 제한을 인식한 것으로부터 나온 숙고에 대한 거의 40가지의 질문들을 함께 엮어 넣었다.

이러한 인식은 하나님께로 향해진 질문들 속에 정확하게 언급되어 있다.

① 이 모든 것 뒤에 나의 하나님, 나의 생명, 나의 거룩하신 분이시여, 우리가 무슨 말을 했습니까?
② 그들이 당신에 대해 말할 때 누구라서 무슨 말을 해야 합니까?
③ 당신에 관해 침묵한 채로 남아 있는 자들은 화가 있을 것입니다. 왜냐하면, 말이 많은 자들조차도 한마디도 할 수 없는 자들과 같을 것이기 때문입니다.[58]

담론적 제한을 인정함으로써 그 현존의 표식이 되는 거룩한 현존을 이름 지을 가능성이 궁극적으로 없다는 확신이 강화된다. 달리 말하자면, 만

---

[58] Augustine, *Confessions, Volume I: Books 1-8*, trans., Carolyn J.-B. Hammond, Loeb Classical Library 26 (Cambridge, MA: Harvard University Press, 2014), 여기서는 1:4, p.9을 보라.

일 그 만남이 진정한 것이 되려면 기도 속에서 만나지는 하나님은 궁극적으로는 무어라 말할 수 없는 분으로 또한 설명될 수 있는 모든 것과 일치하지 않는 분으로 남아 있어야 한다는 것이다.

부정의 신학(via negativa)뿐만 아니라 포스트모던적 성찰들, 그리고 또한 디지털 미디어 세계들도 이런 주장을 위한 여지를 남겨 놓는데 '실재'와 관련하여 인간의 말이 갖는 제한된 기능에 대한 이 세 가지의 심사숙고의 결과를 고려해 볼 때 그러하다.

화상 사이에서 성령을 추적하는 일과 관련된 세 번째 제한이 있다. 이 제한에는 디지털 매개의 세부 사항들과 디지털 시대의 지식 프로토콜 아래에서 말해지는 것이 포함된다. 나는 이 책을 저술하면서 성령의 신학을 디지털적으로 민감하게 설명하는 일은 책 한 권 안에 그려놓을 수 없다고 확신하게 되었다.

지식 생산의 다른 형식과 마찬가지로 책 한 권을 쓰는 일은 인식할 수 있는 것과 말할 수 있는 것을 가능케 할 뿐만 아니라 동시에 제한한다. 성령의 역사하심에 대한 디지털적으로 민감한 비전과 관련하여 학술적 텍스트 안에서 단선적인 주장을 전개하는 일은 이 성령론이 나타낼 수 있어야 하는 것들을 너무나 많이 제한하게 된다.

디지털적으로 민감한 성령론은 먼저 기록된 텍스트 그 이상의 것이어야 하고, 멀티미디어적이며, 초텍스트적이고, 코드전환이 가능하며(transcodable), 동영상으로 되어 있으며, 휴대/이동 가능하고, 물론, 접속이 자유롭다는 등의 특징들을 가져야 할 것이기 때문이다.

바로 이 지점이 책을 저술하는 이들이 그들의 한계에 도달하는 지점이다. 그래서 디지털 원주민, 미술가, 리믹싱 전문가, 그리고 밈 제작자

(meme-maker)와 이들의 상상력 풍부한 비전들에 우리가 손을 내밀어야 하는 지점이다.[59]

그레이엄 워드(Graham Ward)는 최근 한 인터뷰에서 오늘날의 신학자들의 임무는 그 무엇보다 "상상력을 발휘하는 것"이라고 주장했다.[60]

> 시대의 표징들을 읽어내고, 하나님 앞에서 독창적이고 상상력 풍부한 영감을 기다리는 삼위일체의 역사하심(Trinitarian operation) 속에 안길 필요가 있다.[61]

워드가 인정하듯이 "예배는 상상력을 발휘하기 위한 멋진 공간, 기본적인 상징들이 독창적인 방식으로 '말하도록' 하는 공간이다."[62]

디지털 미디어는 사실상 이 지점에서 신학적 성찰을 제공하는 선물을 제공하고 있을 수도 있다. 최소한 디지털 미디어는 수세기 동안 하나의 특정 프로토콜에 의한 제한, 다시 말해 단선적 사고와 도서 제작에다가 특권을 부여해 온 신학적 숙고에 비판적 빛을 비추고 있기 때문이다. 어쩌면

---

[59] 나는 이것이 미디어로 포화 상태이며 또한 데이터에 흠뻑 젖어 있는 지속적 접속성과 감각적 과부하의 세계에 대한 거부를 포함할 수 있다는 가능성을 결코 배제하는 것이 아니다. 하나님이 후자의 세계에서 임재 할 수 있다는 사실을 의심하지는 않지만, "다른" 예배에 대한 절박한 요구 또한 나타날 수 있다. 다시 말해 비움, 혼자 있기, 그리고 감각 배제 등을 하나님의 임재를 추구함에서 꼭 필요한 요소들로 다시 회복할 필요도 나타날 수 있다.
[60] 이 인터뷰는 다음 사이트에서 찾아볼 수 있다. www.theosthinktank.co.uk/comment/2015/01/12/why-we-believe-and-why-we-dont.
[61] Garahma Ward, www.theosthinktank.co.uk/comment/2015/01/12/why-we-believe-and-why-we-dont.
[62] Graham Ward, www.theosthinktank.co.uk/comment/2015/01/12/why-we-believe-and-why-we-dont.

예배, 기도, 그리고 헌신뿐만 아니라 미술, 음악, 그리고 상상력에 다시 주목해야 할 때가 온 것이다. 만일, 그렇다면 디지털 미디어의 출현 자체가 어쩌면 성령의 역사하심일 수 있다는 주장이 그렇게 터무니없는 말은 아닐 수 있다.

5. 과거를 통해 미래를 보기

디지털 시대의 도래는 통신 기술의 결정적인 진보와 관련하여 엄청난 대격변이 일어났던 또 다른 시대와 종종 견주어진다. 이 진보에는 활자와 인쇄술의 발명, 그리고 이들이 16세기를 형성했던 방식들이 포함된다. 이 기간 동안 주목할 만한 예배와 기도, 그리고 헌신의 생활이 형성되었다.

오늘날 아빌라의 성녀 테레사라고 알려진 테레사 산체스 데 세페다 이 아후마다(Teresa Sanchez de Cepeda y Ahumada, 1515-1582)는 인쇄술의 발명으로 인해 이루어진 대규모의 문화적 전환을 보았을 뿐만 아니라 미(美)대륙과 전(全) 세계로 유럽의 식민지가 확장되어 나간 것, 그리고 서구 기독교가 종교개혁과 함께 해체된 것, 그리고 기독교 선교가 전(全) 지구로 확장된 것, 그리고 생애 후반기에는 트렌트공의회적 가톨릭교(Tridentine Catholicism)가 형성되는 것을 목도하였다.

테레사는 이와 같은 큰 변화의 한 복판에서 안전하다고 여겨졌던 자신의 교회적 콘텍스트 너머에서 하나님과 신실하게 만나는 장소에 대한 권리를 주장하면서 자신의 예배와 기도 생활을 형성하였다.

테레사는 분명 그녀 자신이 예배 개혁을 주도할 만한 위치에 있지는 않았다. 여성이며 유대계 후손인 기독교인으로서 그녀가 실았던 콘텍스트는 그녀의 기도 생활을 둘러싼 특정한 제한들과 갈등들을 나타내 보여 주었다.

당시의 신앙 갱신 운동은 일반적으로 내적이고 관상적 기도를 선호하였으며 예배 형식들이나 소리 내어서 하는 기도, 그리고 대중적인 신심 생활 등에 대해서는 비판적인 무관심을 드러냈다.

이 갱신 운동들은 대체로 교회의 위계 질서로부터, 그리고 '스페인 종교 재판소'(Spanish Inquisition)로부터 지속적인 의심을 받았다. 종교재판소가 자신을 감시하는 가운데, 그리고 일부 사제들이 관상적 기도는 여성들에게 위험하다고 주장하는 가운데 테레사는 자신이 선택한 삶에 대한 반대들을 잘 알고 있었다.

> 여성들은 환상에 쉽게 빠지기 때문에 여성에게는 적합하지 않다. 바느질이나 하는 것이 좋겠다. 주기도문과 성모송이면 충분하다.[63]

그러나 테레사는 관상기도의 길을 걸으면서 동시에 기록된 「예배기도서」의 중요성도 옹호하였다. 그녀는 그 기도서가 라틴어로 기록되었음에도 이를 옹호하였다. 라틴어는 그녀가 소리로만 읽을 수 있는 언어이었음에도 그러하였다. 실제로 테레사는 두 가지 모두가 하나님과 만나는 장(site)이라고 주장하면서 형식적인 예전적기도와 내적인 관상기도를 고집

---

[63] Teresa of Avila, *Way of Perfection*, 21:2. 영어로 된 모든 인용문은 다음에서 가지고 온 것이다: *The Collected Works of St. Teresa of Avila*, trans. Kieran Kavanaugh and Otílio Rodriguez, 3 vols. (Washington, DC: Institute of Carmelite Studies, 1976-1985).

스럽게 함께 유지했다.

동시에 그녀는 기록된 기도서와 씨름하는 일에 거침이 없었다. 한번은 수도원 생활에서 중요한 일들의 목록 안에 성무일도 암송하기를 포함시켜야 한다고 강조하기도 하였다.[64]

그녀의 책 『창립사』(Constitution)에서 테레사는 성무일도와 매일 미사를 공동체 안에서 찬트로 노래하기보다는 소리 내어 말하도록 지도하였는데 이렇게 함으로써 수녀들에게 생계를 위한 시간을 벌어줄 수 있다고 언급하였다.

분명 테레사는 교회의 예배를 기도 생활의 다른 모든 측면보다 높은 곳에 놓지 않았다. 오히려 그녀는 교회의 예배를 하나님과 신실한 만남이라는 더 넓은 의미의 생활 속에 단호하게 끼워 넣었다. 이런 삶의 중요한 부분의 하나가 그녀가 실행했던 수많은 대중적 기도였다.

테레사의 저술을 보면, 수난당하는 그리스도상, 십자가상과 이미지, 묵주, 그리고 성수 등과 같은 예배를 위한 물질들이 사용되었음을 알 수 있을 뿐만 아니라 빈번한 고해, 성인에 대한 기도, 축일들, 고행, 그리고 9일간의 기도 등도 찾아볼 수 있다. 중요하게는 테레사가 형식적인 기도를 신비 체험으로 인도해 주는 것으로써 경험했다는 것이다.

그녀의 일생에서 처음으로 황홀경을 체험했던 것은 매우 적절하게도, "오소서 성령이여 창조주시여"(*Veni Creator Spiritus*) 찬송을 읊조린 순간이었

---

[64] Teresa of Avila, *Way of Perfection*, 12:1. Villanueva에 있는 수도원에서 행했던 성무일도 암송에 대한 그녀의 설명은 이런 시도에 대한 좋은 본보기를 제공해 준다. 수녀 중에 한 사람만이 제대로 읽을 수 있었고 수녀들은 서로 다른 "성무일도서"를 사용하고 있었는데 그 가운데는 성직자들이 그들에게 물려준 오래된 로마 가톨릭의 "성무일도서"들도 있었다. 테레사가 말했듯이 "저들의 기도 중 맞는 말은 거의 없었으나 하나님은 그들의 선의와 노력을 받아주셨을 것이다"(Book of Her Foundations, 28:42).

다.⁶⁵ 예배의 모든 순간 가운데서 성체배령이 테레사에게는 특별히 중요하였다. 또한, 그녀는 성체를 받으려는 말로는 다 표현할 수 없는 열망을 표명하였다.⁶⁶

중세 후기의 환상을 보던 사람들의 압도적인 다수가 그리했던 것과 마찬가지로⁶⁷ 테레사도 역시 공적인 예배를, 더욱 특정하게는 성체배령을 환상 경험의 출발점이었다고 전하고 있다.

그러나 아빌라의 성녀 테레사가 예전적기도, 대중적인 신심 행위들, 그리고 내적인 기도를 하나님과 만나는 특권을 부여받은 장들(sites)이라고 고집스럽게 주장했던 것만큼이나 그녀는 동시에 이 장들을 상대화하였다. 더욱 특정하게는 그것들을 하나님과 만나는 더 큰 가능성 속에 끼워 넣음으로써 이 장들을 상대화한 것이다. 테레사는 교회의 예배를 거룩한 현존을 위한 사용 가능한 폭넓은 매개들 안에 위치시킴으로써 기도 생활에서의 예배의 위치를 다시금 배정하였다. 부엌에서 일하기보다는 기도하기를 열망하는 한 수녀에게 다음과 같이 상기시킨 일은 유명하다.

---

65 Teresa of Avila, *Book of Her Life*, 24:5-7. 다음과 같은 예가 있다. 묵주기도가 테레사로 하여금 높은 경지의 신비 체험을 가능케 했다. 성무일도를 암송하면서 그녀는 주께서 그녀에게 직접 말씀하시는 음성을 들었다(*Book of Her Life*, 38:1; 19:7). 축일 미사 동안 그녀는 구속받은 인류(redeemed humanity)에 대한 비전을 보았다. 또 다른 미사 중에는 자신에게 하얀 옷이 입혀지는 황홀한 경험도 하였다. 이 경험 때문에 그녀는 성체를 들어올리는 모습을 보지도 못하였고, 미사의 나머지 순서를 따라가지도 못하였다(*Book of Her Life*, 33:14).
66 Teresa of Avila, *Book of Her Life*, 39:22.
67 See Jeffrey F. Hamburger, "Seeing and Believing: The Suspicion of Sight and the Authentication of Vision in Late Medieval Art and Devotion," in *Imagination und Wirklichkeit. Zum Verhältnis von mentalen und realen Bildern in der Kunst der frühen Neuzeit*, ed. Klaus Krüger and Alessandro Nova (Mainz: Philipp von Zabern, 2000), 47-69, 여기서는 p. 56을 보라.

주님은 술단지와 냄비들 사이에서도 걸어 다니신다.[68]

즉 예배당이나 한 사람의 내면에 있는 성(城)에서 하나님을 만날 수 있는 것과 마찬가지로, 하찮은 집안일 가운데서도 하나님을 만날 수 있다는 것이다. 이를 달리 말해보자면, 너무나도 자주 하찮은 것으로 여기는 나날의 삶, 교회의 예배 실행들, 대중적 신심 행위들, 그리고 관상기도들 모두가 하나님과 만나는 장(site)이라는 주장이다.

테레사의 근본적인 성찰은 이것이다. 교회가 수행하는 예배 실행들의 궁극적 의미는 예배 그 너머에 있다. 다시 말하자면, 그것이 어디에서 일어나든지 하나님과 신실한 만남 속에 있다는 것이다.

테레사의 시대에 이런 깨달음이란 권위를 인정받은 특정 의식들(rites)의 거행과 은혜를 강력하게 연결 지었던 전통 자체를 수정하는 것이었다. 500년이 지난 지금의 디지털 시대에서 테레사의 통찰은 신학적 탐구를 위한 또 다른 길을 열어줄 수도 있을 것이다.

다시 말해, 그녀의 통찰이 오프라인 예배에서 자신을 드러내시는 하나님, 술단지와 냄비들 사이를 걸어 다니시는 하나님, 그리고 화상 사이를 움직여 다니시는 하나님을 찾는 길을 열어줄지도 모르겠다.

---

[68] Teresa of Avila, *Foundations*, 5:8.

참고 문헌

America. "State of the Question." May 4, 2015.

Anderson, Janna, and Lee Rainie. *Digital Life in 2025*. Washington, DC: Pew Research Center, 2014. www.pewinternet.org/2014/03/11/digital-life-in-2025/.

———. *The Internet of Things Will Thrive by 2025*. Washington, DC: Pew Research Center, 2014. www.pewinternet.org/2014/05/14/internet-of-things/.

Andrade, Antonio Diaz. "From Physical Co-location to Perceived Co-presence: I Feel Close to You When I Use My Mobile." *Pacific Asia Journal of the Association for Information Systems* 6, no. 1 (2014): 1–19. http://aisel.aisnet.org/pajais/vol6/iss1/2/.

Aris, Marc-Aeilko. "Quid sumit mus? Präsenz (in) der Eucharistie." In *Mediale Gegenwärtigkeit*, edited by Christian Kiening, 179–205. Zurich: Chronos Verlag, 2007.

Augustine. *Confessions*, Volume I: Books 1–8. Translated and edited by Carolyn J-B. Hammond. Cambridge, MA: Harvard University Press, 2014.

Aune, Michael B. "Liturgy and Theology: Rethinking the Relationship, Part I." *Worship* 81, no. 1 (2007): 46–68.

Barna Group and Cornerstone Knowledge Network. "Designing Worship Spaces with Millennials in Mind." Barna.com, November 5, 2014. www.barna.org/barna-update/millennials/689-designing-worship-spaces-with-millennials-in-mind#.V4qpVriU2he.

Baron, Craig A. "Sacraments 'Really Save' in Disneyland: Reconciling Bodies in Virtual
Reality." Questions Liturgiques/Studies in Liturgy 86, no. 4 (2005): 284–305.

Bennett, Jana Marguerite. *Aquinas on the Web? Doing Theology in an Internet Age.* New York: T&T Clark, 2012.

Berger, Teresa. "@ Worship: Exploring Liturgical Practices in Cyberspace." Questions Liturgiques/Studies in Liturgy 94, no. 3–4 (2013): 266–286.

_____. "Participatio Actuosa in Cyberspace? Vatican II's Liturgical Vision in a Digital World." *Worship* 87 (2013): 533–547.

Bingham, John. "Church of Scotland to Introduce Online Baptism in Bid to Boost Membership." Telegraph, May 17, 2016. www.telegraph.co.uk/news/2016/05/17/church-of-scotland-to-introduce-online-baptism-in-bid-to-boost-m/.

Boff, Leonardo. "My Father's Cigarette Butt as Sacrament." In *Sacraments of Life: Life of the Sacraments.* Translated by John Drury, 15–19. Portland, OR: Pastoral Press, 1987.

Bolmer, Viktoria. "Beichten per Mausklick." Neue Kirchenzeitung, September 26, 2012. www. neue-kirchenzeitung.de/content/beichten-mausklick.

Bonaguida, Pacino di. The Chiarito Tabernacle. 1340s. Gilded gesso and tempera on panel, 39 7/8 × 44 11/16 in. J. Paul Getty Museum, Los Angeles, CA. www.getty.edu/art/collection/objects/773/pacino-di-bonaguida-the-chiarito-tabernacle-italian-1340s/.

Böntert, Stefan. "E-Prayer und Andacht per Mausklick: Christliche Gottesdienste im Internet." In Religion und Medien: Vom Kultbild zum Internetritual, edited by Jamal Malik, Jörg Rüpke, and Theresa Wobbe, 165–179. Münster: Aschendorff, 2007.

_____. *Gottesdienste im Internet: Perspektiven eines Dialogs zwischen Internet und Liturgie.* Stuttgart: Kohlhammer, 2005.

_____. "Liturgical Migrations into Cyberspace: Theological Reflections." In *Liturgy in Migration: From the Upper Room to Cyberspace,* edited by Teresa Berger, 279–

295. Collegeville, MN: Liturgical Press, 2012.

Bradshaw, Paul F. *The Search for the Origins of Christian Worship: Sources and Methods for the Study of Early Liturgy*. New York: Oxford University Press, 2002.

Bublitz, Hannelore. *Im Beichtstuhl der Medien: Die Produktion des Selbst im öffentlichen Bekenntnis*. Bielefeld: Transcript Verlag, 2010.

Burton-Edwards, Taylor W. "Three Communion Practices to Quit Doing." United Methodist Worship, September 30, 2015. http://umcworship.blogspot.com/2015/09/three-communion-practices-to-quit-doing.html.

Byers, Andrew. *TheoMedia: The Media of God and the Digital Age*. Eugene, OR: Cascade Books, 2013.

Caccamo, James F. "Let Me Put It Another Way: Digital Media and the Future of the Liturgy." Liturgy 28, no. 3 (2013): 7–16.

Campbell, Heidi A., ed. *Digital Religion: Understanding Religious Practice in New Media Worlds*. New York: Routledge, 2013.

_____. *Exploring Religious Community Online: We Are One in the Network*. New York: Peter Lang, 2005.

_____. "Understanding the Relationship between Religion Online and Offline in a Networked Society." Journal of the American Academy of Religion 80, no. 1 (2012): 64–93.

Campbell, Heidi A., and Stephen Garner. *Networked Theology: Negotiating Faith in Digital Culture*. Grand Rapids, MI: Baker Academic, 2016.

Campbell, Heidi A., and Paul Emerson Teusner. "Religious Authority in the Age of the Internet." Virtual Lives: Christian Reflection no. 38 (2011): 59–68. www.baylor.edu/content/services/document.php/130947.pdf.

Campbell, Heidi A., Rachel Wagner, Shanny Luft, Rabia Gregory, Gregory Price Grieve, and Xenia Zeiler. "Gaming Religionworlds: Why Religious Studies Should Pay Attention to Religion in Gaming." Journal of the American Academy of Religion 84, no. 3 (2016): 641–664.

"The Canons of Hippolytus." In *Documents of the Baptismal Liturgy: Revised and Expanded Edition*, edited by Maxwell E. Johnson, 129–132. Collegeville, MN:

Liturgical Press, 2003.

Cantalamessa, Raniero. *Come, Creator Spirit: Meditations on the Veni Creator.* Collegeville, MN: Liturgical Press, 2003.

Cantwell, Christopher D., and Hussein Rashid, eds. *Religion, Media, and the Digital Turn.* New York: Social Science Research Council, 2015. www.ssrc.org/publications/view/religion-media-and-the-digital-turn/.

Carvalhaes, Cláudio. "And the Word Became Connection: Liturgical Theologies in the Real/Virtual World." *Liturgy* 30, no. 2 (2015): 26–35.

Casey, Cheryl. "Virtual Ritual, Real Faith: The Revirtualization of Religious Ritual in Cyberspace." Online: *Heidelberg Journal of Religions on the Internet* 2, no. 1 (2006): 73–90. http://online.uni-hd.de. *Catechism of the Catholic Church*, 2nd rev. ed. Washington, DC: United States Catholic Conference, 2000.

Catellani, Andrea. "Pastorale et prière en ligne: Le cas du site Notre Dame du Web." In *Le Religieuxsur Internet*, edited by Fabienne Duteil-Ogata, Isabelle Jonveaux, Liliane Kuczynski, and Sophie Nizard, 203–216. Paris: L'Harmattan, 2015. Center for the Study of Material and Visual Cultures of Religion. *Material and Visual Cultures of Religion.* Yale University. http://mavcor.yale.edu/material-visual-cultures-religions.

Cheong, Pauline Hope. "Faith Tweets: Ambient Religious Communication and Microblogging Rituals." *M/C Journal: A Journal of Media and Culture* 13, no. 2 (2010). http://journal.media-culture.org.au/index.php/mcjournal/article/view/223.

Cheong, Pauline Hope, Peter Fischer-Nielsen, Stefan Gelfgren, and Charles Ess, eds. *Digital Religion, Social Media and Culture: Perspectives, Practices, and Futures.* New York: Peter Lang, 2012.

Church of Scotland. "Church Dismisses Media Reports of 'Online Baptism.'" Church of Scotland.org, May 19, 2016. www.churchofscotland.org.uk/news_and_events/news/recent/church_dismisses_media_reports_of_online_baptism.

"Church Scrambles to Save 'Endangered Sacrament' of Confession." Crux, April 1, 2016. www.cruxnow.com/faith/2016/04/01/church-scrambles-to-save-endangered-sacramentof-confession/.

Cluver, Randy, and Yanli Chen. "The Church of Fools: Virtual Ritual and Material Faith." Online: Heidelberg Journal of Religions on the Internet 3, no. 1 (2008): 116–142. http://online.uni-hd.de.

Coelho, Janet Tappin. "Scientists Bring Saints Back to Life with Imaging Technology." Religion News Service, July 18, 2016. http://religionnews.com/2016/07/18/these-scientistsbring-saints-back-to-life-using-the-latest-imaging-technology/.

Coffey, David M. The Sacrament of Reconciliation. Collegeville, MN: Liturgical Press, 2001.

Colish, Marcia L. Faith, Fiction, and Force in Medieval Baptismal Debates. Washington, DC: Catholic University of America Press, 2014.

Congar, Yves. "The Ecclesia or Christian Community as a Whole Celebrates the Liturgy." In *At the Heart of Christian Worship: Liturgical Essays of Yves Congar*. Translated by Paul Philibert, 15–67. Collegeville, MN: Liturgical Press, 2010.

Consolmagno, Guy. *Would You Baptize an Extraterrestrial? And Other Questions from the Astronomers' In-box at the Vatican Observatory*. Colorado Springs, CO: Image Books, 2014.

Cowan, Douglas E. "The Internet." In *The Routledge Handbook of Research Methods in the Study of Religion*, edited by Michael Stausberg and Steven Engler, 459–473. New York: Routledge, 2011.

Cristofaro, Pietro De, and Nicole Winfield. "Pope Francis: Forgive Catholic Persecution of Evangelical Christians." CTV News, June 22, 2015. www.ctvnews.ca/world/pope-francis-forgive-catholic-persecution-of-evangelical-christians-1.2434121.

Damian, Peter. Petrus Damiani: Das Büchlein vom Dominus Vobiscum: Vom Geiste, der den einsamen Beter des Stundengebetes erfüllen soll. Translated and edited by Adolf Kolping. Düsseldorf: Patmos-Verlag, 1949.

Dawson, Lorne L. "Do Virtual Religious 'Communities' Exist? Clarifying the Issues." In Religious Communities on the Internet, edited by Gorän Larson, 30–46. Uppsala: Swedish Science Press, 2006.

———. "Religion and the Quest for Virtual Community." In Religion Online: Finding Faith on the Internet, edited by Lorne L. Dawson and Douglas E. Cowan, 75–92. New York: Routledge, 2004.

Day, Juliette J. Reading the Liturgy: An Exploration of Texts in Christian Worship. New York: T&T Clark, 2014.

Dewdney, Andrew, and Peter Ride, eds. The New Media Handbook. New York: Routledge, 2006.

Donovan, Colin B. "Abortion – Excommunication." Eternal Word Television Network. www.ewtn.com/expert/answers/abortio2.htm.

Drescher, Elizabeth. "A Virtual Faith." America, October 10, 2016.

Duck, Ruth C. Worship for the Whole People of God: Vital Worship for the 21st Century. Louisville, KY: Westminster John Knox Press, 2013.

Duff, Nancy J. "Praising God Online." Theology Today 70, no. 1 (2013): 22–29.

Edwards, Mark U. "Virtual Worship: A Theological Challenge." Christian Century, December 6, 2000.

Facebook. "Company Info." Facebook Newsroom, September 2015. http://newsroom.fb.com/company-info/.

Faith and Order Committee. "Holy Communion Mediated through Social Media." The Methodist Church in Britain, 2015. www.methodist.org.uk/downloads/conf-2015-37-Communion-Mediated-through-Social-Media.pdf.

Feiler, Bruce. "How to Ask for Forgiveness, in Four Steps." New York Times, September 25, 2015. www.nytimes.com/2015/09/27/fashion/how-to-forgive-in-four-steps.html?_r=0. Feiner, Veronika. "Gottesdienste per Mausklick: Perspektiven für die Feier von Liturgie im Internet." In Religion und Mediengesellschaft: Beiträge zu einem Paradoxon, edited by Christian Wessely and Alexander D. Ornella, 257–275. Innsbruck: Tyrolia, 2010.

Fernandez, Manny. "Pope's Presence Crosses Border into U.S., Even if He Doesn't." New York Times, February 17, 2016. https://www.nytimes.com/2016/02/18/world/americas/popes-presence-crosses-border-into-us-even-if-he-doesnt.html?_r=0.

Fiddes, Paul S. "Sacraments in Virtual Worlds." 2009. https://www.google.com/webhp?source=search_app#q=Kate+Boardman+Paul+Fiddes+sacraments+2011.

"Follow the Audience." YouTube Official Blog, May 1, 2013. https://youtube.googleblog.com/2013/05/yt-brandcast-2013.html.

Ford, Dennis. *A Theology for a Mediated God: How Media Shapes Our Notion about Divinity*. New York: Routledge, 2016.

Francis, Mark R. *Local Worship, Global Church: Popular Religion and the Liturgy*. Collegeville, MN: Liturgical Press, 2010.

Fredericks, Sarah E. "Online Confessions of Eco-Guilt." Journal for the Study of Religion, Nature and Culture 8, no. 1 (2014): 64–84.

G, Sylvia. "Catholic Church Has an App – Be Blessed Online With a Swipe." Adstasher, April 22, 2013. www.adstasher.com/2013/04/catholic-church-has-app-be-blessed.html.

Gay, Doug, and Ron Rienstra. "Veering Off the Via Media: Emerging Church, Alternative Worship, and New Media Technologies in the United States and United Kingdom." Liturgy 23, no. 3 (2008): 39–47.

Geldhof, Joris. "Liturgical Theology." In *Religion: Oxford Research Encyclopedias*. Oxford: Oxford University Press, 2015. http://religion.oxfordre.com/view/10.1093/acrefore/9780199340378.001.0001/acrefore-9780199340378-e-14.

Gelfgren, Stefan, and Tim Hutchings. "The Virtual Construction of the Sacred – Representation and Fantasy in the Architecture of Second Life Churches." Nordic Journal of Religion and Society 27, no. 1 (2014): 59–73.

Gelhot, Rainer. "Beten mit Bits und Bytes." Heiliger Dienst 69, no. 2 (2015): 66–74.

Gerhards, Albert. *Wo Gott und Welt sich begegnen: Kirchenräume verstehen.* Kevelaer: Butzon & Bercker, 2011.

Gilles, Beate. *Durch das Auge der Kamera: Eine liturgie-theologische Untersuchung zur Übertragung von Gottesdiensten im Fernsehen.* Münster: LIT Verlag, 2000.

Goethals, Gregor. "Myth and Ritual in Cyberspace." In *Mediating Religion: Conversations in Media, Religion and Culture,* edited by Jolyon Mitchell and Sophia Marriage, 257–269. New York: T&T Clark, 2003.

Golumbia, David. "Characteristics of Digital Media." In *The Johns Hopkins Guide to Digital Media,* edited by Marie-Laure Ryan, Lori Emerson, and Benjamin J. Robertson, 54–59. Baltimore, MD: Johns Hopkins University Press, 2014.

Gray, Mark M., and Mary L. Gautier. Catholic New Media Use in the United States, 2012.

Center for Applied Research in the Apostolate (CARA) Report. Washington, DC: Georgetown University, 2012. http://www.usccb.org/about/communications/upload/Catholic_New_Media_Use_in_United_States_2012.pdf.

Grimes, Ronald L. "Ritual and the Media." In *Practicing Religion in the Age of the Media: Explorations in Media, Religion, and Culture,* edited by Stewart M. Hoover and Lynn Schofield Clark, 219–234. New York: Columbia University Press, 2002.

Groot, Kees de. "Celebrating Mass via the Television Screen." In *Sacred Places in Modern Western Culture,* edited by Paul Post, A. L. Molendijk, and J.E.A. Kroesen, 307–311. Walpole, MA: Peeters, 2011.

Guinn, Stephen J. "A Word about… the Digital Presence of Christ." Review and Expositor 113, no. 1 (2016): 13–15.

Gumbrecht, Hans Ulrich. *Production of Presence: What Meaning Cannot Convey.* Stanford, CA: Stanford University Press, 2004.

Gunn, Scott. "The Ekklesia of Social Media." Yale Divinity School Reflections 98, no. 2 (Fall 2011): 67–69.

Haas, Theresa. "Virtuelle Transzendenz: Religiöse Vergegenwärtigungspraktiken am Beispiel der Online-Kirche St. Bonifatius." M.A. thesis, University of Koblenz and Landau, 2016. www.st-bonifatius-funcity.de/aktuelles/.

Hadden, Jeffrey K., and Douglas E. Cowan, eds. *Religion on the Internet: Research Prospects and Promises*. New York: JAI, 2000.

Hamburger, Jeffrey F. "Seeing and Believing: The Suspicion of Sight and the Authentication of Vision in Late Medieval Art and Devotion." In *Imagination und Wirklichkeit: Zum Verhältnis von mentalen und realen Bildern in der Kunst der frühen Neuzeit*, edited by Klaus Krüger and Alessandro Nova, 47–69. Mainz: Philipp von Zabern, 2000.

Helland, Christopher. "Popular Religion and the World Wide Web: A Match Made in (Cyber) Heaven." In *Religion Online: Finding Faith on the Internet*, edited by Lorne L. Dawson and Douglas E. Cowan, 23–36. New York: Routledge, 2004.

_____. "Ritual." In Digital Religion: Understanding Religious Practice in New Media Worlds, edited by Heidi A. Campbell, 25–40. New York: Routledge, 2013.

Henson, David R. "Imposing Hashtags: The Problem with #AshTag on Ash Wednesday." Patheos, February 17, 2015. www.patheos.com/blogs/davidhenson/2015/02/imposing-hashtagsthe-problem-with-ashtag-on-ash-wednesday/.

Herring, Debbie. "Towards Sacrament in Cyberspace." Epworth Review 35, no. 1 (2008): 35–47.

Hillis, Ken. *Online a Lot of the Time: Ritual, Fetish, Sign*. Durham, NC: Duke University Press, 2009.

Hood, Pamela, ed. *The Book of Uncommon Prayer: A Compendium of Prayers, Rites and Readings Selected Especially for Computer Users, Social Media Mavens, Geeks and Information Technology Professionals*. San Jose, CA: American Beguine Community, 2010.

Hoover, Brett C. "Faith from Nowhere: Feminist Ecclesiological Reflections on the 'Liquid Catholicism' of New Media." In Feminism and Religion in the 21st Century: Technology, Dialogue, and Expanding Borders, edited by Gina Messina-Dysert and Rosemary Radford Ruether, 112–129. New York: Routledge, 2015.

Horsfield, Peter. *From Jesus to the Internet: A History of Christianity and Media*. Malden, MA: Wiley Blackwell, 2015.

Howe, Mark. "Digital Bread and Wine, Anyone?" ShipofFools.com, 2012. http://shipoffools.com/features/2012/online_sacraments.

Hunt, Elle. "The Emoji Bible Has Arrived… and Has yet to Declare It ." Guardian, May 30, 2016. www.theguardian.com/technology/2016/may/30/emoji-bible-arrivedgod-king-james.

Hutchings, Tim. "Creating Church Online: Networks and Collectives in Contemporary Christianity." In Digital Religion, Social Media, and Culture, edited by Pauline Hope Cheong, Peter Fischer-Nielsen, Stefan Gelfgren, and Charles Ess, 207–223. New York: Peter Lang, 2012.

_____. "The Politics of Familiarity: Visual, Liturgical and Organisational Conformity in the Online Church." Online: Heidelberg Journal of Religions on the Internet 4, no. 1 (2010): 63–86. http://online.uni-hd.de.

_____. "Real Virtual Community." Word & World 35, no. 2 (2015): 151–161.

ICT Data and Statistics Division. "ICT Facts and Figures 2016." International Telecommunications Union, July 22, 2016. www.itu.int/en/ITU- D/Statistics/Documents/facts/ICTFactsFigures2016.pdf.

Ingalls, Monique M. "Worship on the Web: Broadcasting Devotion through Worship Music Videos on YouTube." In Music and the Broadcast Experience: Performance, Production, and Audiences, edited by Christina Baade and James A. Deaville, 293–308. New York: Oxford University Press, 2016.

Jeggle-Merz, Birgit. "Gottesdienst und Internet. Ein Forschungsfeld im Zeitalter des Web 2.0." In Zwischen Tradition und Postmoderne: Die Liturgiewissenschaft vor neuen Herausforderungen, edited by Michael Durst and Hans J. Münk, 139–192. Fribourg: Paulusverlag, 2010.

_____. "Gottesdienst und mediale Übertragung." In Gottesdienst der Kirche: Handbuch der Liturgiewissenschaft 2:2, Theologie des Gottesdienstes, edited by Martin Klöckener, Reinhard Meßner, and Angelus A. Häußling, 455–490. Regensburg: Pustet, 2008.

Jenkins, Simon. "Rituals and Pixels: Experiments in Online Church." Online: Heidelberg Journal of Religions on the Internet 3, no. 1 (2008): 95–115. http://online.uni-hd.de.

Jensen, David H., ed. *Lord and Giver of Life: Perspectives on Constructive Pneumatology*. Louisville, KY: Westminster John Knox Press, 2008.

John Paul II. *Apostolic Letter: The Rapid Development*. Vatican City: Libreria Editrice Vaticana, 2005.

Johnson, Maxwell E. "The Apostolic Tradition." In *The Oxford History of Christian Worship*, edited by Geoffrey Wainwright and Karen B. Westerfield Tucker, 32–75. New York: Oxford University Press, 2006.

Jonveaux, Isabelle. *Dieu en ligne: Expériences et pratiques religieuses sur Internet*. Paris: Bayard, 2013.

_____. "Virtuality as a Religious Category? Continuity and Discontinuity Between Online and Offline Catholic Monasteries." Online: Heidelberg Journal of Religions on the Internet 8, no. 1 (2015): 28–41. http://online.uni-hd.de.

Jurgenson, Nathan. "Digital Dualism versus Augmented Reality." Cyborgology, February 24, 2011. https://thesocietypages.org/cyborgology/2011/02/24/digital-dualism-versus-augmented-reality/.

_____. "Fear of Screens." New Inquiry, January 25, 2016. http://thenewinquiry.com/essays/fear-of-screens/.

Kane, Jennifer. "Beyond 'Silent' Mode: Etiquette for Using Your Cell Phone in Church." CatholicApptitude.org, March 18, 2014. https://catholicapptitude.org/2014/03/18/beyond-silent-mode-etiquette-for-using-your-cell-phone-in-church/.

_____. "Missal Apps: The Most Popular Catholic Apps Searched." CatholicApptitude.org, January 3, 2016. https://catholicapptitude.org/2016/01/03/missal-apps-the-most-popularcatholic-apps-searched/.

_____. "Rosary Apps for Phones and Tablets." CatholicApptitude.org, October 6, 2016. https://catholicapptitude.org/2016/10/06/rosary-apps-for-phones-and-tablets/.

_____. "Season for Confession (Lent) and these apps can help!" CatholicApptitude. org, February 20, 2016. https://catholicapptitude.org/2016/02/20/season-for-confessionlent-and-these-apps-can-help/.

Klingen, Henning. "45 Cent für ein Taufgeschenk: Liturgie und Sakramententheologie im Netz." Heiliger Dienst 69, no. 2 (2015): 75–79.

Knight, Kimberly. "Sacred Space in Cyberspace." Yale Divinity School Reflections 96, no. 2 (Fall 2009): 43–46.

Kranemann, Benedikt. "Bekenntnis des Glaubens in ritueller Gestalt. Die Dreieinheit Gottes in der Liturgie." In *Liturgie und Trinität*, edited by Bert Groen and Benedikt Kranemann, 110–128. Freiburg i.B.: Herder, 2008.

_____. "Gottesdienstübertragung: Kirchliche Liturgie in medialer Öffentlichkeit." In *Religion und Medien: Vom Kultbild zum Internetritual*, edited by Jamal Malik, Jörg Rüpke, and Theresa Wobbe, 181–189. Münster: Aschendorff, 2007.

Krueger, Derek. *Liturgical Subjects: Christian Ritual, Biblical Narrative, and the Formation of the Self in Byzantium*. Philadelphia: University of Pennsylvania Press, 2014.

Lakey, Christopher R. "The Curious Case of the Chiarito Tabernacle: A New Interpretation." Getty Research Journal no. 4 (2012): 13–30.

Langer, Robert, Dorothea Luddeckens, Kerstin Radde, and Jan Snoek. "Transfer of Ritual." Journal of Ritual Studies 20, no. 1 (2006): 1–20.

Larson, Eric. "What Would Jesus Text? Smartphones Are Changing How We Worship." Mashable, August 20, 2013. http://mashable.com/2013/08/20/religion-technology/#sxCdKogz1kq8.

Larson-Miller, Lizette. *Sacramentality Renewed: Contemporary Conversations in Sacramental Theology*. Collegeville, MN: Liturgical Press, 2016.

Lenhart, Amanda, ed. Tees, Social Media and Technology Overview 2015. Washington, DC: Pew Research Center, 2015. www.pewinternet.org/2015/04/09/teens-socialmedia-technology-2015/.

Lewis, C.S. The Screwtape Letters. Glasgow: Collins, 1977.

Lienau, Anna-Katharina. *Gebete im Internet: Eine praktisch-theologische Untersuchung*. Erlangen: Christliche Publizistik Verlag, 2009.

Lipka, Michael. *5 Facts about Prayer*. Washington, DC: Pew Research Center, 2016. www.pewresearch.org/fact-tank/2016/05/04/5-facts-about-prayer/.

Lövheim, Mia, ed. Media, *Religion and Gender: Key Issues and New Challenges*. New York: Routledge, 2013.

Mahan, Jeffrey H., ed. Media, Religion and Culture: An Introduction. New York: Routledge, 2014.

Manalo, Ricky. *The Liturgy of Life: The Interrelationship of Sunday Eucharist and Everyday Worship Practices*. Collegeville, MN: Liturgical Press, 2014.

Mangen, Anne, and Jean-Luc Velay. "Cognitive Implications of New Media." In The Johns Hopkins Guide to Digital Media, edited by Marie-Laure Ryan, Lori Emerson, and Benjamin J. Robertson, 72–77. Baltimore, MD: Johns Hopkins University Press, 2014.

Mayer, Wendy. "The Changing Shape of Liturgy: From Earliest Christianity to the End of Late Antiquity." In Liturgy's Imagined Past/s: Methodologies and Materials in the Writing of Liturgical History Today, edited by Teresa Berger and Bryan D. Spinks, 275–302. Collegeville, MN: Liturgical Press, 2016.

McGowan, Anne. "Inspired Bodies in Action: Tracing the Spirit through Metaphor, Materiality, and Motion." In *At the Heart of the Liturgy: Conversations with Nathan D. Mitchell's "Amen Corners," 1991–2012*, edited by Maxwell E. Johnson, Timothy O'Malley, and Demetrio S. Yocum, 63–74. Collegeville, MN: Liturgical Press, 2014.

McIntosh, Esther. " 'Belonging without Believing': Community as Church in an Age of Digital Media." International Journal of Public Theology 9, no. 2 (2015): 131–155.

Meier, Richard. "Jubilee Church." In Constructing the Ineffable: Contemporary Sacred Architecture, edited by Karla Cavarra Britton, 148–157. New Haven, CT: Yale University Press, 2010.

Messner, Reinhard. "Feiern der Umkehr und Versöhnung." In Gottesdienst der Kirche: Handbuch der Liturgiewissenschaft 7:2, Sakramentliche Feiern, edited by Reinhard Messner, Rainer Kaczynski, Hans B. Meyer, Hansjörg auf der Maur, Balthasar Fischer, Angelus A. Häussling, and Bruno Kleinheyer, 9–240. Regensburg: Pustet, 1992.

Metres, Philip. "Homing In: The Place of Poetry in the Global Digital Age." America, November 16, 2015.

Meurer, Christoph. "Der Heilige Geist weht auch im Internet." Domradio.de, March 31, 2012. www.domradio.de/nachrichten/2012-03-31/erster-katholischer-facebook-gottesdienst.

Meyer, Birgit. "Material Mediations and Religious Practices of World-Making." In Religion across Media: From Early Antiquity to Late Modernity, edited by Knut Lundby, 1–19. NewYork: Peter Lang, 2013.

Miczek, Nadja. "Online Rituals in Virtual Worlds: Christian Online Services between Dynamics and Stability." Online: Heidelberg Journal of Religions on the Internet 3, no. 1 (2008): 144–173. http://online.uni-hd.de.

Mikoski, Gordon S. "Bringing the Body to the Table." Theology Today 67, no. 3 (2010):255–259.

Miller, Lisa. "Click in Remembrance of Me: How Can We Provide Authentic Worship through the Web for People Who Are Not Part of the Church?" Newsweek, November 3, 2008. www.newsweek.com/id/165676.

Miller, Vincent J. "A Genealogy of Presence: Elite Anxiety and the Excesses of the Popular Sacramental Imagination." In Sacramental Presence in a Postmodern Context, edited by L. Boeve and L. Leijssen, 347–367. Sterling, VA: Peeters, 2001.

Mitchell, Nathan D. "Ritual and New Media." In Cyberspace, Cyberethics, Cybertheology, edited by Erik Borgman, Stephan van Erp, and Hille Haker, 90–98. London: SCM Press, 2005.

_____. Meeting Mystery: Liturgy, Worship, Sacraments. Maryknoll, NY: Orbis, 2006.

Moore, Russell. "Why the Church Can Rescue Us from Our Smartphones." Washington Post, September 21, 2016. www.washingtonpost.com/news/acts-of-faith/wp/2016/09/21/jesus-doesnt-care-how-many-twitter-followers-you-have/?utm_term=.8d27e94a9b21.

Moreman, Christopher M., and A. David Lewis. *Digital Death: Mortality and Beyond in the Online Age*. Santa Barbara, CA: Praeger, 2014.

Mullan, Margaret. "Constructing an Identity Online: Logging-on as 'Catholic'." Journal of Religion, Media & Digital Culture 4, no. 1 (2015): 96–125.

Neal, Gregory S. "Holy Communion over the Internet: Reflections on an Experiment in Sacramental Practice." United Methodist Church, October 30, 2013. www.umcmedia.org/umcorg/2013/communion/holy-communion-over-internet-reflections-experimentneal.pdf.

Nonde, Brian. "Sr. Teresa Marcazzan: Church Must Embrace Social Media." News.VA: Official Vatican Network, August 15, 2016. www.news.va/en/news/sr-teresa-marcazzanchurch-must-embrace-social-med.

Nordhofen, Eckhard. "Idolatrie, Grapholatrie, Inkarnation: Stationen einer monotheistischen Mediengeschichte." In *Das Christentum hat ein Darstellungsproblem: Zur Krisereligiöser Ausdrucksformen im* 21. Jahrhundert, edited by Tobias Braune-Krickau, Katharina Scholl, and Peter Schüz, 164–178. Freiburg i.B.: Herder, 2016.

Norris, Kathleen. *The Quotidian Mysteries: Laundry, Liturgy, and "Women's Work". Madeleva Lecture in Spirituality*. New York: Paulist Press, 1998.

Ong, Walter J. "Digitization Ancient and Modern: Beginnings of Writing and Today's Computers." Communication Research Trends 18, no. 2 (1998): 4–21.

_____. Orality and Literacy: The Technologizing of the Word. London: Methuen, 1982.

Ostrowski, Ally. "Cyber Communion: Finding God in the Little Box." Journal of Religion & Society 8, no. 1 (2006): 1–8.

Page, Ruth. "Gender and Media Use." In *The Johns Hopkins Guide to Digital Media*, edited by Marie-Laure Ryan, Lori Emerson, and Benjamin J. Robertson, 228–

231. Baltimore, MD: Johns Hopkins University Press, 2014.

Paine, Crispin. "The Portable Altar in Christian Tradition and Practice." In *Objects in Motion: The Circulation of Religion and Sacred Objects in the Late Antique and Byzantine World*, edited by Hallie G. Meredith, 25–42. Oxford: Archaeopress, 2011.

Pontifical Council for Social Communications. The Church and Internet. Vatican City: Libreria Editrice Vaticana, 2002. www.vatican.va/roman_curia/pontifical_councils/pccs/documents/rc_pc_pccs_doc_20020228_church-internet_en.html.

Pontifical Council for Social Communications. Ethics in Internet. Vatican City: Libreria Editrice Vaticana, 2002. www.vatican.va/roman_curia/pontifical_councils/pccs/documents/rc_pc_pccs_doc_20020228_ethics-internet_en.html.

Post, Paul. "Cyberspace als Ritual Space." In *Der sakrale Ort im Wandel*, edited by Albert Gerhards and Kim de Wildt, 269–282. Würzburg: Ergon Verlag, 2015.

———. "Worship in a Network Culture: Explorations on Ritual and Liturgical Competence." Jaarboek voor Liturgieonderzoek/Yearbook for Liturgical and Ritual Studies 30, no. 1 (2014): 191–202.

Post, Paul, and Suzanne van der Beek. *Doing Ritual Criticism in a Network Society: Offline and Online Explorations into Pilgrimage and Sacred Place*. Walpole, MA: Peeters, 2016.

Postman, Neil. *Amusing Ourselves to Death: Public Discourse in the Age of Show Business*. New York: Penguin Books, 1986.

Radde-Antweiler, Kerstin, ed. "Rituals on the Internet." Online: Heidelberg Journal of Religions on the Internet 2, no. 1 (2006). http://online.uni-hd.de.

Ratzinger, Joseph Cardinal. The Spirit of the Liturgy. Translated by John Saward. San Francisco, CA: Ignatius Press, 2000.

Reid, Alcuin, ed. T&T Clark Companion to Liturgy. New York: Bloomsbury, 2016.

Reklis, Kathryn. "X-Reality and the Incarnation." New Media Project at Christian-Theological Seminary, May 10, 2012. www.cpx.cts.edu/newmedia/findings/essays/x-reality-and-the-incarnation.

Riß, Martin. *Feiern der Buße und Versöhnung: Zur Reform des Bußsakraments nach dem Zweiten Vatikanischen Konzil*. Regensburg: Pustet, 2016.

Rocca, Francis X. "Vatican Tries to Revive Eucharistic Adoration." National Catholic Reporter, June 16, 2011. http://ncronline.org/news/vatican/vatican-tries-revive-eucharisticadoration.

Roman Missal. *English Translation According to the Third Typical Edition*. Collegeville, MN: Liturgical Press, 2011.

Rothblatt, Martine. *Virtually Human: The Promise – and the Peril – of Digital Immortality*. New York: St. Martin's Press, 2015.

Ryan, Jonathan. "Bringing Catholic Magic Back." Patheos, April 7, 2016. www.patheos.com/blogs/sickpilgrim/2016/04/bringing-catholic-magic-back/.

Ryan, Marie-Laure, Lori Emerson, and Benjamin J. Robertson, eds. *The Johns Hopkins Guide to Digital Media*. Baltimore, MD: Johns Hopkins University Press, 2014.

Sample, Tex. The Spectacle of Worship in a Wired World. Nashville, TN: Abingdon Press, 1998.

Schlör, Veronika. "Cyborgs: Feminist Approaches to the Cyberworld." In *Cyberspace, Cyberethics, Cybertheology*, edited by Erik Borgman, Stephan van Erp, and Hille Haker, 60–67. London: SCM Press, 2005.

Senn, Frank C. *Introduction to Christian Liturgy*. Minneapolis, MN: Fortress Press, 2012.

Sherwood, Harriet. "Catholic Confession-Finding App Launched by Scottish Church." Guardian, November 22, 2016. www.theguardian.com/world/2016/nov/22/catholic-confession-finding-app-launched-by-scottish-church.

Shirley, Betsy. "Word Files: The Bible in the Digital Age." America, October 17, 2016.

Shults, F. *LeRon, and Andrea Hollingsworth. The Holy Spirit*. Grand Rapids, MI: Eerdmans, 2008.

Siker, Jeffrey S. "Digital Turns and Liquid Scriptures." Yale Divinity School Reflections 102, no. 2 (Fall 2015): 53–56.

Silverman, Jacob. "The Internet and the Mind." Review of Curious: The Desire to Know and Why Your Future Depends on It, by Ian Leslie. New York Times, November 16, 2014. www.nytimes.com/2014/11/16/books/review/ian-leslies-curious-and-more.html?_r=1.Spadaro, Antonio. Cybertheology: Thinking Christianity in the Era of the Internet. Translated by Maria Way. New York: Fordham University Press, 2014.

Spichtig, Peter. "Hinführung zu liturgischen Vollzügen übers Internet?" Heiliger Dienst 69, no. 2 (2015): 87–95.

Steinbrueck, Paul. "Online Church Part 3: Are Online Sacraments Legit?" OurChurch.com, December 8, 2009. http://blog.ourchurch.com/2009/12/08/online-church-part-3-areonline-sacraments-legit/.

Stewart, Kathy. "Yes to Facebook, No to Organized Religion, Politics: A Look at VA's Millennials." WTOP: Washington's Top News, January 4, 2016. http://wtop.com/virginia/2016/01/yes-facebook-no-organized-religion-politics-look-va-s-millennials/.

Stoellger, Philipp. "Religion als Medienpraxis – und Medienphobie." In *Das Christentum hat ein Darstellungsproblem: Zur Krise religiöser Ausdrucksformen im* 21. Jahrhundert, edited by Tobias Braune-Krickau, Katharina Scholl, and Peter Schüz, 192–206. Freiburg i.B.: Herder, 2016.

Straarup, Jörgen. "When Pinocchio Goes to Church: Exploring an Avatar Religion." In *Digital Religion, Social Media, and Culture*, edited by Pauline Hope Cheong, Peter Fischer-Nielsen, Stefan Gelfgren, and Charles Ess, 97–111. New York: Peter Lang, 2012.

Sullivan, Andrew. "I Used to Be a Human Being." New York Magazine, September 18, 2016. http://nymag.com/selectall/2016/09/andrew-sullivan-technology-almost-killed-me.html.

Taft, Robert. "St. John Chrysostom, Preacher Committed to the Seriousness of Worship." In *The Serious Business of Worship: Essays in Honour of Bryan D. Spinks*, edited by Melanie Ross and Simon Jones, 13–21. New York: Continuum, 2010.

Tanner, Kathryn. "Theological Reflection and Christian Practices." In *Practicing Theology: Beliefs and Practices in Christian Life*, edited by Miroslav Volf and Dorothy C. Bass, 228–242. Grand Rapids, MI: Eerdmans, 2002.

―――. "Theology and Popular Culture." In *Changing Conversations: Religious Reflection and Cultural Analysis*, edited by Dwight N. Hopkins and Sheila Greeve Davaney, 101–120. New York: Routledge, 1996.

―――. *Theories of Culture: A New Agenda for Theology*. Minneapolis, MN: Fortress Press, 1997.

Teicher, Jordan G. "The Power and Poetry of Italian Church Confessionals." Slate, August 5, 2016. www.slate.com/blogs/behold/2016/08/05/marcella_hackbardt_photographs_italian_confessionals_in_her_series_true.html.

Teresa of Avila. *The Collected Works of St. Teresa of Avila*. Translated by Kieran Kavanaugh and Otilio Rodriguez. 3 vols. Washington, DC: Institute of Carmelite Studies, 1976–1985.

Theos. "Why We Believe and Why We Don't: An Interview with Prof. Graham Ward." January 12, 2015. www.theosthinktank.co.uk/comment/2015/01/12/why-we-believeand-why-we-dont.

Thornton, Daniel, and Mark Evans. "YouTube: A New Mediator of Christian Community." In Congregational Music-Making and Community in a Mediated Age, edited by Anna E. Nekola and Tom Wagner, 141–160. Burlington, VT: Ashgate, 2015.

"Turin Shroud: Full Text of Pope Francis' Comments." Telegraph, March 30, 2013. www.telegraph.co.uk/news/worldnews/the-pope/9962636/Turin-Shroud-full-text-of-Pope-Francis-comments.html.

Turkle, Sherry. "Realtechnik and the Tethered Life." *Yale Divinity School Reflections* 98, no. 2 (Fall 2011): 33–35.

Turner, Laura. "Inside the Christian App Boom." Verge, December 20, 2015. www.theverge.com/2015/12/20/10320476/inside-the-growing-world-of-christian-apps.

Tymister, Markus. "Can a Priest Celebrate Mass Alone? Voices from Antiquity and the Middle Ages." PrayTell Blog, June 26, 2016. www.praytellblog.com/index.php/2016/06/26/can-a-priest-celebrate-mass-alone-voices-from-antiquity-and-the-middle-ages/.

United Methodist Church. "What Is the United Methodist View of Online Communion?" www.umc.org/what-we-believe/what-is-the-united-methodist-view-of-online-communion. Vatican Council II: The Basic Sixteen Documents: A Completely Revised Translation in InclusiveLanguage. Collegeville, MN: Liturgical Press, 2014.

Vatican Radio. "Papal Almoner Conducts Via Crucis to Help Homeless of Rome." News.VA: Official Vatican Network, March 26, 2016. www.news.va/en/news/papal-almoner-conducts-via-crucis-to-help-homeless.

_____. "Pope Francis: 'No Border Can Stop Us from Being One Family.'" News.VA: Official Vatican Network, February 18, 2016. http://en.radiovaticana.va/news/2016/02/18/pope_francis__%E2%80%98no_border_can_stop_us_from_being_one_family%E2%80%99/1209507.

_____. "Pope Francis Prays via Webcam at Tomb of St. Francis." News.VA: Official Vatican Network, May 2, 2005. www.news.va/en/news/pope-francis-prays-via-webcam-at-tombof-st-franci.

_____. "Worldwide Eucharistic Adoration and Evangelium Vitae Day." News.VA: Official Vatican Network, May 28, 2013. www.news.va/en/news/eucharistic-adoration-and-evangelium-vitae-day-key.

Vogt, Brandon. *The Church and New Media: Blogging Converts, Online Activists, and Bishops Who Tweet.* Huntington, IN: Our Sunday Visitor, 2011.

Wagner, Rachel. *Godwired: Religion, Ritual and Virtual Reality.* New York: Routledge, 2012.

Walker Bynum, Caroline. *Christian Materiality: An Essay on Religion in Late Medieval Europe.* New York: Zone Books, 2011.

_____. "Women Mystics and Eucharistic Devotion in the Thirteenth Century." In *Fragmentation and Redemption: Essays on Gender and the Human Body in Medi-*

eval Religion, 119–150. 3rd ed. New York: Zone Books, 1994.

Ward, Graham. "Belonging to the Church." In *Liturgy in Migration: From the Upper Room to Cyberspace*, edited by Teresa Berger, 1–16. Collegeville, MN: Liturgical Press, 2012.

_____. "Between Virtue and Virtuality." Theology Today 59, no. 1 (2002): 55–70.

Warner, Matthew. "Do Catholics Worship Mary?" FallibleBlogma, May 6, 2009. http://fallibleblogma.com/index.php/do-catholics-worship-mary/.

Welker, Michael. *The Work of the Spirit: Pneumatology and Pentecostalism*. Grand Rapids, MI: Eerdmans, 2006.

White, James F. Protestant Worship: Traditions in Transition. Louisville, KY: Westminster John Knox Press, 1989.

White, Susan. Christian Worship and Technological Change. Nashville, TN: Abingdon Press, 1994.

Whitehead, Deborah. "Mom Blogs and the Religion of Everyday Life." In Media, Religion and Culture: An Introduction, edited by Jeffrey H. Mahan, 47–48. New York: Routledge, 2014.

Williams, Rowan. "Embracing Our Limits." Commonweal, October 9, 2015, 13–15. Wooden, Cindy. "Social Engagement: Pope Breaks Record on Instagram." Catholic News Service, April 1, 2016. www.catholicnews.com/services/englishnews/2016/social-engagement-pope-breaks-record-on-instagram.cfm.

Woods, Mark. "Twitter Communions: Cutting-Edge Digital Mission or Theological Nonsense?" Christianity Today, June 4, 2015. www.christiantoday.com/article/twitter.communions.cutting.edge.digital.mission.or.theological.nonsense/55380.htm.

YouTube. "Here's to Eight Great Years." YouTube Official Blog, May 19, 2013. https://youtube.googleblog.com/2013/05/heres-to-eight-great-years.html.

Zsupan-Jerome, Daniella. Connected toward Communion: The Church and Social Communication in the Digital Age. Collegeville, MN: Liturgical Press, 2014.

_____. "Virtual Presence as Real Presence? Sacramental Theology and Digital Culture in Dialogue." Worship 89, no. 6 (2015): 526–542.

디지털 자료와 출처

- Abide Prayer Stream Free guided prayers, digitally mediated
  https://abide.is/
- Adoration of the Blessed Sacrament Example of the practice of Eucharistic Adoration via a YouTube video
  www.youtube.com/watch?v=wr1rAv_XOWk
- Aquinas College Chapel Webcam Online Eucharistic Adoration, via a webcam
  www.aquinascollege.edu/adoration/online-adoration/
- Basilica of St. Francis Live Webcam Enables digitally mediated prayers at the tomb of St. Francis
  www.sanfrancescopatronoditalia.it/web-cam-cripta-di-san-francesco-assisi
- Be Blessed A digitally mediated blessing from the bishop of Montreal
  www.adforum.com/creative-work/ad/player/34485921/be-blessed/catholic-church-of-montreal
- Beichthaus Anonymous virtual confession project
  www.beichthaus.com/index.php?h=index
- Candy Chang Confessions Participatory exhibit exploring public rituals of confession
  http://candychang.com/confessions/
- Catacombs of Priscilla Virtually enter the subterranean space used by Christians in the second century
  https://plus.google.com/+CatacombediPriscillaRoma

- Cathedral of Mary Our Queen Online rosary
  www.cathedralofmary.org/pray-the-rosary-online/
- Cathedral of Our Lady of the Angels View the Cathedral's Communion of Saints Tapestries
  www.olacathedral.org/
- Catholic Answers Multimedia platform with stated purpose "To Explain and Defend the Faith"
  www.catholic.com/
- CatholicAPPtitude Digital ministry that highlights Catholic apps
  http://catholicapptitude.org/prayer-apps-catholic/
- Catholic Gentleman Blog for Catholic men: "Be a Man, Be a Saint"
  www.catholicgentleman.net/2013/09/masculinity-and-the-liturgy/
- Catholic Mommy Blogs Directory, free marketing, and sharing space for Catholic mothers who blog
  www.catholicmommyblogs.com/about/
- Coffee and Canticles Blog dedicated to daily prayer and devotion
  http://dariasockey.blogspot.com/
- Communities of Jerusalem Liturgies of this religious community on the web
  http://jerusalem.cef.fr/jerusalem/en/en_23prieravecnous.html
- "Confession" Confession testimonials from Church Militant Television
  www.youtube.com/watch?v=399HfiW2Iq0
- "Confession Explained" Explanation of confession from the Catholic Diocese of Richmond
  www.youtube.com/watch?v=tvo0OCcp600
- "Confession: A Step-by-Step Guide" Catholic confession-related information shared on social media
  www.youtube.com/watch?v=m0V93Q54HTY
- Die Messe Offers insights online into the celebration of the Eucharist
  www.die-messe.org/

- DivineOffice.org App for the Liturgy of the Hours

    http://divineoffice.org/
- "First Internet Baptism" Posted on YouTube by Flamingo Road Church Internet Campus, 2008

    www.youtube.com/watch?v=qThUe1-RvXU
- Heiligenlexikon A digital, multimedia dictionary of saints

    www.heiligenlexikon.de/
- "Holy Communion on the Web," by Rev. G. Neal Liturgical, theological, photographic, and video resources for laity and clergy

    www.revneal.org/onlinecommunion.html
- IBreviary Virtual prayer platform for the liturgy of the hours

    www.ibreviary.org/en/
- Kaiserdom Speyer Visuell Interactive website of the Cathedral of Speyer, Germany

    www.kaiserdom-virtuell.de/
- Labyrinth An online interactive installation of a labyrinth

    www.labyrinth.org.uk/onlinelabyrinthpage1.html
- Light a Candle app App from Pauline Books & Media Blog, available on iTunes and Google Play

    www.pauline.org/Pauline-Books-Media-Blog/ArticleID/81/Light-a-Candle-God-Loves-You
- Liturgy Guy Blog on "Life, Liturgy, and the Pursuit of Holiness"

    https://liturgyguy.com/
- "Maior Ecclesia," Cluny Digital project that has virtually restored 90% of Cluny Abbey ruins

    www.dailymotion.com/video/x9j9cn_extrait-maior-ecclesia_tech
- Mary App Interactive rosary produced by Marians of the Immaculate Conception

    www.marian.org/app/
- "Memory Of" Website for creating an online memorial

    www.memory-of.com/Public/

- "Nada Te Turbe" Sung by a virtual choir of Carmelite nuns
  www.youtube.com/watch?v=Q8qkNLmkHLY
- Network for New Media, Religion and Digital Culture Studies Interactive space to share resources on religion and digital culture
  http://digital-religion.tamu.edu/
- Notre Dame du Web A French online religious community
  www.ndweb.org/confier-sa-priere/
- PhatMass Catholic online community
  www.phatmass.com/about/
- "Political Bots" Project on Algorithms, Computational Propaganda, and Digital Politics
  http://politicalbots.org/
- PostSecret Community art project allowing participants to mail in anonymous secrets
  http://postsecret.com/
- Pray as You Go Jesuit podcast for daily prayer
  www.pray-as-you-go.org/70/
- PrayTell Blog A liturgy blog
  www.praytellblog.com/
- Religion Ambient Mixer Lets one recreate the meditative sounds of religious or spiritual places
  http://religion.ambient-mixer.com/
- St. Bonifatius Church A German internet church
  www.st-bonifatius-funcity.de/aktuelles/
- St. Mary Immaculate Parish Offers virtual Eucharistic Adoration
  www.smip.org/VirtualAdoration
- St. Patrick's Cathedral Offers the possibility to light a virtual candle
  http://saintpatrickscathedral.org/light
- "Salve Regina" Sung by a virtual choir of Carmelite nuns, friars, and seculars from around the world

www.youtube.com/watch?v=FxElBk8FZQc
- Savior.org Eucharistic Adoration online
  www.savior.org/webadoration.htm
- Sistine Chapel Virtual tour
  www.vatican.va/various/cappelle/index_sistina_en.htm
- Skype Baptism Baptism in two locations by members of a United Methodist Church in Alabama
  www.youtube.com/watch?v=6tY_Xhb2rbM
- SorryWatch Blog analyzing apologies in the news, media, history, and literature
  www.sorrywatch.com/
- Technologies for Worship Magazine Educational technology resource for houses of worship
  http://tfwm.com/
- Three Minutes of Eucharistic Adoration, on YouTube Online Eucharistic Adoration
  www.youtube.com/watch?v=t27TaLTm79Y&list=RDt27TaLTm79Y#t=16
- U.S. Conference of Catholic Bishops Official website
  www.usccb.org/
- The Vatican Official website
  http://w2.vatican.va/content/vatican/en.html
- Virtual Ash Wednesday Service Hosted by the Metropolitan Community Church of Greater Dallas
  www.youtube.com/watch?v=WIEf9G2Wmho
- Virtual Confession German website for virtual confessions
  www.beichte.de/beichtstuhl.php
- Virtual Memorial Garden An online memorial site
  www.virtualmemorialgarden.net/index.php
- Virtual St. Joseph Altar Online devotion to St. Joseph
  www.thankevann.com/stjoseph/index.html
- The World Wide Cemetery An online memorial site
  http://cemetery.org